Croissance infinie

La grande illusion

Jean Aubin

Préface par Albert Jacquard

LME

ISBN 978-2-36026-003-4 - © mars 2010
par *La maison d'éditions LME* - 3 rue du Dr Wagner, 35650 Le Rheu
Sarl au capital de 5 000 € - Siret 512 667 379 00014
Tél 02 99 60 82 62 - contact@lamaisondeditions.fr - www.lamaisondeditions.fr
Édition : Gilles Garidel (g.garidel@lamaisondeditions.fr)
Couverture : Benoît Fourel, sur une idée de Jean Aubin - Impression : Jouve, à Mayenne.

Le temps des atermoiements, des demi-mesures et des expédients touche à sa fin. Nous entrons désormais dans une période dont nous devrons payer les conséquences.

Winston Churchill, 1936

Il n'y a pas de solution, il n'y a que des forces en marche. Créons ces forces, et les solutions viendront.

Antoine de Saint-Exupéry

TABLE DES MATIÈRES

PRÉFACE

Après avoir visité ce livre, me voici devant une feuille blanche, qui doit devenir Préface. Je me sens écartelé entre deux sentiments, celui de l'urgence et celui de l'impuissance.

Une certaine prise de conscience est en marche : la planète est malmenée et les hommes vont en payer les conséquences. L'urgence est de passer de cette prise de conscience aux prises de décisions. Jean Aubin nous rappelle que pour construire un *vivre ensemble*, deux conditions attendent l'humanité. D'abord le respect des équilibres planétaires, ce qui signifie pour le monde riche un renoncement à la fuite en avant dans la démesure. Ensuite, et les deux conditions sont intimement liées, le choix de la solidarité entre les humains, et donc du partage équitable des ressources que nous dispense notre planète.

Ce qui frappe dans la description de l'humanité décrite par Jean Aubin est moins la vitesse des transformations, qu'elles soient provoquées ou subies par les humains, que leur accélération. Les progrès dans la transmission des informations en sont l'exemple extrême ; ils nous ont donné le pouvoir d'être virtuellement présents partout à la fois. Cette accélération se traduit par le découragement du plus grand nombre, car ils se sentent incapables de se transformer eux-mêmes.

Ce sentiment d'impuissance est ressenti quotidiennement au niveau individuel lorsque nous ne parvenons pas à maintenir la cohérence de nos relations personnelles, elles sont désormais systématiquement parasitées par l'intervention d'un tiers électronique tout-puissant et tout-sachant. La mort d'un vieillard n'est plus comme autrefois l'équivalent de l'incendie d'une bibliothèque, elle est à peine l'équivalent de la perte d'un disque souple. Ce qui peut la rendre moins dramatique. Par contre ce découragement n'est guère acceptable lorsque l'avenir de l'humanité est en jeu. Il est pourtant tentant d'y succomber lorsque sont différées des décisions dont dépend la survie collective. L'élimination des armes, nucléaires, chimiques, ou autres qui ne peuvent servir qu'à suicider l'humanité, est un impératif qui l'emporte sur tous les autres.

Albert Jacquard

LA FIN DE L'HISTOIRE ?

À la veille d'une guerre, il y a toujours des gens qui refusent d'y croire. Cela revient à dire : « Puisque cette perspective m'effraie, je la nie. »
Robert Merle, Le Glaive et les Amours

Voici vingt-trois siècles, la république romaine s'attachait à fournir de l'eau, facteur d'hygiène et de confort, à la population des territoires qu'elle contrôlait. Dans les siècles qui ont suivi, elle a bâti tout un réseau perfectionné d'aqueducs, pour alimenter les fontaines publiques et l'intérieur des riches demeures. S'ajoutant au maillage des voies romaines et à la mise en place d'une administration efficace et de l'état de droit, ce système d'adduction d'eau apportait au monde de l'époque, le monde romain bien entendu, une infrastructure qui aujourd'hui fait encore défaut dans de nombreuses régions du globe.

Quelques siècles plus tard, tout ce bel édifice se lézarde et finit par s'écrouler ; l'Occident entre pour longtemps dans la nuit et le chaos. Malgré ses légions réputées invincibles, malgré son administration efficace et sa technologie sans concurrence, la puissante civilisation romaine, sûre d'elle-même, s'est laissée abattre. Par les barbares ? Mais ceux-ci n'ont fait que donner le coup de grâce à un moribond : en bonne santé, Rome aurait su résister aux invasions. De quoi l'empire romain était-il malade ? De gigantisme, de sclérose, de divisions internes ? De la montée des inégalités, qui rongeaient dès le premier siècle la cohésion de l'empire en plein apogée ? D'une trop grande dépendance du centre par rapport à sa périphérie, à ses colonies qui lui apportaient l'essentiel de sa richesse ? De tout cela sans doute, mais plus encore, de lassitude, de manque de goût de vivre. Les romains voulaient du pain et des jeux, les riches pour oublier leur vide, les pauvres pour oublier leur misère. Dans un album d'Astérix, un préfet bedonnant se meurt d'ennui ; allongé devant ses festins, il ne sait que répéter « *je suis las, las, las !* » Et seule la perspective d'être jeté aux lions met un peu de sel dans sa vie. De quoi meurt une civilisation ? Peut-être de ne plus savoir quel est son sens, de ne plus rien avoir à transmettre à la génération suivante. *No future*.

La civilisation dominante aujourd'hui, c'est évidemment la nôtre, la civilisation occidentale. Et deux sentiments contradictoires se mêlent en nous. Comme au plus fort de la prospérité romaine, il semble aller de soi que cette civilisation est destinée à durer éternellement, en continuant à se développer à l'intérieur et à s'étendre à l'extérieur. L'œuvre civilisatrice de l'Occident a vocation sur la terre entière. Étant les plus attrayants, les plus puissants, les plus performants, les plus modernes, bref, les meilleurs, nous ne pouvons que gagner à nous l'ensemble des peuples, au fur et à mesure qu'ils nous mériteront. Ainsi d'ailleurs, il n'y aura plus de barbares à l'extérieur pour menacer cette Rome moderne. Ce sera alors la fin de l'Histoire, cette fin annoncée à la chute du mur de Berlin.

Mais dans le même temps, cette idée d'une fin de l'Histoire sonne comme une plaisanterie. Le Parthénon, le Sphinx, les ruines aztèques ou khmères sont là pour nous rappeler le déclin et la mort des civilisations les plus brillantes. Et la nôtre montre des côtés inquiétants. Le 11 septembre 2001 a répandu un sentiment diffus de menace, cristallisé autour du terrorisme. Les trois mille morts de New York et Washington ont semé l'angoisse. Des morts atroces, programmées de manière sinistre. Mais des morts atroces, il y en a des millions chaque année. Aux États-Unis, le nombre des victimes des armes à feu s'élève à 30 000 par an, les morts dans les accidents de la route sont 35 000. Dans le monde, six mille enfants meurent chaque jour d'avoir bu de l'eau polluée ; toutes les quatre secondes, une personne meurt de faim, ce qui fait près de mille morts de faim par heure, plus de vingt mille chaque jour, dans le plus grand silence médiatique. Pourquoi les trois mille victimes des tours jumelles suscitent-elles autant de commentaires ? En raison de la nouveauté et du côté éminemment spectaculaire ? En raison de la programmation sinistre de l'événement ? Ou simplement du fait que les victimes ont été touchées chez nous (nous sommes tous américains, n'est-ce pas ?), chez nous qui pensions être protégés, chez nous qui n'envisagions de morts en masse qu'ailleurs, au Rwanda, en Éthiopie, en Bosnie, en Irak ?

Au nom de ces trois mille morts, deux guerres ont été lancées. Il s'agissait disait-on de défendre les « valeurs » occidentales. Quelles valeurs ?

Le monde où nous vivons a inventé deux choses inestimables. D'un côté, l'Occident a depuis deux siècles construit la démocratie, les droits de l'homme, la liberté, dans un mouvement fait d'avancées et de reculs, mais dont le bilan reste fort appréciable. Et depuis une soixantaine d'années, il s'est installé dans une prospérité prétendue générale, incluant le droit à la santé et à la culture pour (presque) tous. Démocratie et prospérité sont imparfaites, incomplètes, mal réparties, mais déjà si précieuses qu'elles paraissent naturelles, à tel point que les bénéficiaires, dont nous sommes, ont tendance à en oublier le prix.

Ces valeurs méritent d'être défendues. Mais peut-on croire qu'il suffit pour cela de chars Leclerc, de missiles Patriot et de sous-marins nucléaires ? De tels moyens se montrent bien dérisoires en regard du défi terroriste. Et le péril terroriste lui-même, dont les effets à l'échelle du globe sont insignifiants en regard des ravages de la misère, se révélera peut-être un jour anodin également chez nous, face aux menaces ignorées qui proviennent de l'intérieur même de notre civilisation. La tempête financière surgie en 2008 montre d'ailleurs assez clairement que l'occident n'a guère besoin de se chercher des ennemis à l'extérieur, ses démons internes étant bien suffisants. L'Occident semble dériver sans boussole entre l'absurdité de valeurs de pacotille et la mécanique d'une mondialisation sans âme, appuyée sur une économie de casino, qui met à mal aussi bien les solidarités humaines que les équilibres planétaires. En consacrant toute notre énergie et toutes les ressources terrestres à produire et consommer du pain et des jeux, du pain avec de plus en plus de choses entre les tartines, des jeux qui ressemblent chaque année un peu plus aux jeux du cirque, nous finissons par oublier ce que nous avons à transmettre.

Ne croyant plus en l'avenir, Rome est tombée en précipitant tout l'Occident dans le chaos. Notre monde dispose aujourd'hui des moyens techniques suffisants pour faire entrer la Terre entière dans un chaos définitif. Avec la fin de la Guerre Froide, on a pu espérer que le danger du feu nucléaire, capable de mettre brutalement un point final à l'Histoire, s'était éloigné durablement. Les choses redeviennent plus complexes. Faut-il vraiment s'affoler face à des menaces nouvelles, menaces nucléaires émanant d'états-voyous, menaces chimiques ou biologiques, et autres formes de terrorisme ? La menace la plus réelle n'est-elle pas plutôt chez nous, diffuse, difficile à cerner, mais prospérant sur l'ignorance du passé, sur le flou des valeurs qui guident notre présent, et sur le refus de préserver l'avenir ?

Aujourd'hui, notre responsabilité est d'inventer le monde de demain, un monde possible et souhaitable. Pour ce faire, il s'agit de lui trouver un sens, de préciser le goût de ce que nous voulons transmettre, de mettre en place les conditions de cet avenir, ainsi qu'un moteur pour avancer durablement dans le sens choisi. Quel est aujourd'hui notre sens ? Quel est aujourd'hui notre moteur ?

La fuite en avant

La croissance ! La croissance ! La croissance ! scandent-ils tous en chœur, en sautant comme des cabris. Responsables politiques de droite et de gauche, dirigeants d'entreprises, syndicalistes, journalistes, économistes, tous reprennent à l'unisson le même refrain. Lors de la campagne présidentielle de 2007, le financement des promesses des deux candidats reposait une fois de plus sur une seule recette magique : la relance de la croissance. Une « croissance durable » même ! Le voilà, le moteur de notre civilisation, et il porte en lui-même son sens.

C'est peu de dire que la croissance fait la pluie et le beau temps. En sonnant la fin des Trente Glorieuses, cette période bénie d'après-guerre où la croissance atteignait des sommets, où le chômage était pratiquement inconnu, le choc pétrolier de 1973 a fait entrer le monde dans une interminable « crise ». En réalité, un profond syndrome maniaco-dépressif : que la croissance reprenne un peu de poil de la bête et c'est l'euphorie, où tout semble repartir définitivement, où renaît l'espoir de la sortie imminente du tunnel et du retour au plein-emploi ; que la croissance patine et c'est l'abattement, la remontée du chômage, les budgets exsangues... Un abattement qui ne fait que s'approfondir depuis qu'a resurgi en 2008 l'éventualité d'une sérieuse récession, voire le spectre d'une dépression comparable à celle des années trente.

Dans l'affolement général aussi bien que dans les périodes d'euphorie économique, domine l'idée que la croissance économique est une condition nécessaire non seulement à la prospérité générale, mais encore à la paix sociale et à la démocratie. Le programme politique se résume à deux choses : conserver la croissance quand elle est là, la retrouver quand elle fait défaut. Le président français s'était engagé à « *aller chercher la croissance avec les dents* » ; il avait chargé Jacques Attali de diriger une commission destinée à voir comment « *libérer la croissance* »...

Oui. Seulement, en dehors même du fait que la commission en question a finalement montré la même impuissance que d'autres tentatives du même genre, il reste un problème fondamental. Comment en effet envisager une croissance sans fin de la consommation des ressources disponibles, dans un monde qui lui est bel et bien fini, limité ?

Cette question en appelle d'autres. Celle de la répartition des richesses mondiales, d'abord. Celle du sens, ensuite : qu'est-ce qui pousse ainsi notre monde vers la croissance sans fin ? La société occidentale semble réunir les conditions du bien vivre, du vivre heureux ; elle ne mérite guère le reproche de faire le mal : la prospérité, la liberté, les progrès de la médecine, des loisirs et de la culture, qui pourrait trouver à y redire ? Et la croissance, c'est la promesse que demain sera encore meilleur, que les progrès vont se poursuivre, se généraliser et devenir accessibles à tous. Rêve à la fois généreux et réaliste, ou seulement caprice d'enfant gâté, exigence de gosse de riche, blasé, arrogant, méprisant, jamais content, centré entièrement sur lui, se croyant tout permis, estimant que tout lui est dû, ignorant toute limite ?

Quelle croissance possible ? La croissance pour qui ? La croissance pour quoi faire ? Ces interrogations sont redoutables : si nous nous montrons incapables de leur apporter des réponses, nous installons le monde sur une poudrière dont l'explosion pourrait lui être fatale. Elles ont longtemps paru saugrenues, mais ce n'est plus tout à fait le cas. Sans avoir perdu tout leur caractère sulfureux, ces questions commencent cependant à devenir discutables, au sens propre, c'est-à-dire dignes d'être discutées. Elles émergent lors d'émissions de radio ou de télévision, dans nombre de livres et d'articles de presse. Ces questions globales, touchant aussi bien les implications concrètes que le sens de cette quête désespérée, étaient posées hier par le Mahatma Gandhi, par Jacques Ellul, Théodore Monod, Ivan Illich, René Dumont ; elles le sont aujourd'hui par le Dalaï-Lama, par Hubert Reeves, Albert Jacquard et bien d'autres. Elles sont relayées par des gens moins connus, qui tentent régulièrement d'attirer l'attention sur les graves problèmes dont ils sont témoins dans leur domaine de compétence, santé, environnement, climat, énergie, ressources naturelles, économie, sociologie, développement, géopolitique… Enfin admises au débat, ces questions semblent toutefois passer sans guère laisser de traces, enfouies dans le brouhaha ambiant, balayées par le vent des événements et des non-événements, comme si elles devaient rester sans conséquence. Et si elles laissent encore si peu de traces, c'est qu'elles restent en décalage complet par rapport à cette prétendue évidence qui imprègne l'air que nous respirons, ce dogme selon lequel croissance et consommation sont les deux mamelles de la civilisation moderne.

Longtemps, la remise en cause de cette vérité révélée ne pouvait être que le fait d'esprits chagrins inadaptés à la modernité ; c'était une faute de goût et un manque de bon sens. Une hérésie. Il était malséant de considérer que le pari massif sur la croissance n'est qu'une fuite en avant qui, loin d'assurer l'avenir, fait peser une grave menace sur notre civilisation, voire sur l'humanité tout entière. Aujourd'hui, c'est vrai, il devient parfois possible d'aborder la question, à condition toutefois de rester le plus possible dans la théorie et l'abstraction : le temps n'est pas encore vraiment venu de tirer les conclusions pratiques d'une telle réflexion. Sinon, on se contente de hocher la tête d'un air vaguement gêné et de passer à autre chose… « *Pour le restant de vos jours, vous serez tenté de dire à ceux qui vous entourent : « Comment pouvez-vous écouter tout cela sans vous rendre compte que c'est une supercherie ? » Et si vous le faites, les gens vous regarderont d'un air bizarre et se demanderont de quoi vous parlez. En d'autres termes, vous allez vous trouver marginalisé par rapport à votre entourage : amis, famille, partenaires, etc.* » [1]

Pourtant, nous allons tout faire ici pour ne pas rester dans le vague et dans la théorie. Cela peut provoquer un mouvement de rejet, du simple fait des questions dérangeantes abordées. Au sujet des naufrages de l'*Erika* ou du *Prestige*, ou des scandales de la vache folle et des pesticides, l'indignation est consensuelle. L'interrogation sur les liens entre ces scandales et notre mode de vie l'est nettement moins. Le risque est donc réel d'être incompris en voulant poser ici ces questions à contre-courant, pour les aider à prendre consistance. Dire que les choses *peuvent aller mal*, ce n'est pas dire qu'elles *vont aller mal*. Au contraire : c'est bien *parce qu'elles ont été faites* que souvent les prévisions ne se réalisent pas. C'est même *pour qu'elles ne se réalisent pas* que les prévisions de malheur sont faites, au risque d'agacer (« *Tu vas te brûler !* »). Jean-Pierre Dupuy[2] évoque l'histoire biblique de Jonas, que Dieu envoie annoncer la destruction de Ninive. Cette annonce fracassante et déplaisante amène les habitants de Ninive à changer de vie, et la ville n'est pas détruite. Dans cette affaire, le pauvre Jonas a le mauvais rôle ; il se sent ridicule d'avoir annoncé un événement qui ne s'est pas réalisé ; il a pourtant joué son rôle à la perfection, car sa proclamation n'avait justement d'autre but que celui d'éviter le malheur annoncé.

---

1 *Daniel Quinn,* Ishmael *(Anne Carrière. En poche : J'ai lu n° 5161).*

2 *Jean-Pierre Dupuy,* Pour un catastrophisme éclairé *(Points Seuil n°517).*

S'il est nécessaire de présenter la réalité pour en tirer le meilleur ou en tout cas éviter le pire, comment montrer une telle audace sans être un philosophe médiatique, un sociologue reconnu, un économiste ou un homme politique, un expert ou un spécialiste ? Cet ouvrage ne déborde pas de citations, de références, ni de statistiques résultant d'une longue recherche universitaire. Il rassemble simplement les réflexions et les interrogations d'un homme qui regarde le monde tel qu'il est, et vers où il semble aller. C'est un livre de questions plus que de réponses. À ces questions, bien malin qui peut apporter des réponses toutes faites : celles-ci restent à inventer. Mais pour rechercher des solutions, il faut d'abord avoir conscience du problème, et poser celui-ci clairement. Ce n'est qu'ensuite qu'on pourra proposer quelques pistes, comme autant d'invitations à pousser plus loin l'interrogation, à se laisser malmener par certaines évidences oubliées.

EFFET DE SERRE : LA SURCHAUFFE

L'environnement n'est pas une affaire de religion, d'éthique ou de morale. Celles-ci sont des luxes, car on peut survivre sans elles. Mais survivre nous sera impossible si nous continuons à nous acharner contre la nature.

Sa Sainteté le Dalaï Lama, Au loin la Liberté

Lors de la signature du protocole de Kyoto, en 1997, seuls quelques initiés étaient au fait du problème du réchauffement climatique. Douze années plus tard, avec le battage médiatique fait autour de la Conférence de Copenhague, il faudrait habiter la Lune pour tout ignorer en ce domaine. Il n'est cependant pas inutile de rappeler les mécanismes à l'œuvre dans l'évolution du climat, ainsi que les enjeux de ce phénomène. L'ensemble de cet ouvrage replacera ensuite ce problème dans un contexte global.

Tout commence voici trois milliards huit cents millions d'années. La Terre est âgée de quelque sept cent millions d'années. Elle baigne dans une atmosphère corrosive où dominent le méthane, le gaz carbonique, l'ammoniac. Dans cette soupe primitive va naître la vie, peut-être sous l'impulsion des décharges électriques des éclairs. À moins que la vie ne soit venue d'ailleurs, apportée par des comètes ou des météorites, ce qui n'explique pas comment elle est née dans cet ailleurs : que ce soit sur Terre ou loin d'elle, la question de l'origine reste largement inexpliquée. Mais ce n'est pas notre sujet.

Pendant trois milliards d'années, les premières formes de vie restent rudimentaires : algues unicellulaires, bactéries... Mais, aussi simple soit-il, tout ce petit monde a inventé quelque chose de fabuleux, qui lui permet de vivre, et qui de plus permet le développement de toute la vie ultérieure. Cette invention, c'est la photosynthèse, c'est-à-dire la faculté d'utiliser l'énergie de la lumière solaire pour décomposer le gaz carbonique de l'atmosphère, fixer le carbone et s'en nourrir. Et en fixant le carbone, ces organismes primitifs libèrent l'oxygène, comme le feront plus tard mousses, prêles et fougères, et comme le font encore les plantes actuelles. Ainsi se met en place une formidable machine à épurer l'atmosphère.

Pourtant, au moment de leur mort, ces organismes pourrissent, et le carbone retourne à l'atmosphère. Bilan nul, donc ? Pas tout à fait, car dans certaines conditions, dans des marécages par exemple, les cadavres de végétaux se décomposent d'une manière particulière, formant les hydrocarbures qui s'accumulent en donnant pétrole, gaz et charbon. Les combustibles fossiles, selon leur dénomination actuelle, ne sont rien d'autre qu'un stock de carbone prélevé à l'atmosphère terrestre au cours d'un très long processus d'épuration, processus qui a élevé le taux d'oxygène suffisamment pour permettre l'apparition des animaux.

Le carbone de l'atmosphère s'est trouvé piégé d'une autre manière : les violentes pluies très agressives de cette aube de l'histoire terrestre ont érodé furieusement les roches, attaquant en particulier le calcium et le magnésium qu'elles contenaient. Se combinant au calcium, le gaz carbonique dissous dans ces pluies a formé le calcaire, ou *carbonate* de calcium. Ultérieurement, lorsqu'elle est devenue possible, la vie animale primitive a complété à son tour le stockage du carbone sous cette forme de calcaire. Une partie de cet élément constitutif majeur du sol et du sous-sol s'est en effet formée par l'accumulation des débris des squelettes calcaires des petits animaux, à l'ère secondaire notamment. Les fossiles de coquillages retrouvés en grand nombre dans ce type de roche sont les marqueurs bien connus de cette origine.

Ainsi, l'oxygène de l'air, indispensable à la vie, témoigne d'une vie préalable, à l'origine du formidable cercle vertueux de diversification et de complexification qui mène aux animaux supérieurs et à l'homme.

À côté de ces deux formes fossiles de stockage du carbone de l'atmosphère : hydrocarbures et roches calcaires (fossiles, c'est-à-dire témoins et résultat d'un passé révolu), à côté de la masse colossale du gaz carbonique dissout dans les océans (on avance le chiffre de 40 000 milliards de tonnes), il s'en trouve une autre, beaucoup plus modeste en quantité, mais qui nous touche au plus près : nous. Nous, c'est-à-dire la biomasse, la masse des êtres vivants, du champignon au champ de blé, du brin d'herbe au baobab, du ver de terre à l'homme. Sans oublier le produit des déchets de la biomasse : en se décomposant, les débris végétaux et animaux se retrouvent sous forme d'humus dans le sol, qu'ils fertilisent. Des masses considérables de carbone sont ainsi mises en réserve dans le sol des champs, des prairies, des forêts, des marécages. Le stock de carbone par la biomasse et l'humus est instable par définition, mais de par son renouvellement incessant, il offre une assez grande stabilité en quantité.

Aujourd'hui, que se passe-t-il ? Que devient tout ce carbone ? Depuis le début de l'ère industrielle, depuis le début même de l'humanité, le stock de carbone fixé dans le calcaire semble pratiquement inchangé, on l'a juste écorné pour la fabrication de la chaux et du ciment ; ce n'est tout de même pas rien : la consommation de ciment dans le monde s'approche des deux milliards de tonnes par an, ce qui représente près de 10 % des rejets de gaz carbonique. Ajoutons-les aux consommations de combustibles fossiles, aux milliards de tonnes de charbon, gaz et surtout pétrole qui partent en fumée depuis deux cents ans, et plus rapidement encore depuis cinquante ans : tout cela marque le retour à l'atmosphère, en un temps extrêmement court, d'une part importante du stock patiemment constitué pendant des milliards d'années.

Un litre d'essence rejette en brûlant le carbone qu'il contient, et consomme pour cela 2 kilos d'oxygène de l'air. Une voiture qui consomme sept litres absorbe donc sur cent kilomètres 14 kilos d'oxygène, c'est-à-dire la production annuelle d'un arbre en pleine croissance.

Tout ce que nous rejetons ne reste pas dans l'atmosphère : selon les estimations, la planète réussit à en absorber trois à quatre milliards de tonnes par an, une bonne moitié étant stockée par les océans, la petite moitié restante par les terres émergées.

Or, nos rejets dépassent actuellement les sept milliards de tonnes par an, c'est-à-dire deux fois plus que ce que la Terre peut absorber. La moitié s'accumule donc dans l'atmosphère, et continuera à le faire tant que nous ne serons pas redescendus sous cette barre de trois à quatre milliards.

Ce retour à l'atmosphère d'une partie du carbone nous concerne de près. Avec d'autres gaz comme la vapeur d'eau et le méthane, le gaz carbonique (le CO_2) engendre le fameux effet de serre : ces gaz enveloppent la Terre d'une couche protectrice diffuse, qui laisse entrer les rayons solaires, mais s'oppose au refroidissement de la planète. Sans cet effet, comparable à ce qui se produit à l'intérieur d'une serre agricole, ou à l'intérieur d'une voiture laissée au soleil, notre planète serait une boule glacée totalement inhospitalière. L'effet de serre en soi n'est donc pas nuisible, bien au contraire. C'est son degré d'efficacité qui en vient à poser problème. En effet, le rejet actuel de carbone dans l'atmosphère, sous forme de gaz carbonique ou de méthane, augmente l'efficacité de cet édredon gazeux, et la Terre perd désormais moins de chaleur qu'elle n'en reçoit du soleil. La température s'élève alors légèrement. Sur le siècle qui vient de commencer, l'augmentation devrait se situer dans une fourchette assez large allant d'un peu moins de deux degrés, à près de six degrés.

Que l'augmentation soit au minimum ou au maximum de la fourchette, ses effets sur le climat et sur le niveau des océans seront importants, même s'ils restent en partie imprévisibles dans le détail. Mais avant d'aborder ces conséquences, remarquons tout d'abord que la variation de l'effet de serre n'est pas inédite dans l'histoire tumultueuse de la Terre. Différentes techniques, notamment les forages dans l'Antarctique, qui fournissent des carottes de glace emprisonnant des microbulles d'air « d'époque », ont permis de retrouver la composition de l'atmosphère du passé, sur quelques centaines de milliers d'années. On a ainsi pu établir un lien étroit entre la température sur Terre et la teneur en gaz carbonique de l'air. Pour faire simple, les périodes glaciaires correspondent à un taux de gaz carbonique faible, les périodes plus chaudes à un taux plus élevé. Les variations de l'effet de serre sont, avec les fluctuations de l'orbite terrestre autour du soleil et l'inclinaison de l'axe des pôles, responsables de l'alternance entre glaciation et réchauffement, sans que l'on connaisse encore parfaitement les raisons qui provoquent cette variation de la teneur en CO_2.

Si cette variation du CO_2 était naturelle, il n'y aurait pas trop lieu de s'en inquiéter. Mais justement, elle n'est pas naturelle : provoquée par l'activité humaine, elle est beaucoup plus rapide. On va devoir gérer sur un demi-siècle une variation de température qui se répartirait naturellement sur des millénaires. Et si les troupeaux de rennes ou de mammouths ont pu s'adapter plus ou moins bien à un réchauffement réparti sur cinq ou dix mille ans (plutôt mal d'ailleurs dans le cas des mammouths), sept à neuf milliards d'humains ne peuvent que rencontrer de sérieux problèmes pour vivre cette adaptation sur moins d'un siècle. Et le phénomène est non seulement plus rapide, mais aussi beaucoup plus important qu'il ne l'a jamais été pendant les centaines de milliers d'années sur lesquelles la science dispose de données : le taux de CO_2 dépasse désormais tous les records. Selon les experts du GIEC, le Groupement Intergouvernemental sur l'Évolution du Climat, « *la concentration actuelle n'a pas été atteinte ces 420 000 dernières années, ni sans doute ces dernières 20 millions d'années* ». Et si rien n'est fait, d'ici un siècle, les records actuels seront eux-mêmes multipliés par deux ou par trois.

Alors, quels effets attendre de ce réchauffement ?

Tout baigne

Le premier scientifique à s'être penché sérieusement sur le sujet, vers les années 1900, est le Suédois Arrhénius, prix Nobel de chimie 1903. Il avait calculé que, si l'on doublait la concentration de CO_2 dans l'atmosphère, la température grimperait de quelques degrés, ce qui était pour lui une perspective réjouissante. Il prévoyait en effet qu'un climat plus chaud favoriserait la production agricole, la belle saison étant plus longue, la croissance des végétaux plus rapide, le sol plus arrosé. Ce n'était pas absurde à une époque où les connaissances sur le climat étaient nettement plus réduites, et où on ignorait en particulier que la transition entre un équilibre climatique et un nouvel équilibre correspond à une période de très grande instabilité, favorable à tous les excès, tempêtes, inondations, sécheresses...

Aujourd'hui, la production agricole n'est pas le souci premier des citadins que nous sommes devenus en majorité, et qui auraient plutôt tendance à se réjouir à l'idée d'une eau plus chaude sur les plages des vacances. Avec la même profondeur d'analyse, on peut craindre alors d'avoir moins de neige en hiver dans les stations de ski, ce qui semble déjà quelque peu le cas ; malgré les inconvénients locaux, cela ne change toutefois guère la face du monde. Seulement, les changements à prévoir vont bien au-delà.

Car plus sérieusement, ce qui est sûr, c'est la montée du niveau des mers, due pour une part à la fonte partielle des calottes polaires, mais surtout à la dilatation des eaux, comme dans le réservoir d'alcool ou de mercure d'un thermomètre. On pourrait penser que dans la plupart des pays, il n'est guère important que le niveau de la mer soit un ou deux mètres plus haut. Sauf pour Londres, New York, et des dizaines de grandes villes un peu partout, qui ne sont pas à l'abri de graves inondations. Sauf pour les Pays-Bas (mais les Néerlandais ont les moyens techniques et financiers de remonter et renforcer leurs digues). Sauf pour les Maldives, dont le point culminant est à une altitude de... quatre mètres, et dont la majeure partie est à moins de deux mètres. Sauf pour le Bangladesh surpeuplé, où la population est déjà à la merci des inondations fréquentes et meurtrières dans un delta désespérément plat ; c'est à chaque inondation un drame économique et humain qui laisse le pays un peu plus exsangue. Et l'embouchure du Gange et du Brahmapoutre ne forme pas le seul delta très peuplé menacé par une montée des eaux : plus d'un demi milliard d'Asiatiques vivent dans des deltas inondables. Si le niveau des océans montait d'un mètre, une partie importante des terres arables du monde, celle qui nourrit un homme sur cinq, serait menacée, soit par submersion pure et simple, soit par une remontée de sel rendant la culture impossible. Une part considérable de la population et de l'économie mondiale est donc concernée. Même la France, et pas seulement en Camargue : le climatologue Jean Jouzel indique que les côtes charentaises seraient affectées, par remontée de sel, sur une bonne trentaine de kilomètres de large.

Quel temps ferons-nous ?

Très importantes également, mais plus difficiles à prévoir de manière précise, sont les conséquences sur les climats, qui concernent l'ensemble de l'humanité. Les pluies, les vents, les courants marins, les cyclones, sont soumis à l'interaction complexe des masses d'air de l'atmosphère, masses d'air dont les emplacements moyens sont assez stables, et entre lesquelles les échanges, calmes ou violents, régularisent l'humidité, la température et la pression. Que la température moyenne sur Terre soit modifiée et tout cet équilibre sommaire s'en trouve bouleversé. Une atmosphère plus chaude est plus humide et plus instable : la tendance est à l'orage ou à la tempête.

Les phénomènes extrêmes ont toujours existé, mais ils se multiplient de manière inquiétante : selon les statistiques de Météo-France, leur fréquence a été multipliée par deux à trois depuis une trentaine d'années. Il n'est d'ailleurs guère besoin de statistiques pour constater cette succession accélérée d'accidents météorologiques : sécheresses et canicules, violentes tempêtes (octobre 87, Noël 99, janvier 2009), inondations catastrophiques qui se succèdent désormais en rangs serrés un peu partout en France et dans le monde, cyclones dont le nombre et la violence ont dépassé en 2005 les pires années. L'été 2007 a montré une fois de plus ce que pouvaient être ces excès climatiques à répétition : pendant que l'Europe du sud et du centre grillait sous une canicule meurtrière, celle du nord était inondée sous des trombes d'eau, et entre les deux, la France connaissait un été exceptionnellement pourri. Les climatologues et les météorologistes, avec leur prudence scientifique, ont longtemps hésité à se montrer trop affirmatifs (il est difficile d'apporter une preuve scientifique, d'autant plus dans un domaine où règne une si grande part de variabilité), mais les observations qui s'accumulent ne laissent désormais plus place au doute, et les scientifiques réunis au sein du GIEC se sont accordés, dans leur rapport 2007, pour affirmer que la fréquence accrue de ces phénomènes extrêmes est un signe de la modification durable du climat en raison des émissions de gaz à effet de serre.

Les effets financiers commencent à se faire sérieusement sentir : le coût de l'indemnisation de ces catastrophes fait des bonds et se compte désormais en dizaine de milliards de dollars ; le typhon Andrew a provoqué à lui seul la faillite de six compagnies d'assurance américaines ; le bilan financier et humain du cyclone Katrina, qui a ravagé la Nouvelle Orléans, est considérable. Ainsi menacées par ces catastrophes qu'on hésite à qualifier encore de naturelles et qui, d'exceptionnelles, deviennent de plus en plus courantes, les grandes compagnies mondiales de réassurance tirent la sonnette d'alarme : un groupe d'assureurs a estimé le coût du changement climatique à plus de 300 milliards de dollars par an pendant cinquante ans.

Le Rapport Stern, paru en octobre 2006, a été établi à la demande du gouvernement britannique pour tenter de chiffrer le coût économique du réchauffement climatique. Les coûts astronomiques calculés dans ce rapport renversent complètement la pensée admise sur cette question. Ce n'est plus « *si nous faisons quelque chose contre le réchauffement climatique, notre économie en souffrira* » ; c'est au contraire : « *si nous ne faisons rien, notre économie s'effondrera* ». Le rapport du GIEC d'avril 2007 confirmait les tendances du Rapport Stern en situant le coût de l'inaction autour de 20 % de la richesse mondiale, et celui d'une action efficace à moins de 1 % de cette richesse.

Ces calculs ne prennent pas seulement en compte les accidents climatiques, mais aussi les conséquences plus générales du réchauffement. Le ministre de l'Environnement du Lesotho déclarait que dans son pays situé en Afrique australe, « *l'agriculture était menacée par la sécheresse ; les périodes de canicule sont deux fois plus fréquentes que depuis la fin des années soixante-dix ; et quand il pleut, ce sont des déluges, des torrents inutilisables pour l'agriculture* ». Cette situation risque de devenir très fréquente. Le Sahel connaît depuis une bonne trentaine d'années une aridification constante : les pluies sont moins abondantes, les eaux du fleuve Niger sont au plus bas, et les pêcheurs comme les agriculteurs sont confrontés à des problèmes de survie. En cause, l'affaiblissement de la mousson, qui serait due au réchauffement de la température de l'eau dans le Golfe de Guinée. Tout cela, alors que le réchauffement depuis un siècle n'atteint pas 1 degré. Peut-on imaginer les conséquences de 4 ou 5 degrés de plus ?

Bien sûr, on peut toujours penser que certains s'en tireront mieux. Par exemple, avec une atmosphère globalement plus chaude et plus humide, la zone équatoriale bien arrosée pourrait s'élargir de quelques centaines de kilomètres. Les régions semi-arides du Sahel, qui souffrent aujourd'hui, pourraient à terme voir le retour de pluies abondantes. Le Sahara, verdoyant voici quelques millénaires, pourrait le redevenir. Dans ce cas, vive l'effet de serre ! Ce scénario reste hélas très improbable, et les prévisions tablent plutôt sur une accentuation des contrastes : des zones sèches encore plus sèches, des zones humides encore plus arrosées. Avec beaucoup de variations locales dans ce schéma d'ensemble. Et des situations à première vue étonnantes.

L'Europe occidentale pourrait être confrontée à l'une des bizarreries du réchauffement. Pour mieux le comprendre, jetons un coup d'œil à la mappemonde. Surprise : il apparaît que New York, avec ses gigantesques vagues de froid, est situé à la latitude de Madrid et de Porto. Que Montréal est sur le même parallèle que Bordeaux. Que les brumes glacées de Terre-Neuve sont au niveau de Saint-Malo ou Paris.

Cette différence de climat, d'une rive à l'autre de l'Atlantique, résulte des courants marins. En Europe occidentale, nous bénéficions du fameux Gulf Stream. Ce gigantesque courant d'eau chaude nous arrive du Golfe du Mexique, déplaçant cent fois plus d'eau que l'ensemble des fleuves du globe, transportant sous forme de chaleur cent fois plus d'énergie que ce que consomme l'humanité. Après avoir traversé tout l'Atlantique, il longe nos côtes en apportant à l'Europe de l'ouest et même du nord, jusqu'en Norvège, une douceur remarquable. De l'autre côté de l'Atlantique, le courant froid du Labrador, qui descend de l'Arctique vers la côte orientale du Canada et des États-Unis, leur fait subir un climat incomparablement plus rigoureux à latitude égale.

En cas de réchauffement de la Terre, cet équilibre peut être rompu comme les autres. Les climatologues en sont encore au niveau des hypothèses, mais ils envisagent de plus en plus sérieusement une disparition pure et simple du Gulf Stream. Le moteur de celui-ci est en effet la masse d'eau froide très salée qui borde la banquise arctique et qui, plus lourde, tend à s'enfoncer ; ce faisant, elle crée un appel d'eau en surface, appel qui se répercute jusqu'aux eaux chaudes et légères du golfe du Mexique. Seulement, la banquise recule rapidement d'année en année. Ce recul avait marqué un record en été 2005 : il ne restait alors que 4 millions de km^2 de glace. Record largement battu en été 2007, avec 3 millions de km^2. Voici quelques années, les prévisions envisageaient la fonte totale de la banquise estivale entre 2070 et 2100 ; des études plus récentes mettent en avant la date de 2040 ; les modèles pourraient très bientôt indiquer une date plus proche encore. Si la banquise vient effectivement à disparaître en totalité, le moteur du Gulf Stream s'arrêtera. La disparition de ce courant bouleversera évidemment notre climat. De manière paradoxale, l'Europe occidentale pourra alors connaître, en période de réchauffement global, une ère semi-glaciaire : hivers canadiens, précipitations divisées par deux à quatre. On ne pourra plus dire qu'il pleut toujours en Bretagne : il neigera (un peu) en juin ; et on n'aura plus de problèmes de désherbants, sur un sol devenu quasi désertique en raison de la sécheresse chronique. Ceci dit, ce ne sont encore là que des hypothèses, et si elles se réalisent, ce ne sera pas avant quelques dizaines d'années, et sous une forme beaucoup moins soudaine que celle imaginée dans le film catastrophe *Le jour d'après*. Les plus de trente ans ont sans doute peu de chances de connaître une telle situation. Est-ce une raison suffisante pour se rassurer ?

Le réchauffement affecte également la répartition dans le monde des maladies, des ravageurs, des parasites. Depuis quelques années sévit en Corse la fièvre catarrhale, ou « maladie de la langue bleue », une grave maladie du mouton et des autres ruminants, auparavant cantonnée dans les régions plus chaudes d'Afrique du Nord. En 2006, la maladie a même atteint le nord de la France et la Belgique. Si cette fièvre, qui fait de gros dégâts et ruine certains éleveurs, a pu traverser la mer pour atteindre l'Île de Beauté, puis l'Europe continentale, c'est simplement parce que l'insecte qui propage le virus a profité d'une élévation d'un degré de la température moyenne pour survivre et se développer de ce côté de la Méditerranée. Un degré, c'est peu, et c'est déjà beaucoup ; le paludisme pourrait ainsi être de retour en France vers 2025. Bien que limité à ce jour, le réchauffement a déjà un impact sur la santé : l'Organisation Mondiale de la Santé estime à 150 000 le nombre de décès dus au réchauffement pendant l'année 2000.

Ainsi, entre les modifications des différents éléments qui régissent le climat : masses d'air, courants marins, régime des vents, évaporation, notamment, quels effets faut-il espérer ou redouter ? Dans le détail, il reste beaucoup d'incertitudes ; une chose toutefois est pratiquement certaine : les bouleversements seront importants et rapides. Et dans un siècle, la carte des zones arides et des régions bien arrosées, des zones chaudes et des zones froides, des régions où sévissent tel parasite et telle maladie, des terres pouvant convenir à telle culture ou stérilisées par la montée des mers, sera bien différente de ce que nous connaissons, la route des cyclones sera autre, le régime des moussons également.

Longtemps resté caché, un rapport a fait surface en février 2004. Commandé par le Pentagone, le ministère américain de la Défense, il établit plusieurs scénarios sur les conséquences de l'effet de serre à brève échéance (à l'horizon 2020 pour certaines d'entre elles), en se basant sur les travaux des climatologues les plus reconnus. Parmi les éventualités retenues comme possibles ou probables, certaines ont déjà été évoquées ici : climat quasi sibérien sur l'Europe du Nord ; aux Pays-Bas, La Haye enfouie sous les eaux ; le Bangladesh submergé lui aussi ; l'Afrique de l'Est ravagée par des sécheresses effroyables... Le Pentagone a essayé d'envisager les implications géopolitiques des bouleversements climatiques : les états riches obligés de défendre leur territoire au prix fort, face aux dizaines de millions de migrants en provenance des pays pauvres touchés par ces bouleversements ; les états menacés par les catastrophes climatiques se dotant d'armes de destruction massive afin d'appuyer leurs demandes d'aide humanitaire (la politique menée actuellement par la Corée du Nord serait multipliée par dix ou par vingt) ; d'où les risques de guerres et de dérapages nucléaires. Aujourd'hui, les quelque dix mille habitants de Tuvalu ont les pieds dans l'eau sur leur archipel, qu'ils se préparent à abandonner ; leur Premier ministre attaque devant la justice internationale les USA et l'Australie, principaux responsables selon lui des changements climatiques. Mais dans quelques dizaines d'années, quand le Bangladesh, déjà peuplé de 140 millions d'habitants, en aura 180 et cherchera à en recaser la moitié, le problème prendra une tout autre dimension. On comprend que, face à de tels scénarios, le Pentagone évalue la menace stratégique comme bien supérieure à la menace terroriste actuelle.

Les conclusions du Rapport Stern vont dans les mêmes sens :

- Si l'on ne fait rien, la crise climatique entraînera une crise économique auprès de laquelle la Grande Dépression des années trente paraîtra anodine.
- Des déplacements massifs de populations entraînant des troubles ethniques et sociaux de très grande ampleur.
- La multiplication du désordre politique et des conflits de survivance, forme la plus sauvage des conflits qu'on puisse imaginer.

Un enjeu majeur

De telles prévisions peuvent sembler bien sombres, et vraiment trop pessimistes. Il n'en est rien hélas, car d'autres scénarios voient le jour, auprès desquels ce qui vient d'être dit semble finalement tout rose. Ces scénarios catastrophes envisagent la possibilité d'un emballement complet du phénomène. Le responsable en serait le méthane, principal composant de ce que nous appelons le gaz naturel, et dont l'effet de serre est beaucoup plus puissant que celui du CO_2. Le méthane étant peu abondant dans l'atmosphère, cet effet reste aujourd'hui limité, mais cela pourrait changer. Une modification de la pluviométrie sur les forêts équatoriales, notamment l'Amazonie, est susceptible d'amener leur dépérissement et le rejet de quantités phénoménales de carbone ; les fleuves emporteraient alors en mer les débris de matière organique, que les bactéries décomposent en méthane. S'ajoute à cela le méthane actuellement piégé en grande quantité dans le permafrost, la terre gelée de Sibérie, et qui pourrait être libéré par le réchauffement de cette région. Et aussi les fabuleuses quantités de méthane piégé dans l'océan sous forme d'hydrates de méthane, appelés aussi clathrates : ce sont des sortes de glaçons formés d'eau et de méthane, qui lorsque la température augmente un peu, se décomposent facilement en relâchant leur gaz. C'est ainsi que l'emballement pourrait s'enclencher, dans un cercle infernal entre dégagement de méthane, effet de serre accru, dépérissement d'autres forêts, fonte de plus de clathrates et dégel de plus de permafrost... La température pourrait alors monter de plus de dix degrés, ce qui se traduirait par la désertification de la majeure partie du globe, l'extinction massive d'espèces animales et végétales. La survie de notre propre espèce serait alors en cause.

Faut-il craindre l'apocalypse, ou simplement prévoir de difficultés majeures ? Ce qui compte avant tout, c'est de prendre la mesure des enjeux et les décisions qui s'imposent. « *La question n'est pas tant de prévoir l'ampleur du réchauffement à un degré près*, déclarait le président de la Société Météorologique de France, *mais de savoir comment nous arriverons à le limiter. On ne peut pas attendre que le climat soit devenu invivable pour agir. Car il deviendra plus invivable encore.* » Le processus du bouleversement climatique est engagé et rien ne pourra l'arrêter à vue humaine : long à se mettre en route, il est encore plus long à freiner et à stopper. Cela ne veut pas dire que l'humanité reste confinée dans un rôle d'observation passive. Les choix des prochaines années restent au contraire cruciaux, quant à l'ampleur des conséquences et à leur durée. Que les rejets de gaz à effet de serre continuent d'augmenter selon leur tendance actuelle, et les effets atteindront leur maximum, devenant peut-être irréversibles. Que soit rapidement mise en place une nouvelle approche de notre relation à nos ressources naturelles, et ces effets pourront rester limités, et peut-être régresser. Selon notre manière de nous déplacer, de nous chauffer, de nous nourrir, de produire et de consommer dans les prochaines décennies, la température de notre Terre augmentera de deux à six degrés pendant ce siècle. Grâce à des décisions énergiques, on pourra rester éloigné de l'élévation maximale, celle qui, avec six degrés de plus, ferait entrer le monde dans un désastre impossible à imaginer. Faisons tout pour rester au minimum de la fourchette. Même alors, on n'évitera pas les tempêtes, les sécheresses et les inondations de plus en plus fortes et de plus en plus fréquentes ; on n'évitera pas le déplacement des zones de paludisme et de dengue, les difficultés de production agricole, les migrations importantes de populations ; les deltas d'Asie n'échapperont pas là de gigantesques problèmes... Mais on pourra s'adapter, tant bien que mal. Les pays riches trouveront certaines parades techniques, économiques et sociales. Une solidarité internationale nouvelle devra être mise en place afin que les plus pauvres ne prennent pas de plein fouet les conséquences inéluctables.

Le plus important n'est pourtant pas l'adaptation aux changements climatiques : il sera temps de s'en préoccuper demain. Ce qui compte aujourd'hui, ce sont les décisions permettant de contenir le réchauffement. Fort médiatisée, la conférence de Copenhague devait décider de la manière de réduire les émissions de gaz carbonique, et autres gaz à effet de serre. L'objectif était d'aller beaucoup plus loin que le protocole de Kyoto. Celui-ci n'était en effet guère ambitieux : 8 % de baisse pour les uns, 7 % pour les autres, et les Américains qui non seulement sous Bush, mais déjà sous Clinton, ne voulaient rien entendre. Presque rien. Et même ce petit rien n'était pas respecté : en 2005, on en était à 20 % au-dessus du niveau 1990 ! Alors que pour arrêter la progression de l'effet de serre, c'est-à-dire pour stabiliser la teneur en gaz carbonique dans l'atmosphère, il faut d'urgence diviser les émissions mondiales par deux ou trois. Et si l'on admet que chaque habitant de la planète jouit d'un même « droit au CO_2 », les Indiens peuvent conserver le même niveau d'émission, les Maliens et les Bangladeshis peuvent l'augmenter quelque peu, mais les Chinois dépassent déjà les bornes ; quant à nous, Français, nous devons diviser nos émissions par quatre ou cinq, et les Américains par dix. C'est dire si ce pauvre protocole de Kyoto était loin du compte : même s'il avait vraiment été appliqué, le remède proposé était sans rapport avec l'ampleur du problème. En fait, Kyoto n'avait guère de signification scientifique, c'était au mieux un minuscule premier pas politique, au pire, un alibi.

L'occasion d'un pas beaucoup plus grand, décisif, a été manquée à Copenhague. L'accord ne s'est fait que sur un point : attendre, ne rien faire. Pour Corinne Lepage, « *le chaos de Copenhague est à l'échelle du chaos du monde actuel. Le fait que les dirigeants du monde aient été capables de sauver le système bancaire et de débloquer des milliards de dollars (qu'ils n'avaient pas) et qu'ils aient démontré leur incurie à sauver l'Humanité d'un désastre, illustre l'échelle des valeurs dominantes en ce début de siècle. Les affaires et l'économisme ont eu raison du bon sens le plus élémentaire.* »

Plus nous tardons à sortir de cet aveuglement, plus seront ardus à relever les défis de cette première moitié de siècle. À toujours miser sur l'insouciance, à toujours repousser les décisions qui s'imposent, on ne fait qu'accentuer les difficultés. Ce que nous avons à préparer, ce n'est pas un futur tellement lointain qu'il en deviendrait abstrait. C'est la vie des enfants déjà nés. C'est la vie des jeunes adultes d'aujourd'hui. C'est pourquoi l'ancienne ministre de l'environnement ajoute : « *Nous n'avons plus qu'à retrousser nos manches et inventer le process qui permettra, sauf à ce que nous décidions d'un suicide collectif, de donner à l'Humanité les moyens de sa survie.* » De sa survie et de son harmonie.

L'EFFET NÉNUPHAR

Deux et deux quatre
Quatre et quatre huit
Huit et huit font seize
Et seize et seize qu'est-ce qu'ils font
Ils ne font rien seize et seize
Et surtout pas trente-deux
Jacques Prévert

L'évolution climatique n'est qu'un des nombreux problèmes écologiques auxquels sera confrontée l'humanité pendant les prochaines décennies. Ce qui est en cause, c'est la gestion d'une quantité de ressources terrestres, certes considérable, mais malgré tout finie, par une population dont les besoins, ou tout au moins les désirs, les envies, paraissent infinis. Dans le mot ressources, il faut placer les notions de matières premières, d'énergie, de surface cultivable, de renouvellement du poisson dans les océans, d'eau d'irrigation, d'eau potable, d'air pur, etc., et aussi les capacités de la planète à absorber les agressions et à digérer les pollutions de toutes sortes.

La situation est illustrée par l'image du nénuphar, reprise par le professeur Albert Jacquard dans son livre *L'équation du nénuphar*. L'histoire est connue : dans un étang, un nénuphar double de surface tous les jours. S'il recouvre et étouffe l'étang en trente jours, combien de jours met-il à en recouvrir la moitié ?... Personne n'ayant vu de nénuphar aussi vigoureux, nous pouvons nous rabattre sur un exemple tristement plus réaliste, en remplaçant le nénuphar par une algue verte dopée aux nitrates, et l'étang par une baie du littoral breton. La question reste la même. Et la réponse ? Quinze jours ?

Non, pas du tout. Rejouez !

Image simple, devinette pour enfants ? Pas seulement, car elle peut aider à comprendre la situation de notre civilisation. Il s'agit de la modélisation mathématique d'une situation réelle. Construire un modèle mathématique consiste à simplifier plus ou moins la réalité pour en faciliter l'étude. Ce n'est pas la réalité, mais une approche plus ou moins satisfaisante. En classe de Première Scientifique, on peut modéliser par exemple l'évolution d'une population de bactéries en supposant que chaque bactérie se divise en deux toutes les heures : c'est très approximatif, mais ça donne des idées. Pour prévoir le temps qu'il fera dans cinq jours, le modèle mathématique des ingénieurs de la météo est énormément plus compliqué, car il doit prendre en compte les milliers de données recueillies par les capteurs disséminés en différents points du globe ; il est nécessairement très imparfait, car il néglige des milliards de facteurs impossibles à prendre en compte, comme par exemple le fameux battement d'aile du papillon, réputé pouvoir peut-être donner naissance à un cyclone… Cependant, malgré son imperfection, le modèle joue son rôle.

Mais revenons à notre civilisation. Si le modèle du nénuphar peut nous éclairer, c'est parce que celle-ci privilégie un mode de croissance exponentielle. Qu'est-ce à dire ? Tous ceux qui dans leurs tendres années ont été traumatisés par les programmes de mathématiques, ou par les professeurs chargés de cette discipline, s'apprêtent déjà à jeter ce livre par la fenêtre. Allons, faisons en sorte que ce soit abordable. On parle de croissance exponentielle, ou de progression géométrique, pour qualifier une croissance en pourcentages. Prenons l'exemple d'une valeur qui augmente de 7 % par an : si elle part de 100, elle va passer à 107, de même, elle passerait de 200 à 214, ou de 50 à 53,5 ; bref, on doit la multiplier par 1,07 chaque année. Au bout de deux ans, la valeur de départ sera multipliée par 1,07 x 1,07. Etc. Au bout de 10 ans, elle sera multipliée par 1,07 x 1,07 x 1,07 x…, c'est-à-dire $1{,}07^{10}$ (1,07 puissance 10), ce qui vaut pratiquement 2 (plus précisément 1,96). Et nous voilà revenus à la situation du nénuphar, ou à celle de notre population de bactéries : avec une croissance de 7 % par an, on multiplie par 2 tous les 10 ans, donc par 2 x 2 au bout de 20 ans,... et par 2^{10}, c'est-à-dire 1024 (arrondissons à 1000) au bout d'un siècle. Faut-il continuer ? Après deux siècles, on en est à multiplier par un million (1000 x 1000). Après trois siècles... Non merci, ça va.

Dans le cas d'une croissance moins soutenue, 5 %, 3 %, 1 %..., le phénomène est bien sûr ralenti, mais suit toujours le même schéma. Par exemple, dans le cas d'une croissance modérée, à 2,5 %, on multiplie tout de même par douze en un siècle. Et à 3 %, seuil de l'euphorie quand il s'agit de croissance économique, c'est par vingt qu'on multiplie en un siècle, par quatre cents en deux siècles, par huit mille en trois siècles. Ceci est valable pour toute grandeur appelée à augmenter d'un pourcentage fixe, qu'il s'agisse d'un capital, du financement de la Sécurité Sociale, des besoins en électricité ou en eau potable, des rejets de gaz carbonique, ou du niveau de la population. On estime à 250 millions la population mondiale au début de notre ère. Si pendant ces 2000 ans, elle avait connu ne serait-ce qu'un accroissement annuel régulier de 0,5 %, taux très faible en regard des 2 % des années 1965-1970, nous serions actuellement non pas 6 milliards mais 5000 milliards sur Terre. Toujours l'effet nénuphar.

Vous n'êtes pas encore convaincu des vices et des vertus de la croissance exponentielle ? Prenons alors un autre exemple. Chacun sait que lorsqu'ils vinrent voir l'Enfant Jésus, les Mages lui apportèrent l'or, l'encens et la myrrhe. Ce qu'on sait moins, c'est que Jésus refusa l'or. On aurait pourtant dû s'en douter : l'or, ce n'était vraiment pas son truc. Aussi, Melchior, bon prince, laissa l'or aux bergers qui se trouvaient là. Ceux-ci s'empressèrent d'investir la somme dans l'achat en commun d'une clôture électrique, ce qui n'était pas donné à l'époque. Mais l'un d'eux refusa d'adhérer à cette coopérative agricole, et réclama sa part, un franc tout rond (c'était bien avant l'euro). Il négocia aussitôt pour ce petit franc un contrat de placement perpétuel avec la Caisse d'Épargne, au taux non révisable de 2,5 %. Une misère. Depuis ce jour, il n'a fait aucun retrait. Combien possède donc aujourd'hui cet individu un peu radin, s'il vit encore ?

Eh bien, le calcul est simple : à 2,5 % l'an, son capital est multiplié par 1,025 chaque année. Après 2000 ans, notre berger possède donc $1{,}025^{2000}$ francs. Cela fait combien ? N'importe quelle calculatrice vous le dira : $2{,}8 \times 10^{21}$. Mais encore ? Eh bien, cela correspond au budget français actuel pendant 1,75 milliard d'années. Ou si vous préférez, à 20 000 euros le kilo d'or, on pourrait recouvrir la France entière d'une couche d'or de deux mètres d'épaisseur.

Comment un tel prodige mathématique est-il possible ? Observons la courbe de la croissance du nénuphar, ou de l'algue bretonne. Elle est caractéristique de toute croissance exponentielle : pendant longtemps, cette courbe se traîne au ras de zéro. En effet, l'algue a beau doubler chaque jour, cela ne se voit pas, car ce doublement porte sur des valeurs tellement faibles qu'elles restent invisibles à l'œil nu (au vingtième jour, par exemple, elle ne recouvre qu'à peine un millième de la baie). Ce n'est que lorsque les valeurs ont fini par grandir suffisamment pour se montrer un peu, vers le 25, que tout explose : la courbe commence à grimper de manière de plus en plus vertigineuse, et il faut sortir en toute hâte les tractopelles pour dégager la plage.

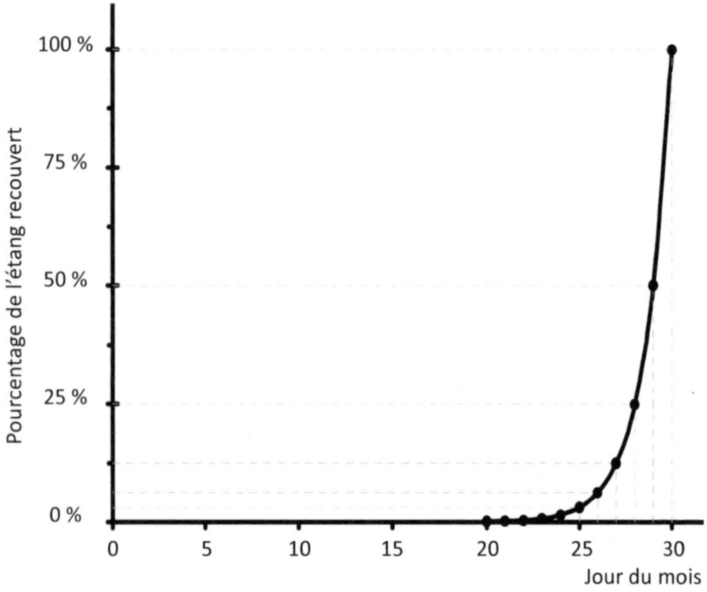

Pour toute croissance exponentielle, la courbe se comporte ainsi : après une période de latence plus ou moins longue selon la valeur de départ et le taux d'accroissement, on assiste à cette explosion. La difficulté d'une prise de conscience claire des limites physiques de la planète tient à ce caractère de la croissance exponentielle, à ce long temps de latence où rien ne se montre, comme pendant l'incubation d'une maladie. Si l'algue étouffe la baie en trente jours, le 29e jour, elle n'en recouvre que la moitié ; la veille, le quart... ; le 25e jour, 1/32, c'est-à-dire 3,125 % seulement. Oui, à cinq jours de l'échéance, il n'y a que 3 % de contaminé, presque rien. Que nous soyons le 25 ou le 27, il est donc facile de se raconter des histoires en disant que la coupe est loin d'être pleine. Pourtant, alors qu'on ne voit pas clairement le danger, il ne reste au mieux que quelques jours pour réagir. Aujourd'hui, où en sommes nous de ce sinistre calendrier ?

Alors, pourquoi les Trente Glorieuses ne pouvaient-elles se prolonger mille ans, avec leur croissance annuelle à 5 %, à 6 %, à 7 % ? Poser la question, c'est y répondre.

Pourtant, malgré l'évidence de la réponse, notre société est en adoration devant la croissance économique. Dans les années quatre-vingt-dix, certains dragons asiatiques ont connu des taux dépassant les 10 %. La Chine, abonnée elle aussi aux taux de croissance à deux chiffres, depuis le tête-à-queue idéologique imposé par Deng Xiaoping, n'est repassée en dessous des 10 % qu'en 2008. Dans de telles euphories, chacun de souhaiter : pourvu que cela dure. L'histoire du nénuphar devrait inviter à plus de circonspection, et peut-être à dire : faisons en sorte que cela ne dure pas trop longtemps. Ou plutôt : combien de temps cela peut-il durer ? Et surtout : où faut-il faire porter cette croissance, pendant un temps, parce que les besoins sont si criants ? Et au contraire, où est-il urgent de programmer la stabilisation, et même un sérieux repli, justement pour permettre la croissance là où elle est nécessaire ?

Croissance zéro ?

Alors que les Trente Glorieuses n'étaient pas encore mortes, certains avaient osé commettre un crime de lèse-majesté en mettant en doute la bienveillance de la déesse croissance. C'était en 1972. Ce sacrilège semble avoir fâché pour de bon la bien-aimée, puisque, dès l'année suivante, le premier choc pétrolier sonnait le départ de ce qu'on a depuis appelé la crise. En 1972, donc, le Français René Dubos fait paraître un ouvrage intitulé *Nous n'avons qu'une seule Terre*. Avec quelques autres illuminés, il est à l'origine de la Conférence de Stockholm, ancêtre de celles de Rio, de Kyoto et de Johannesburg. En 1972 encore, le Club de Rome publie un rapport explosif, réalisé par le Massachusetts Institute of Technology. Que dit ce rapport, élaboré dans le saint des saints de l'Occident triomphant qu'est le MIT, et publié en français sous le titre *Halte à la croissance* ? En bref, il énonce l'effet nénuphar, et invite les nations riches à se diriger volontairement vers la « croissance zéro ». Le MIT avait en effet calculé que, selon les prévisions de consommation, les réserves de cuivre, de nickel ou de zinc seraient épuisées dans tant d'années, celles de charbon, de gaz, et surtout de pétrole, à telle échéance…

Les calculs se sont rapidement révélés faux : d'autres réserves ont été découvertes, notamment pour le pétrole, et la croissance, justement, s'est quelque peu ralentie. Les échéances sont donc reculées. Reculées mais pas abolies. D'autant plus que d'autres problèmes alors méconnus mais tout aussi graves se sont révélés depuis, comme celui du trou dans la couche d'ozone, ou celui du réchauffement. Quoi qu'il en soit, le sens global demeure : l'effet nénuphar fait courir de gros risques à l'humanité. Peu importe à quel niveau se trouve le plafond du possible : à partir du moment où la croissance exponentielle s'emballe (et elle ne peut que s'emballer, on l'a vu), elle va pulvériser ce plafond, fut-il dix fois ou cent fois plus élevé que les prévisions. En effet, après un siècle de croissance à 4,7 %, ou deux siècles à 2,3 % (ce qui a longtemps été considéré comme une croissance faible), nous consommerons chaque année cent fois plus que maintenant.

On peut jouir d'un tempérament optimiste, et se dire que la Terre n'est pas si petite, finalement, et qu'elle maintient à notre disposition beaucoup de ressources ignorées, que nous apprendrons à exploiter en fonction de nos besoins. Bref, que nous n'avons pas vraiment fait le tour de notre étang. Peut-être. Mais quand bien même celui-ci prendrait miraculeusement les dimensions du lac de Genève ou du lac Baïkal, notre nénuphar le remplirait tout aussi sûrement, en raison de ce qui vient d'être dit. Serait-il même mille fois plus grand que prévu, le nénuphar l'étoufferait; au lieu de trente jours, il lui en faudrait quarante.

Croissance nécessaire

S'il était explosif, voire scandaleux, d'oser parler de choix volontaire de croissance zéro en 1972, en pleine période de prospérité, il est devenu carrément grossier de le faire à une époque où des difficultés économiques et sociales majeures accompagnent le tassement de la croissance que subit notre société. Et dans les brèves périodes d'euphorie qui apparaissent parfois, comment peut-on avoir l'impudence de jouer les rabat-joie et de poser des questions susceptibles de doucher ce bel enthousiasme ? Ce n'est jamais le bon moment !

Depuis cette bonne trentaine d'années, qu'avons-nous connu ? Cette bonne vieille croissance exponentielle, cette déesse pourvoyeuse de tous bienfaits, cette réincarnation du Père Noël, rechigne désormais à prodiguer ses largesses à l'Occident : 2 % telle année, 3 % au mieux, 1 % parfois. Une misère ! La crise ! Une crise de plus de 30 ans. Et tout le monde de se lamenter sur l'âge d'or perdu, oubliant que cet âge d'or reste une exception dans l'Histoire : jusqu'à la Première Guerre mondiale, et malgré la Révolution industrielle, le taux de croissance français n'a jamais dépassé 2,5 % par an sur des périodes moyennes ; dans les années vingt, il n'a pas excédé 3 %. Mais le rêve demeure : avec une foi solide dans la puissance de leurs incantations, tous les chamanes de la politique, accompagnés de la presque totalité de ceux qui font l'opinion, journalistes et intellectuels, reprennent inlassablement cet hymne, cette invocation à la croissance : la croissance repart, c'est formidable ; la croissance est malade, c'est catastrophique ; l'euro protège la croissance... Ils nous promettent pour bientôt le retour définitif de la pluie, pardon, de la croissance. Ce sera pour l'année prochaine. Ce sera la solution. Il n'y a pas d'autre solution. Il faut donc y croire, car ne pas y croire serait s'avouer battu, maudit. Et comment va-t-on financer le lot de promesses toutes fraîches de la campagne présidentielle 2007 ? Mais par la croissance, pardi ! On est volontariste. Même en 2008, avec la douche froide de la récession, c'est-à-dire des taux négatifs, on reste volontariste, on y croit très fort : on verra le bout du tunnel. Reprenons : on y croit encore, et au second semestre 2010, on verra le bout du...

La croissance a en effet bien des attraits. Le premier concerne bien évidemment le chômage. Les économistes nous ont depuis longtemps expliqué qu'une croissance annuelle de 2,7 % environ compense les gains de productivité. Donc, si rien ne change rien par ailleurs, en dessous de ce taux, le chômage augmente mécaniquement ; au-delà, il diminue. Ou plutôt, il diminuait. C'est maintenant moins sûr, comme le prouve l'exemple américain, où le précédent creux de vague de l'économie, avant la crise des subprimes, est daté de novembre 2001 ; entre cette date et 2007, bien que la croissance soit restée forte, voire très forte, aucun emploi n'a été créé. Les lois économiques semblent bel et bien prises en défaut. Malgré tout, comme on ne sait pas par quoi remplacer ces lois, on continue à s'y référer, d'autant plus qu'on ne sait pas quoi faire d'autre, que le partage du travail est décrié, que les 35 heures sont diabolisées, qu'a été décrété le principe du « travailler plus pour gagner plus »...

Aussi évident que son impact direct sur l'emploi est l'influence considérable de la croissance sur le moral de la société. Même sans être trop bien répartie, elle donne un peu plus à chacun, chaque année. Tout semble donc aller un peu mieux ; l'espoir se maintient ou renaît, alors que dans la stabilité, ou dans une faible croissance, sans parler de la récession, certains fatalement perdent des plumes, ce qui n'est jamais agréable. Et même si l'on ne perd rien, même si l'on est légèrement gagnant, les gains objectifs sont inférieurs à ce qu'on pourrait appeler la « croissance du désir » : ce qui hier me paraissait inaccessible, je le veux pour aujourd'hui, à la rigueur pour demain ou pour mes enfants ; si je ne l'obtiens pas, je suis frustré, alors même que je m'en suis passé sans problème jusqu'alors.

Il faut dire que notre société s'y entend pour redéfinir les besoins, pour rendre indispensable ce qui n'existait pas jusqu'alors. La contribution de la publicité est bien sûr inestimable dans ce domaine : « *Donner envie à des gens qui n'en ont pas les moyens d'acheter une nouvelle chose dont ils n'avaient pas besoin dix minutes auparavant. Il vous faut d'urgence un produit, mais dès que vous l'avez, il vous en faut un autre. Votre souffrance dope le commerce. Dans notre jargon [publicitaire], on l'a baptisée : la déception post-achat.* »[3] On se souvient de la belle franchise de l'ancien PDG de TF1 : « *Pour que le message publicitaire soit perçu, il faut que le cerveau du téléspectateur soit disponible. Nos émissions ont pour vocation de le préparer entre deux messages. Ce que nous vendons à Coca-Cola, c'est du temps de cerveau humain disponible.* » On s'en doutait un peu, mais désormais, c'est clair. Cependant, avant même le ramollissement de cerveau préparé par la chaîne dirigée alors par Patrick Le Lay, le phénomène d'accoutumance correspond aussi à une loi biologique : la réaction d'un organisme vivant est moins que proportionnelle au stimulus. Si l'on injecte à un être vivant deux milligrammes d'un produit actif (médicament, drogue), le retentissement ne sera pas deux fois plus fort qu'avec l'injection d'un seul milligramme. Pour augmenter un peu la sensation ou l'effet, et même pour les maintenir en cas d'usage continu, il faut augmenter beaucoup la dose. La loi de Weber et Fechner précise ce phénomène : supposons qu'une dose de 100 (dose d'antalgique, de somnifère, puissance de bruit...) provoque une certaine sensation, et que pour ressentir une augmentation de cet effet, il faille passer à une dose de 120 ; alors, celui qui reçoit une dose de 1 000 devra passer à 1 200 pour ressentir la même augmentation d'effet. Plus on a, plus il en faut pour sentir un plus. Traduisons : il faut du piment à la vie, que celui-ci soit sain ou frelaté. Ce qui m'a comblé pendant un temps, entre autre par sa nouveauté, me laisse en attente d'un plus, dès que l'habitude l'a banalisé : repu de pain, j'ai envie de brioche ; lassé du saumon fumé, il me faut du foie gras truffé. Plus je suis riche, plus j'exige

---

3 *Frédéric Beigbeder,* 99 Francs *(Grasset).*

une augmentation forte pour avoir le sentiment de ne pas m'appauvrir. Les augmentations de salaires ne sont-elles pas le plus souvent accordées en pourcentage ?

Une croissance faible affecte donc le moral de la population, qui, déçue, a l'impression de s'appauvrir, l'impression que tout va de plus en plus mal. C'est ce qui est vécu avec plus ou moins d'intensité depuis trente-cinq ans : sur cette période, le niveau moyen de consommation des Français, et des occidentaux en général, s'est considérablement accru (même si une frange de la population est restée en marge de ce mouvement), mais cet accroissement n'est pas ressenti comme tel, en raison notamment de cette redéfinition des besoins.

Cette recherche de « plus » et la frustration à ne pas l'obtenir sont très liées au besoin de reconnaissance sociale. L'accession à un autre type de consommation porte le rêve d'un changement de condition. Le complexe de Monsieur Jourdain fait des ravages. Pour le *Bourgeois Gentilhomme* de Molière, peu importe finalement ce qu'il possède et ce qu'il mange, comment il s'habille et se distrait ; cela n'a d'importance qu'en référence aux obligations supposées d'une « personne de qualité ». Alors, comment s'élever quelque peu au-dessus du commun grâce à cette touche qui fera chic et non pas toc ; comment tout au moins ne pas déroger ? Loisirs, art moderne, culture, voilà des affaires sérieuses ; elles n'admettent aucun relâchement dans la recherche de ce subtil équilibre entre le conformisme nécessaire pour s'intégrer dans son milieu et la note de distinction qui permettra peut-être de s'en élever. Le bon goût avec parfois une once de provocation. Pouvoir raconter des vacances au Mexique ou en Australie, ça pose tout de même davantage que d'avouer deux semaines de camping dans le Berry. Dans cet état d'esprit, les débats sur les crus de Bourgogne sont de la plus haute importance, la compétence affichée pour la gastronomie est un élément essentiel de la reconnaissance sociale. Summum de la civilisation ou prémices de la décadence ?

Les exigences de ce snobisme gonflent énormément la baudruche de nos besoins. Et la nécessité de courir éternellement après la dernière tendance instille jour après jour sa dose de stress. Il faut de l'énergie pour suivre avec assez d'attention les règles de son milieu et celle du milieu qu'on voudrait intégrer. Il faut de l'énergie pour tenir la comparaison avec ses pairs. Howard Cutler, qui a recueilli les propos du Dalaï-Lama, rappelait une définition corrosive de l'homme fortuné : « *c'est celui dont le revenu est de six cents francs plus élevé que celui du mari de la sœur de sa femme.* »[4] Il est hélas plus vrai encore que l'homme pauvre, c'est celui qui gagne cent euros de moins que son beau-frère, son collègue de travail, ou son voisin.

Ce mécanisme a été mis en évidence à la fin du dix-neuvième siècle par Thorstein Veblen. Pour cet économiste américain, une société n'a pas toujours besoin de produire plus : vient un moment où elle est à même de satisfaire les besoins de ses membres, non seulement les besoins de base, nourriture, logement, chauffage, mais aussi une nourriture agréable, équilibrée et variée, un logement confortable, la possibilité de relations humaines satisfaisantes... Si elle cherche à toujours produire plus, c'est en raison de cette rivalité dans le paraître, cette tendance à l'ostentation qui touche aussi bien les groupes sociaux que les individus. Les plus riches des riches feront assaut de yachts, d'avions privés et de collections d'art, les classes moyennes et les plus modestes se rabattront sur la voiture, la maison, la destination de vacances, le besoin d'offrir des cadeaux somptueux. Les communes rurales se ruineront en ronds-points et en pavés colorés, les départements en sponsorisant un catamaran...

On mesure désormais le « moral des ménages » en fonction de leur degré de consommation : si la consommation augmente, c'est que le moral est au beau fixe, si elle diminue, c'est signe d'inquiétude et d'insatisfaction. Naïvement, on pourrait penser que si on consomme moins, c'est peut-être tout bêtement parce qu'on est content de son sort, que rien ne manque. Mais non, c'est tout faux ! Être bien, c'est manger plus que de raison, c'est accumuler, jeter, renouveler...

La morale de cette morale, c'est que la non-croissance, ou la faible croissance, est source de mécontentement et de grogne. Le climat

4 *S.S. le Dalaï-Lama et H. Cutler,* L'Art du Bonheur *(Robert Laffont).*

social devient explosif. C'est le repli sur soi de tous les intérêts catégoriels. Et c'est bien sûr pain béni pour tous les démagogues et tous les populistes, prêts à brandir une explication simple et un remède immédiat : selon les époques, c'est la faute aux juifs ou aux francs-maçons, aux étrangers ou aux fonctionnaires, et toujours à la démocratie. Les gouvernants sont prêts à tout pour éviter cette situation, d'autant plus qu'alors, la morosité de la population va de pair avec la quasi-impossibilité d'établir un budget satisfaisant. Les rentrées fiscales étant stables, s'il faut privilégier un secteur jugé prioritaire, ce ne peut être qu'au détriment d'un autre secteur. Cela conduit facilement à l'immobilisme politique, car tout choix politique devient douloureux : pour habiller Pierre, il n'y a pas d'autre solution que de déshabiller Paul. Paul sera rarement d'accord... En revanche, dès que la croissance revient, les problèmes budgétaires sont résolus comme par miracle.

Par quelque bout qu'on prenne le problème, celui de la prospérité effective (activité, emploi, fiscalité...), celui de l'impression de prospérité, ou la nécessité de préserver la paix sociale, on arrive facilement à la même conclusion : il faut tout faire pour maintenir et favoriser la croissance. Et parmi les décideurs, personne ne dit autre chose, car les raisons sont imparables. Sauf que...

Sauf que ça ne marche plus. Le nom et la réputation des Trente Glorieuses sont liés au fameux taux de croissance qui euphorisait la société occidentale : 5,7 % par an en moyenne en France entre 1960 et 1970. Mais depuis, c'est une dégringolade qui ne fait que s'accélérer : 3,7 % dans la décennie 70-80, 2,3 % pour 80-90, et 1,8 % pour 1990-2000. On voit déjà ce que donnera cette première décennie du siècle... Ce qui semblait tout naturel de 1950 à 1975 n'est désormais qu'un souvenir, malgré tous les efforts, tous les plans de relance, toutes les incantations. Qu'est-ce qui a donc changé ? L'argument du prix de pétrole n'est pas sérieux : le choc pétrolier de 1973 a certes eu un effet négatif sur les performances économiques de l'année 74, voire de 75, mais cet effet s'est largement épuisé depuis. Et on n'a pas entendu dire que le niveau très bas du brut pendant plusieurs années, avant la remontée de 2004, avait redonné des couleurs à une croissance anémiée. Il faut donc bien chercher ailleurs les raisons véritables, non pas dans les circonstances, dans le conjoncturel selon le terme des économistes, mais dans le fond des choses, dans le structurel.

La croissance à bout de souffle

Ce qui s'est produit en occident, dans les années 60-70, c'est la sortie d'une société de rareté et l'entrée dans une société d'abondance.

Dans l'après-guerre, beaucoup de choses étaient rares en effet : les logements confortables, voire les logements tout court, les appareils ménagers, sans parler des automobiles, des biens culturels ou de loisirs. La demande, pour des besoins considérés comme essentiels, avait tendance à dépasser l'offre. La croissance de la production n'avait donc pas comme fonction première de faire marcher l'économie, mais de satisfaire cette forte demande. Un mouvement analogue se manifeste désormais en Chine.

Aujourd'hui, ce qui est devenu rare, ce sont les foyers dépourvus de logements chauffés et confortables, de frigo, de téléviseurs, à écran plat de préférence, de chaînes hi-fi et de voitures en multiples exemplaires. Et quand une famille dispose de deux voitures et de trois téléviseurs, d'un ordinateur et d'un téléphone pour chacun de ses membres, on a beau lui répéter qu'il faut plus de consommation pour plus de croissance pour plus de prospérité, c'est moins évident de lui faire acheter un quatrième téléviseur ou une troisième voiture : la place vient à manquer. Et même les plus gourmands n'ont qu'un estomac. La demande est saturée face à l'offre. Que faire alors ? Si les besoins matériels existants sont satisfaits, il faut en créer d'autres. Et c'est un travail de tous les instants pour les fabricants, les vendeurs et les publicitaires. Le maître mot est innovation : créer du nouveau pour créer des besoins. Et nous revoilà quelques pages en arrière : « *Donner envie à des gens qui n'en ont pas les moyens d'acheter une nouvelle chose dont ils n'avaient pas besoin dix minutes auparavant...* » Innover ou mourir, c'est la règle absolue.

Seulement, ces efforts ne sont pas totalement couronnés de succès. On s'est démené pour vous faire abandonner l'usage de la savonnette au profit d'une pompe en plastique remplie d'un mélange eau-savon vendu au prix du savon pur (on passe sous silence le prix de l'appareil lui-même et le coût écologique de sa fabrication, de son transport, de sa destruction…). On s'est creusé la tête pour vous faire comprendre que vous ne pouviez plus sortir de chez vous sans être prisonnier de votre portable, puis que celui-ci devait être changé pour vous permettre prendre des photos en cas d'urgence manifeste, puis changé à nouveau pour vous donner la possibilité de filmer les inoubliables scènes de la vie courante. On a réussi à vous inculquer le besoin d'un véhicule tout terrain de deux tonnes trop précieux pour aller polluer de ses rejets les sous-bois (ouf !), et qui se contentera donc d'encombrer le macadam urbain… Hélas ! Tant d'efforts, tant de créativité pour si peu de résultats : la croissance est à bout de souffle, la croissance est moribonde, et cet acharnement thérapeutique réussit à peine à la maintenir en survie. Bref, nous vivons désormais dans une société de croissance sans croissance. Misant tout sur la croissance, nous voyons sans recours celle-ci nous filer entre les doigts. Et il n'y a rien de pire que cette situation, où nous devons supporter tous les inconvénients de la croissance, le pillage des ressources en premier lieu, sans même profiter de sa principale vertu, le plein-emploi.

Une croissance qui ne marche plus. Une croissance de toute manière impossible durablement dans un monde limité. Nous voici bel et bien confrontés à l'absolue nécessité d'inventer un moteur nouveau pour la bonne marche du monde. Mais en attendant, la société est malade.

Car la croissance est une drogue dure. À ce qu'on dit, les premières piqûres d'héroïne procurent une volupté intense, une euphorie sans égal, avant que ne survienne l'accoutumance, qui estompe les effets. Vient même le temps où l'on ne prend plus sa dose pour le plaisir qu'elle procure, mais pour simplement repousser la douleur intolérable du manque. Temps de déchéance, où la vie est dominée par cette recherche.

La période des Trente Glorieuse, avec sa croissance à plus de 5 % l'an, a peint la vie de couleurs chatoyantes. Des facilités inconnues s'offraient progressivement à une population habituée à des conditions autrement plus difficiles. Le rêve était à portée de main. Il n'en est plus de même aujourd'hui, alors que la croissance nous est mesurée si chichement, alors que de toute manière, elle ne sait plus très bien ce qu'elle pourrait apporter. Reste le manque, et le besoin impérieux de rechercher cette dose qui pourrait en faire oublier les douleurs : le chômage bien entendu, mais pas seulement, une part de rêve et de magie. La société est bel et bien accro. Et elle n'imagine même pas qu'il puisse exister une cure de désintoxication…

Croissance économique, ou progrès réel ?

Une telle cure risque fort d'être douloureuse, car il n'est pas simple de renoncer à l'euphorisant d'une croissance disparue. L'expression croissance zéro fait figure d'épouvantail. La croissance, c'est plus de richesse, et plus de richesse, c'est plus de bien-être, n'est-ce pas ? Pas si sûr ! Avant d'en juger, précisons de quoi on parle.

La croissance, plus précisément la croissance économique, mesure l'augmentation du *Produit Intérieur Brut*. Ce *PIB* fait lui-même le compte des biens et services monnayables, le compte de tout ce qui se paie dans notre beau pays. C'est donc le total de l'argent qui circule, sans considération pour le côté bénéfique ou non des objets fabriqués ou transformés, ni pour la réalité des services rendus. Pour faire croître le PIB, que faut-il donc ? Pousser à fond le chauffage au point de devoir ouvrir les fenêtres pour se rafraîchir ? Multiplier les transports inutiles, emporter des bouteilles d'eau de source des Alpes vers les Côtes d'Armor où l'eau est devenue imbuvable, importer des porcs danois vers la Bretagne, et exporter des porcs bretons vers l'Allemagne ? Augmenter la consommation d'antidépresseurs, favoriser les accidents, les attentats et le vandalisme ? Après tout, les voitures qui brûlent, l'accident du tunnel du Mont Blanc et le naufrage de l'*Erika* sont des facteurs de croissance : il faut réparer les dégâts, il faut faire dépolluer les plages (par des entreprises, car les bénévoles n'apportent rien au PIB !). C'est justement ce que Patrick Viveret appelle le *paradoxe de l'Erik*a. De même, le tremblement de terre de Kobe, qui a tué six mille Japonais et fait cent milliards d'euros de dégâts, a été une formidable aubaine qui a permis de relancer temporairement l'économie japonaise. Dans cette optique, et à défaut d'une bonne guerre, il serait bénéfique de bétonner les Gorges du Tarn ou le Cap Fréhel pour les recouvrir d'hôtels. En revanche, la jeune mère qui décide d'allaiter son bébé est une dangereuse irresponsable, car au lieu de travailler à la croissance en achetant biberons, lait en poudre et chauffe-biberon, elle lui fournit un lait gratuit, rendez vous compte ! Ajoutez le fait que le bébé, protégé par les anticorps maternels, aura moins besoin de médecin et de médicaments, et vous comprendrez que cette pratique, qui conduit à la baisse de l'activité économique, devrait être interdite. Et que dire aussi des grands-mères qui reprisent gracieusement les chaussettes, sinon qu'elles se font de plus en plus rares, heureusement ? Et de l'entraîneur bénévole de l'équipe minime de basket ?... Le PIB exclut de ses calculs des activités fondamentales pour la société (activités non rémunérées), et mélange allègrement des activités économiques quantitatives, sous prétexte qu'elles font tourner la machine, sans aucun souci de leur aspect qualitatif, sans se demander si cette machine tourne dans le bon ou dans le mauvais sens. Et cette totalisation absurde de positif et de négatif gouverne le monde ! Dans mon enfance, les travaux inutiles et les gaspillages, les maladroits qui cassaient trop souvent les choses donnaient lieu à des plaisanteries : « *ça fait marcher le commerce !* » Aujourd'hui, c'est avec tout le sérieux du monde qu'on dit la même chose : « *c'est bon pour le PIB, c'est bon pour la croissance* ».

D'autres indicateurs économiques ont été mis au point, comme l'Indicateur de Développement Humain, l'Indicateur de Progrès Véritable (ou de Progrès Réel, ou de Progrès Authentique), ou encore l'Indicateur du Bien-être Économique Soutenable (IBES ou IBEE), qui prennent en compte d'autres éléments importants pour la qualité de la vie. Par exemple, l'IPV prend le PIB comme base de calcul, mais y ajoute les bienfaits du travail bénévole et de la vie familiale, et en retire les coûts de l'insécurité, des réparations des dégâts, des pollutions, des trajets domicile-travail et autres dépenses qui interviennent négativement dans la qualité de la vie.

PIB et Indicateur de Progrès Véritable (USA)

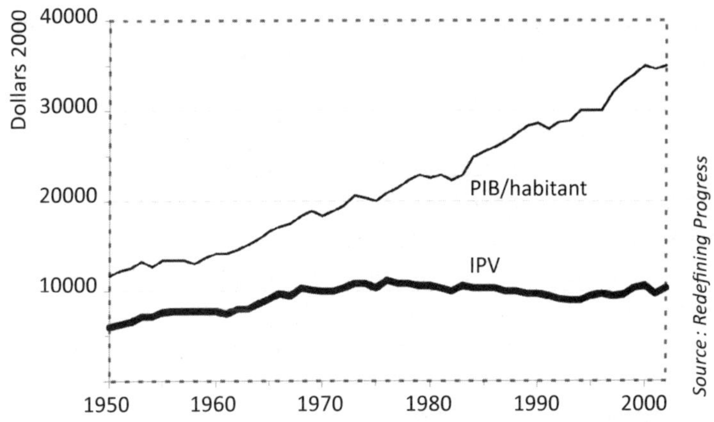

Le graphique montre que jusque vers les années 1970, le PIB et l'IPV grimpaient ensemble. Mais depuis 1980, alors que le PIB continue de s'élever au même rythme, l'IPV régresse : sa courbe s'éloigne de celle du PIB. En clair, la croissance de l'activité économique n'apporte plus de bien-être supplémentaire, au contraire. La croissance se nourrit non seulement d'inutile, mais aussi de négatif : pollutions, accidents, stress, vandalisme, embouteillages…

Une commission, présidée par le Nobel d'économie Joseph Stiglitz, a été chargée par le Président français d'élaborer un nouvel indicateur économique, plus pertinent que le PIB. Elle a rendu ses conclusions à l'été 2009. L'avenir dira si la pensée économique et politique doit être bouleversée par ce travail, ou si ses initiateurs s'empresseront de le ranger dans un tiroir, affolés à l'idée de ce que pourrait produire sur le capitalisme la remise en cause de cette domination du PIB.

Pourtant, si la propagande pour la croissance du PIB était comprise pour ce qu'elle est, c'est-à-dire de la propagande, on serait mieux disposé pour inventer des solutions aux problèmes du monde. Délivré de ce fétichisme, on pourrait retrouver un surcroît de lucidité et d'intelligence, pour voir que la fin nécessaire de la croissance ne signifie pas nécessairement le recul de la qualité de la vie, bien au contraire.

Et heureusement ! Car pour produire les biens et services comptabilisés par le PIB, choux-fleurs et places de train, enseignement et téléviseurs, assurances et traitements des eaux, on utilise non seulement des ressources humaines (le travail, l'intelligence, la créativité) mais aussi des ressources matérielles. Et la croissance du PIB conduit à la croissance de l'utilisation de ces ressources (pour une croissance mondiale à 4 %, la consommation d'énergie, par exemple, augmente de 3 %). Or, nous le verrons dans le prochain chapitre, il faut se faire à l'idée que ces ressources matérielles sont limitées. Précisons déjà que parmi les ressources matérielles (les sources d'énergie, les minerais, l'eau, l'air, les terres cultivables, mais aussi, on l'oublie trop facilement, les capacités de la nature à absorber et digérer sans dommage les agressions et pollutions diverses…), on peut distinguer les ressources renouvelables et celles qui ne le sont pas.

Dans le premier groupe prennent place en particulier les produits de l'agriculture, de l'élevage et de la pêche, ainsi que l'air pur et les eaux de surface, l'énergie fournie par le bois, le soleil et le vent, les cours d'eau, les marées… Dans le deuxième groupe se situent tous les stocks amassés par la nature pendant des milliers d'années, voire des centaines de millions d'années : minerais, pétrole, gaz et charbon bien sûr, mais également les eaux des nappes fossiles, ainsi que les terres cultivables, devenues telles grâce à l'action de la nature et aux soins prolongés des hommes. Dans l'exploitation des ressources non renouvelables, il est impératif et urgent de viser non seulement la croissance zéro, mais bien un rapide repli de la consommation. Les ressources renouvelables doivent quant à elles être utilisées de manière harmonieuse, c'est-à-dire dans le respect du rythme de renouvellement (ce n'est pas le cas par exemple pour la pêche, actuellement, ni pour l'eau bien souvent).

Quant à l'utilisation des ressources humaines, elle ne peut être considérée comme harmonieuse en dehors du respect des droits de l'homme, dans le travail et dans toute la vie. Dans un monde marqué à la fois par le chômage et par le surmenage d'une forte partie de la population, il reste beaucoup de choses à améliorer avant d'atteindre une gestion optimale du travail et de l'intelligence de l'homme.

Le partage du gâteau

Venons-en au lien entre la croissance de notre consommation de biens non renouvelables et l'évolution des conditions des pays pauvres. Sans ignorer la complexité de la réponse, on ne peut écarter la question suivante : si nous acceptons l'idée que la Terre est limitée, que la croissance ne peut donc être infinie, qu'allons nous faire des marges de croissance qui restent dans certains domaines ? Allons-nous les garder pour nous, pays riches, et pour quelques autres parmi les plus dynamiques, ceux qu'on appelle les pays « émergents » (au fait, de quoi émergent-ils ?) ? Allons-nous les garder pour nous et les interdire de fait aux laissés-pour-compte d'Afrique, d'Amérique latine et d'une grande partie de l'Asie ?

Allons-nous défendre bec et ongles ce niveau de vie auquel nous tenons, que nous jugeons nécessaire à notre épanouissement et à notre bonheur, allons-nous défendre le droit de l'accroître encore, sachant que cela revient de fait à tout faire pour que les plus pauvres ne s'en approchent pas ? Nous sommes devant un choix. Pouvons-nous affirmer en toute sincérité que le mode de vie occidental, partagé par un bon milliard de personnes, peut et doit encore progresser, et en même temps qu'il est généralisable à 6 milliards et demi d'hommes, à 9 milliards demain ?

Au fond de nous, souhaitons-nous vraiment que demain, Chinois et Indiens, Rwandais et Zaïrois, Péruviens et Haïtiens vivent comme nous vivons ou comme nous souhaiterions peut-être vivre, c'est-à-dire avec une ou deux voitures par famille, avec un réseau serré d'autoroutes et d'aéroports internationaux, avec vacances au bout du monde, avec maison surchauffée en hiver ou/et climatisation forcenée dans chaque logement, avec tout l'électroménager vorace en énergie, avec deux repas de viande chaque jour et aliments dûment emballés, réfrigérés et congelés, souvent importés des antipodes, avec poubelles débordantes, avec golf bien arrosé et piscine bien chauffée, avec… ? Le souhaitons-nous vraiment, en connaissance de cause, sans faux-semblant, sans crainte que ce soit impossible, sans crainte qu'une telle concurrence sur les approvisionnements en énergie et en matières premières, en eau, en denrées alimentaires ne provoque de fait une pénurie dont nous ne sortirions pas indemnes ; sans soucis au sujet de l'impact d'une multiplication par six ou sept de la circulation automobile et aéronautique sur les cours du pétrole, sur la qualité de l'air et sur l'évolution du climat, sur la stérilisation des sols fertiles entourant les villes par le bitume des autoroutes, des parkings et des aéroports ; sans inquiétude quant à l'accumulation des déchets dus aux emballages et à l'abandon des produits démodés ?

Depuis une dizaine d'années, les scientifiques s'inquiètent du nuage de pollution qui s'agrandit au-dessus de l'Océan Indien. Épais de deux à trois kilomètres, grand comme l'Europe, ce nuage porteur de suie, d'oxyde de carbone et d'anhydride sulfurique est dû principalement au développement industriel anarchique de l'Inde. Lorsqu'une population d'un milliard d'individus, c'est-à-dire du même ordre que celle de nos « vieux » pays industrialisés, vit avec un taux de croissance économique de 7 à 9 %, découvre les concentrations d'usines, les joies de la voiture individuelle (même réservée à une frange de quelques pour cent de privilégiés) et les embouteillages monstrueux qui en résultent, ce n'est pas sans conséquences. La Chine maintient sa croissance autour de 10 %, avec presque un milliard et demi d'habitants ; elle parcourt donc encore plus vite le même chemin, ce chemin qui a été le nôtre depuis cent cinquante ans. Tout le nord-ouest de ce pays doit désormais faire face à une grave pénurie chronique en eau. Les sinologues s'accordent pour dire que cette pénurie n'est pas due seulement à la sécheresse, mais aussi à des facteurs humains : la population s'est beaucoup accrue, et plus encore, les modes de vie ont changé. Les logements urbains sont désormais équipés de salles de bains, de toilettes avec chasse d'eau, de lave-linge, équipements tous gros consommateurs d'eau ; le modèle américain a considérablement développé la consommation de viande bovine, ce qui nécessite l'intensification de l'agriculture et de l'élevage, notamment par l'irrigation ou l'importation de soja transgénique argentin. Et ce n'est qu'un début. L'exode rural qui fait rage va s'amplifier : le président chinois prévoit qu'avec les contraintes économiques résultant de l'adhésion de la Chine à l'OMC, ce sont 500 millions de chinois ruraux qui devront quitter les campagnes dans les quinze années à venir, 500 millions dont le mode de vie va changer radicalement en un temps record. Qui peut affirmer qu'un tel bouleversement, aussi précipité, se fera harmonieusement ?

Avec des taux de croissance de 8 à 10 %, la Chine et l'Inde, qui constituent près de la moitié de la population mondiale, sont embarquées dans un mouvement qui conduit à un doublement tous les sept ou huit ans, une multiplication par 65 à 130 en un demi-siècle. Ce n'est pas sans conséquences !

Il n'est pas question de dénier à ces pays la possibilité d'une évolution, bien au contraire. Si chacun de nous a droit à sa voiture, pourquoi chaque paysan chinois ne pourrait-il rêver du même droit ? Elles donnent seulement l'occasion de noter que le développement, lorsqu'il se réalise comme c'est le cas selon le modèle occidental exclusivement, conduit à des conséquences qu'on ne peut se permettre d'ignorer. Si le monde gère péniblement huit cent millions d'automobiles aujourd'hui, peut-on envisager sereinement que ce nombre puisse passer dans quelques décennies à trois ou quatre milliards ? Imagine-t-on quel pourcentage de la surface de leurs deltas surpeuplés les Asiatiques devraient consacrer à leurs autoroutes et à leurs parkings pour atteindre notre taux d'équipement ? Resterait-il un petit coin cultivable entre les échangeurs ? Allons-nous nous rassurer en décrétant que la pollution des autres ne nous concerne pas, qu'elle s'arrête à nos frontières, maintenant que nous imposons à nos industries et à notre agriculture des normes antipollution plus strictes ? Allons-nous faire semblant d'ignorer que les ressources que commence à utiliser le reste du monde proviennent des mêmes réserves ? Et si nous n'avons pas d'autres perspectives que la continuation sur notre lancée, avec la foi dans le fait que notre technologie peut dépolluer ce qu'elle a pollué, qu'elle peut suppléer à ce qu'elle a pillé, de quel droit pourrions-nous interdire à d'autres de suivre notre exemple également dans ses côtés les plus néfastes ?

Comment réagirons-nous demain, quand les problèmes sérieux ne pourront plus être ignorés par personne, quand nous aurons fini de fermer les yeux sur les bouleversements climatiques et la montée du niveau des océans, quand la pression sur le pétrole, le gaz et les minerais rares se fera à nouveau très forte, beaucoup plus forte que par le passé, quand les approvisionnements en eau douce commenceront à poser des problèmes aigus, à provoquer des tensions internationales, des guerres peut-être, quand des conflits éclateront autour des quelques ressources de pêche épargnées ? Réagirons-nous en disant que les pays du Sud ont trop d'enfants et qu'il faut les stériliser de force ? Que leurs rizières dégagent trop de méthane et accentuent donc l'effet de serre ? Que les métropoles tentaculaires de Mexico, de Rio et du Caire doivent être nettoyées de leurs habitants ? Un siècle et demi après le slogan répété par un général américain, « *un bon indien est un indien mort* », en viendrons-nous à appliquer celui-ci aux indiens de l'Inde ? La prairie n'était pas assez vaste pour les Sioux et les familles de pionniers. La Terre sera-t-elle trop exiguë pour tous ? Tout dépend de nos choix, et donc du regard que nous portons sur ces problèmes de croissance et de développement.

Le mode de vie occidental, avec les tendances de son évolution, peut être considéré comme nécessaire à l'épanouissement humain. Cette prise de position idéologique ou philosophique peut même être complétée par la conviction qu'il est généralisable à l'ensemble de l'humanité. Dans ce cas, pas de problème, continuons ainsi. Corrigeons les erreurs minimes, améliorons ce qui a besoin de l'être. Et surtout, en cohérence avec les proclamations sur la dignité, l'égalité et les droits de l'homme, mettons tout en œuvre pour hâter l'accession de tous à ce mode de vie, pour que tous puissent s'épanouir vraiment. Faisons en sorte que le développement de tous les pays puisse se réaliser rapidement selon le modèle occidental, et que les poches de misère qui subsistent ou se multiplient chez nous disparaissent rapidement.

Ou bien, en considérant toujours ce standard de vie et son évolution comme nécessaires à l'épanouissement, nous réalisons qu'il est illusoire de vouloir le généraliser à toute l'humanité, voire même de le faire durer très longtemps. C'est donc à condition de savoir limiter sérieusement la concurrence des plus pauvres et rester entre gens de bonne compagnie que nous autres occidentaux pouvons être tranquilles pour quelques décennies, peut-être pour toute notre vie. Après, ma foi... Quant à ceux qui sont tombés du train de la prospérité et à ceux qui n'ont jamais pu y monter, ce n'est pas notre problème. Il faut savoir être pragmatique, et arrêter de prétendre que les hommes naissent libres et égaux en droit ; ils se séparent non seulement en fait, mais aussi par principe, en deux catégories : d'une part les privilégiés dont nous sommes, intelligents, efficaces, entreprenants, qui peuvent accéder au bonheur ; de l'autre, les éternels damnés de la Terre. Asseyons-nous sur notre conscience, bannissons tout humanisme, remplaçons-le par un solide réalisme, et vogue la galère ! Ou plus simplement, oublions ces questions, de peur qu'elles ne dérangent...

Si ce mode de vie qui est le nôtre ne peut perdurer indéfiniment, et encore moins se généraliser, comment doit réagir celui qui n'a envie ni de rejoindre les quatre cinquièmes de l'humanité dans une situation qui serait sans espoir, ni de venir grossir le camp du racisme de fait et du bon gros cynisme ? La seule attitude cohérente consiste à se mettre à la recherche d'un mode de vie différent, à la fois porteur d'épanouissement et accessible dans la diversité à toute l'humanité.

LA PLANÈTE EN COUPE RÉGLÉE

Et je te donnerai
Un frigidaire
Un joli scooter
Un atomixer
Une tourniquette
Pour faire la vinaigrette
Un bel aérateur
Pour bouffer les odeurs
Des draps qui chauffent
Un pistolet à gaufres...
Boris Vian

Depuis le rapport du Club de Rome et la Conférence de Stockholm en 1972, depuis les chocs pétroliers de 1973 et 1979, depuis le Sommet de la Terre à Rio en 1992, les mentalités ont bien changé. Les questions écologiques sont désormais largement reconnues comme cruciales pour l'avenir du monde. Certes, les problèmes restent techniquement souvent mal connus ; on se perd un peu entre l'effet de serre et le trou dans la couche d'ozone, tous les deux causés par des gaz indésirables répandus dans l'air. Mais au-delà de telles confusions, les interrogations montent, concernant les approvisionnements en pétrole et en eau potable, la pollution de l'air, de l'eau et des sols, la gestion des déchets, la raréfaction du poisson dans les océans, la destruction de la forêt équatoriale, la menace sur beaucoup d'espèces vivantes, la qualité de la nourriture, le devenir des pays pauvres...

Soucieux de montrer leur sensibilité à ces questions, les dirigeants du monde multiplient les déclarations. Ils manifestent cependant moins d'empressement dès qu'il s'agit de passer aux actes, comme on a pu le constater une fois de plus à l'occasion du Sommet de Copenhague. Courte vue, soumission à de puissants lobbys attachés au statu quo ? Tiraillement aussi entre le bien général à long terme et les intérêts particuliers à court terme. Ces tiraillements leur font craindre des réactions aux décisions audacieuses qu'ils pourraient prendre, et qui toucheraient chacun, souvent de manière dérangeante. Les changements considérables dans le mode de vie, de production, de pensée même, risquent de susciter des résistances tenaces : si, en principe, tout le monde se déclare volontiers favorable à la préservation de l'environnement, les choses se gâtent lorsqu'on rentre dans le concret. Les remontées successives du prix des carburants, en septembre 2000, en octobre 2004, en été 2005, ont ainsi provoqué de forts mouvements de grogne. À cinquante, puis soixante-dix dollars, le prix du baril de pétrole semblait intolérable. La priorité n'était pas encore aux choix difficiles ; gouvernants et gouvernés étaient assez d'accord sur l'urgence d'attendre. En 2008, alors que le baril flirtait avec les cent cinquante dollars, les protestations sont curieusement restées plus discrètes. L'idée que le monde change semble pénétrer peu à peu dans les esprits. Reste à évaluer la véritable profondeur de cette prise de conscience des problèmes planétaires, chez des citoyens soumis aux mêmes contradictions entre le court et le long terme, entre le général et le particulier. Les dirigeants essaient de sentir le vent de l'opinion plutôt que de prendre les devants. Au bout du compte, nous avons les démagogues que nous méritons.

Au début de la Seconde Guerre mondiale, Winston Churchill refusait la démagogie en promettant aux Britanniques « *de la sueur, du sang et des larmes* ». Ce n'était bien sûr pas un but en soi, mais ce qu'il voyait comme un passage obligé pour résister à la barbarie nazie et préserver la liberté ; se coucher devant Hitler, c'était de toute manière rencontrer un jour ou l'autre le sang et les larmes de l'oppression. Nous n'en sommes pas là. Ni sang ni larmes, mais simplement un retour à la réalité d'un monde fini. Dans cette mutation, nous avons des choses à perdre, des commodités et des habitudes. Nous avons aussi beaucoup à gagner : un avenir possible dans la solidarité pour l'humanité entière, et la préservation et le développement des acquis essentiels. De toute manière, si nous refusons les choix nécessaires, nous finirons par tout perdre, un peu plus tard peut-être, mais de manière certaine.

Pour mettre en place des modifications de comportement, une révolution doit s'opérer dans notre rapport à l'utilisation des ressources naturelles. L'immensité de la Terre a pu laisser croire qu'elles étaient inépuisables, ou tout au moins que si un filon s'épuisait là, on en trouverait toujours un autre ailleurs. Cette mentalité de nomadisme et de cueillette doit faire place à une culture sédentaire, car l'espace est clos désormais. À plus de six milliards et demi, chacun de nous ne peut imposer au milieu le même niveau de perturbation que si nous étions six millions. Il faut admettre que les ressources limitées de la planète font partie du patrimoine de l'humanité, et n'appartiennent pas seulement à 20 % de la population vivant entre 1950 et 2050. On ne tolérerait pas qu'un magnat texan du pétrole démonte la Sainte-Chapelle pierre par pierre pour la rebâtir dans son ranch ; de même, si les pilleurs des temples d'Angkor ou des tombeaux égyptiens sont justement considérés comme des pilleurs, c'est que ces témoignages du passé font partie du patrimoine commun. Pourquoi n'en est-il pas de même des ressources de la Terre, bien commun de l'humanité indispensable à sa survie ?

Une lourde empreinte

Notre façon de gérer les ressources naturelles reste dans la ligne de celle de nos ancêtres du paléolithique, avant l'invention de l'agriculture, de l'élevage et de la sédentarité. À cette époque de chasse et de cueillette, lorsque les ressources locales s'épuisaient, la tribu pouvait se déplacer vers des contrées encore vierges. Aujourd'hui aussi, nous exploitons les ressources jusqu'à leur épuisement. Seulement, la situation est bien différente : à l'époque de Cro-Magnon, l'épuisement des ressources était temporaire ; après quelques années, le gibier se reconstituait, un autre groupe humain pouvait revenir. Quant à nous, nous puisons dans les nappes de pétrole jusqu'à leur épuisement. Nous pompons dans la nappe d'eau fossile pour arroser le maïs, jusqu'à la vider définitivement. Où irons-nous chercher de nouveaux territoires, lorsque nous aurons tout ravagé ?

Les hommes ne doivent pas s'interdire toute interaction avec le milieu. Ce serait s'interdire de vivre : toute espèce vivante est obligée de transformer son environnement, d'y laisser son empreinte, depuis la chenille sur la feuille de chou jusqu'au troupeau de bisons dans la prairie. Cette dévastation reste temporaire, et donc sans gravité, tant qu'elle ne dépasse pas les facultés naturelles de régénération. La question est de savoir si justement l'humanité ne dépasse pas les bornes, si sa transformation du milieu n'aboutit pas à une destruction définitive, au propre détriment des hommes. À partir du moment où apparaît ce doute, il est important d'y répondre. Seulement, ce n'est pas simple de quantifier l'action de l'homme sur la planète, tant elle est diversifiée. Différentes études ont pourtant été réalisées dans ce but depuis les années quatre-vingt-dix, en utilisant le moyen suivant : on mesure l'impact humain sur la planète en évaluant la superficie nécessaire à la production de ce que nous consommons et à la réparation des dommages que nous infligeons. Il faut tant d'hectares pour cultiver nos aliments et ceux de notre bétail, tant d'autres pour faire pousser le coton, le caoutchouc, le bois..., telle surface maritime pour produire le poisson que nous pêchons. Il faut bloquer des terrains pour les bâtiments et les routes. Sans oublier la surface nécessaire à l'épuration des déchets et pollutions diverses, notamment la surface de forêts jeunes capables d'absorber le gaz carbonique émis en excès, qui tend à détraquer le climat. Chaque parcelle de sol ou de mer n'ayant évidemment pas la même productivité, ces surfaces sont ramenées à une surface moyennement productive, « l'hectare global », qui sert de référence. Le total de toutes ces surfaces constitue l'*empreinte écologique*.

La moyenne mondiale s'établit à 2,7 hectares par personne, ce qui pose un premier problème, car la surface productive disponible pour chaque humain n'est aujourd'hui que d'environ 2 hectares : l'empreinte écologique mondiale dépasse donc de 30 % les capacités planétaires. Ce dépassement est récent : il date du milieu des années quatre-vingt ; en 1960, l'humanité absorbait moins de 60 % des potentialités de la Terre. Mais il s'aggrave d'année en année : si l'on excepte 2008-2009, où la crise économique a calmé la tendance, ce dépassement augmente chaque année d'environ 2,5 %.

Empreinte écologique de l'humanité

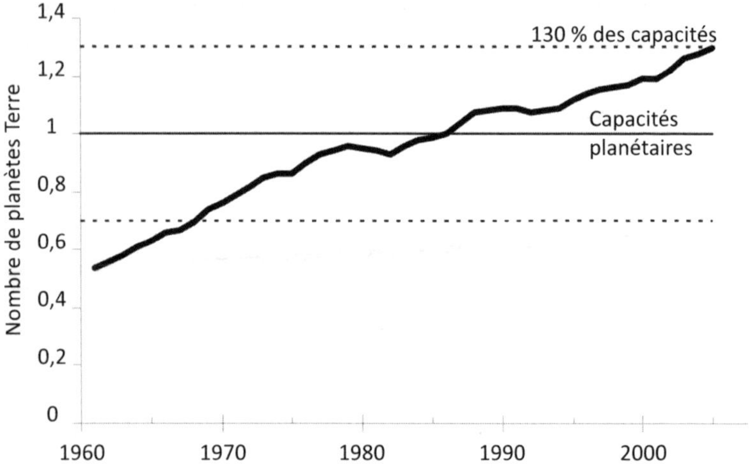

Ce dépassement global n'est pas imputable à tous de la même manière. Les résultats marquent une très grande disparité : alors qu'un demi-hectare assure la consommation d'un Haïtien ou d'un Bangladeshi, il en faut 5 pour un français, et près de 10 pour un Nord-Américain. Si l'humanité entière vivait avec les exigences du mode de vie français, il faudrait près de deux planètes supplémentaires ; c'est ce qu'avait rappelé le Président Chirac en 2002 au Sommet de Johannesburg.[5]

Comment diable peut-on consommer 130 % des ressources disponibles ? C'est possible pendant un temps, temps nécessairement limité, si on puise dans les réserves, si on dilapide le capital, si on

5 *Les chiffres diffèrent quelque peu selon les études. Ceux que nous citons ici, valables pour 2005, sont tirés du rapport* Planète Vivante 2008 *du WWF. Chacun peut calculer sa propre empreinte sur le site : www.wwf.fr.*

vend les bijoux de la grand-mère. Un tel comportement conduit inévitablement à la ruine. Robinson sur son île peut pendant un temps brûler plus de bois et tuer plus de gibier que celle-ci n'en produit, mais un jour, il doit payer son imprévoyance.

Empreinte écologique : disparités mondiales

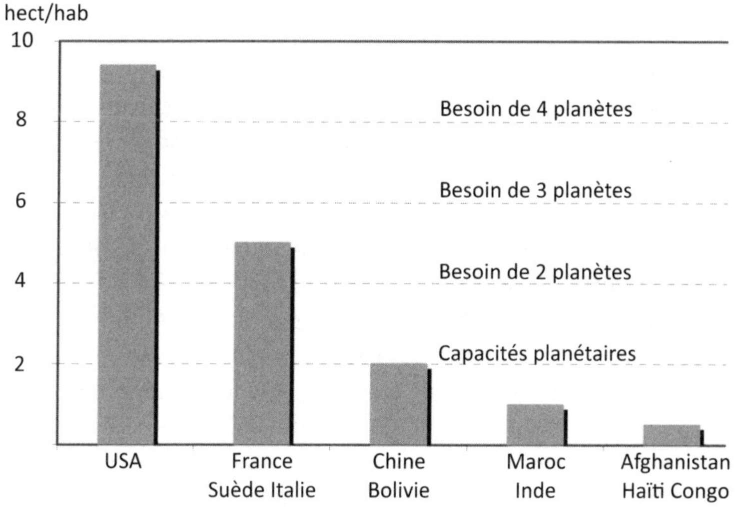

Pour l'humanité, ce trésor qui s'amenuise, c'est bien sûr le stock des réserves non renouvelables, et le flux des ressources renouvelables, comme le poisson sauvage, utilisées à un rythme trop rapide. La grosse part de cette consommation excessive est constituée par les rejets de CO_2, qui malmènent le climat. Ces rejets devraient normalement être compensés par d'énormes surfaces de forêts jeunes, que la terre ne possède pas. Leur total, appelé « *empreinte carbone* », équivaut en pratique à la surface qui permettrait de remplacer l'énergie provenant du pétrole, du gaz et du charbon par celle du bois ou des carburants d'origine végétale, comme l'alcool ou le diester de colza.

Non seulement nous ne plantons pas les forêts qui seraient indispensables pour compenser la consommation d'énergie fossile (nous n'avons pas sur Terre la place pour le faire !), mais en plus, nous détruisons la forêt primaire, au Canada, et surtout en zone équatoriale et tropicale. La déforestation (40 % de forêts en moins entre 1990 et 2010 ; la surface de la Grèce déboisée chaque année) a des conséquences dramatiques, en particulier dans les pays chauds : sur ces sols fragiles, elle provoque inondations, glissements de terrain, érosion rapide et irréversible des terres. Mais les pertes ne sont pas seulement locales : elles s'étendent à l'ensemble du globe. Ce n'est pas tant la disparition de ce qu'on a appelé longtemps, à tort d'ailleurs, le « poumon de la planète ». En effet, la forêt primaire inexploitée ne produit pas d'oxygène et n'épure pas le gaz carbonique, car le carbone fixé retourne à l'atmosphère lorsque la plante meurt et pourrit ; la forêt vit en quelque sorte en circuit fermé, avec un bilan nul sur ce point. En revanche, sa destruction rompt ce circuit fermé et fait apparaître un bilan lourdement négatif : si la forêt vivante n'apportait pas d'oxygène, son brûlage renvoie dans l'atmosphère tout le carbone stocké, avec un lourd impact sur l'effet de serre : la déforestation entre à hauteur de 20 % dans le réchauffement. Mais cette destruction amène également un appauvrissement sans précédent de la biodiversité. En effet, les forêts primaires abritent une faune et une flore incomparablement plus variées que les zones de culture ou les forêts plantées : un seul hectare de forêt primaire tropicale abriterait autant d'espèces vivantes que la France entière. En faisant partir en fumée des millions d'hectares de ces forêts primaires, on détruit par la même occasion des millions d'espèces végétales et animales, pour la plupart inconnues. À la déforestation s'ajoutent la surpêche et toutes les pollutions : en fin de compte, on estime que six mille espèces disparaissent chaque année, une cadence cent à mille fois supérieure au rythme naturel de disparition. L'humanité se prive ainsi de ressources dont on ne peut soupçonner aujourd'hui l'intérêt, ne connaissant même pas leur existence ; on sait cependant que ces espèces peuvent par exemple être sources de médicaments, ou sources génétiques en vue d'hybridations à venir. Indépendamment de tels bénéfices éventuels, toutes les espèces contribuent à l'équilibre général, dont la rupture peut avoir des conséquences insoupçonnées. Et n'oublions pas que parmi les populations ainsi anéanties se rangent aussi les peuples premiers. À Bornéo, du fait de la disparition de 80 % de la forêt primaire en vingt ans, plus de 80 % des chasseurs sarbacaniers ont connu la mort ou la clochardisation sur cette période. La situation est analogue en Amazonie.

Alors, pourquoi détruire ainsi cette forêt primaire ? Dans les pays du Nord, on a beaucoup replanté : la couverture forestière est stable ou gagne même du terrain. L'exploitation de la forêt primaire n'est donc pas indispensable. C'est compter sans les histoires de gros sous : une plantation, cela demande du travail et de l'entretien, on peut en évaluer le coût. Une forêt primaire, c'est donné « gratuitement » par la nature, il n'y a qu'à se servir, quitte à payer quelques royalties au passage, modestes au surplus quand elles sont destinées aux pays pauvres. Et c'est là qu'on retrouve cette mentalité de cueilleurs nomades : on ramasse tout ce qu'on peut aujourd'hui, demain on verra...

Nous vidons la mer de ses poissons, de ses crustacés et de ses cétacés : en Mer du Nord, la masse de morue s'est effondrée, et malgré le moratoire imposé sur la pêche de ce poisson, sa population n'arrive pas à se reconstituer. En échange de ce que nous prenons en excès à la mer, nous lui renvoyons toutes sortes de cochonneries. De temps à autre, une marée noire met l'opinion publique en émoi : le scandale se donne en spectacle. Mais c'est le plus souvent dans l'indifférence générale que s'opère l'intoxication de l'océan, jour après jour. Pourquoi s'en émouvoir aujourd'hui plus qu'hier ? Aussi révoltantes soient-elles, les marées noires représentent moins de 3 % des pollutions maritimes. En ajoutant les dégazages sauvages, on obtient déjà douze fois plus, ce qui fait le tiers de la pollution totale. Restent alors les pollutions chimiques diverses, les déchets nucléaires à une époque, les rejets des villes et des industries dépourvues ou mal pourvues en station d'épuration, les résidus d'engrais et de pesticides, les déchets des particuliers... Au total, un demi milliard de tonnes aboutissent chaque année dans cette poubelle commode. La Baltique est en passe de mourir. La Méditerranée ne vaut pas mieux ; aux autres nuisances s'ajoute chaque année pour elle l'impact d'une affluence de 135 millions de touristes, et près du double dans vingt ans, selon la tendance actuelle, si bien qu'elle a été qualifiée de « WC sans chasse d'eau ». Voilà quelques éléments du bilan de santé de la mer. La mer qui est essentielle pour l'avenir de l'humanité, si on sait gérer au mieux ses ressources, ressources déjà connues, exploitées ou surexploitées, mais aussi promesse de ressources à venir, comme les algues marines, source potentielle de protéines, d'importance peut-être inestimable un jour.

L'heure des choix

Les pertes dues à la cueillette excessive ne sont pas toujours irréversibles : les ressources de poissons aujourd'hui menacées seront peut-être capables de se renouveler plus tard, en tout cas pour les espèces qui ne seront pas totalement exterminées. Mais en attendant ce renouvellement, vers quelle contrée allons-nous nous déplacer ? La Terre est maintenant remplie. C'est pourquoi il est si urgent d'abandonner cette manière préhistorique de considérer notre environnement, et d'apprendre à le gérer « en bon père de famille », comme disent les notaires, c'est-à-dire en ne prélevant que les intérêts, en se refusant de toucher au capital, afin de ne pas ruiner nos descendants. Cette vie de cueillette convenait à une population de quelques dizaines ou quelques centaines de milliers d'individus. On estime qu'une superficie de 10 km^2 était nécessaire pour faire vivre une personne de la chasse et de la cueillette ; or, sur 10 km^2, on compte aujourd'hui plus de *mille* habitants en France, et *dix mille* au Bangladesh. C'est dire si une population tellement plus nombreuse, et incomparablement plus gourmande, ne peut se permettre indéfiniment de ramasser le pétrole comme du bois mort et les minerais rares comme des silex.

Alors, que faire ? Il n'y a pas de réponse absolue, car l'humanité a des exigences contradictoires. Chacun désire garder un milieu stable et plaisant, où il fait bon vivre, et se déclare donc favorable à la préservation de l'environnement… tout en exigeant de conserver et même d'étendre sans fin les commodités qui conduisent fatalement à la destruction de cet environnement. On ne peut se satisfaire de ce dilemme : il faut un jour choisir entre ces exigences contradictoires. Espérons ne pas avoir à subir un jour une dictature environnementaliste, mais en revanche, posons clairement les termes du choix, afin que celui-ci puisse s'établir en connaissance de cause : voilà ce que vous ne pouvez pas avoir ensemble ; que préférez-vous ?

Oh bien sûr, on aimerait ne pas avoir à choisir entre le beurre et l'argent du beurre. On aimerait pouvoir s'en remettre à la recherche et à l'industrie pour leur demander de mettre au point des moyens de faire des économies de ressources, grâce à des moteurs moins gourmands, des isolants plus efficaces pour les logements, des matériaux meilleurs, moins polluants et plus facilement recyclables, On aimerait que la recherche découvre une énergie inépuisable et sans nuisances dont nous pourrions user à jamais, sans mesure et sans remords. On aimerait croire à la science-fiction comme on a cru au Père Noël. On aimerait que les changements nécessaires puissent se faire sans douleur, sans réduire notre niveau de confort, ni même notre désir d'élever encore ce niveau. La présidente de la Mission Interministérielle pour l'Effet de Serre déclarait ne pas croire à cette solution indolore : « *Il y aura une période au cours de laquelle les techniques disponibles ne suffiront pas à résoudre le problème qui nous est posé par la physico-chimie planétaire. Il faudra alors considérer pour un temps que certains comportements ne sont plus possibles.* » En d'autres termes, il faudra bien que l'humanité se contente de ne consommer que ce que la Terre peut lui fournir durablement. Il faudra bien qu'elle revienne à une empreinte écologique de 100 % (et même de 90 % par sécurité), au lieu des 130 % actuels, un taux qui en plus ne fait qu'augmenter. Le seul chemin pour cela, c'est celui d'une décroissance de la consommation des ressources limitées. Une décroissance qui concerne avant tout l'occident, car, évidemment, un partage plus juste s'impose, une répartition beaucoup plus équitable de l'empreinte écologique entre les différents peuples. La décroissance de la consommation de ressources appelle la décroissance des inégalités.

Il faut choisir, on n'en sort pas ! Peut-être ne saura-t-on pas prendre les mesures draconiennes qui scientifiquement s'imposeraient. Le fiasco de Copenhague fait planer un sérieux doute sur notre choix, à nous européens, de programmer la division par quatre ou cinq de nos émissions de gaz carbonique dans les toutes prochaines années. Cela ne veut pas dire qu'il ne faut rien faire : les mesures partielles sont préférables à rien, à condition de ne pas rester trop partielles tout de même, sans quoi elles n'empêcheront guère de catastrophes.

Alors, allons-y, jetons un œil à quelques domaines d'actions possibles. Et à tout seigneur, tout honneur : dans notre vie à tous, l'énergie la plus évidente, celle dont la présence ne nous étonne jamais, celle dont nous ne saurions nous passer, c'est bien l'électricité. Portons attention à cette bonne fée.

Tout-électrique, tout-nucléaire

La gestion de l'énergie électrique en France est un service public. Et le service public, c'est bien connu, ne se soucie que du bien commun, sans aucune arrière-pensée mercantile. Et pourtant... Depuis une trentaine d'années, nous vivons sous le signe du tout-électrique. Et la promotion tous azimuts du chauffage électrique a induit un gaspillage insensé des ressources énergétiques. Comment cela ? Quelques explications sont nécessaires. L'électricité est une énergie noble, avec laquelle on peut faire fonctionner tous types d'appareils : lampes, moteurs, appareils électroniques ou chimiques, et bien sûr les appareils de chauffage. Cette énergie noble est produite presque exclusivement à partir de l'énergie dégradée qu'est la chaleur, à l'intérieur des centrales thermiques classiques (pétrole, gaz, charbon) ou nucléaires.

En quoi la chaleur est-elle moins noble que l'électricité ? La chaleur est une énergie résiduelle, une « épluchure d'énergie » si l'on peut dire, toujours facile à produire, utile parfois (pour se réchauffer les mains, on les frotte l'une contre l'autre, transformant l'énergie-mouvement en chaleur), mais le plus souvent c'est un gâchis (il n'est jamais bon qu'un moteur chauffe, et on met de l'huile dans les rouages pour l'éviter). L'électricité se transforme très facilement en une autre forme d'énergie (le mouvement, par exemple, grâce aux moteurs), avec un excellent rendement souvent supérieur à 90 %, et donc moins de 10 % de perte (sous forme de chaleur jus-

MAX PLUS

PARC ARAVIS

57130 JOUY AUX ARCHES

03 87 20 71 94

Ticket N° 95358

Le 11/02/2016 à 13:04

Vendeur ISABELLE

CROISSANCES INFINIE	1,25
Ref: 9782360260034 1.00 x 1,25	

TOTAL **1,25**

Nombre d'articles : 1

Règlement par Espèces

SARL SARRAMIS

Merci de votre visite

www.maxplus.fr

tement). Elle se transforme encore plus facilement en chaleur dans les résistances des radiateurs et des cuisinières… et dans les fils de transports. Inversement, la transformation dans l'autre sens, de la chaleur vers l'électricité, ou de la chaleur vers le mouvement, est très difficile, et se fait avec un très mauvais rendement. Dans nos voitures, on estime que le rapport entre l'énergie utilisée et l'énergie dépensée est de moins de 10 % pour les moteurs à essence, de 13 % pour les diesels ; il est de l'ordre de 10 à 15 % (autrement dit, 85 à 90 % de pertes) dans les machines à vapeur des anciennes locomotives, 33 % environ dans les centrales nucléaires, 55 % tout au mieux pour les turbines à gaz les plus performantes. Et ceci n'est pas dû à une quelconque incompétence des ingénieurs, ni à une inadaptation du matériel, mais aux lois incontournables de la thermodynamique, les lois de Carnot, qui précisent justement les conditions dans lesquelles la chaleur peut se transformer en une autre forme d'énergie, conditions qui offrent toujours un mauvais rendement dans la pratique.

Alors, quand vous chauffez votre appartement à l'électricité, en réponse à la publicité tapageuse pour ce mode de chauffage, c'est bien sûr très propre, le rendement est excellent chez vous, dans vos convecteurs. Mais au début de la chaîne, pour produire cette électricité si propre, il a fallu gaspiller dans les centrales, sous forme de chaleur, près des deux tiers de l'énergie disponible, en raison de ces fameuses lois de Carnot. Et pour peu que vous soyez loin de la centrale, le transport en a mangé une part supplémentaire non négligeable. Alors que si vous vous chauffez directement au gaz ou au fioul, avec une chaudière correctement réglée, vous utilisez finalement deux fois ou deux fois et demi moins d'énergie, pour le plus grand bien de la planète. Mais bien entendu, seules les mauvaises langues pourraient affirmer que le but d'une telle politique est de vendre plus de courant, car en vérité, la main sur le cœur et les yeux dans les yeux, il faut proclamer qu'il s'agit en fait de veiller aussi bien sur les ressources de pétrole et de gaz que sur le climat, car cette chaleur gaspillée vient pour sa plus grosse part du nucléaire, et le nucléaire ne dégage pas de gaz à effet de serre ; or vous ne pouvez pas vous chauffer directement au nucléaire. Le gaspillage au secours de la planète. Et vous voyez bien pourquoi le nucléaire est nécessaire, puisque vous consommez tant d'électricité, avec le chauffage électrique qu'on vous a tant vanté et tant vendu ! De plus, le nucléaire est une grosse, une très grosse machinerie. On n'arrête pas une centrale nucléaire sous prétexte qu'on est en surproduction. Et comme il faut faire face aux pics de demande, les quelques jours de grand froid, le parc nucléaire est obligatoirement surdimensionné, la surproduction est quasi constante. Le gaspillage au secours de la planète (bis). Malgré tout, les pointes de consommation posent un gros problème. Lors de la pointe historique du 7 janvier 2009, la puissance consommée a dépassé les 93 MW, alors que la moyenne de la demande oscille entre 50 et 60 MW. Comment combler la différence ? Par le recours aux centrales hydroélectriques ? C'est très insuffisant, car la puissance des barrages reste limitée. On doit alors recourir massivement aux centrales thermiques : le système tout-nucléaire tout-électrique devient alors un très gros pourvoyeur de gaz à effet de serre. Décembre 2009, le froid remet ça, et le Réseau de Transport d'Électricité fait un appel au civisme pour demander la modération dans l'usage de la précieuse énergie. C'est peut-être cet appel qui a permis d'éviter le black-out, même s'il n'a pas empêché les guirlandes de Noël de briller, ce qui est normal pour un usage aussi indispensable de l'énergie. À cette occasion, le doute s'est-il enfin introduit dans l'esprit des (irr)responsables d'EDF, quant à la pertinence de coupler le tout-électrique, responsable obligatoire de pointes de consommation par temps froid, avec le tout-nucléaire incapable de faire face aux pointes ? Demain, le RTE nous suppliera de chauffer en plein mois d'août plutôt qu'en janvier...

Tout cela n'est pas bien grave, de toute manière, le nucléaire étant si propre... Restent tout juste quelques problèmes concernant la sécurité et la prolifération, le démantèlement à venir des centrales hors d'usage, et la gestion des déchets. Le problème des déchets n'est pas résolu, et ne risque pas de l'être de sitôt. Prenons l'exemple de l'un des plus importants de ces déchets, le plutonium. Cet élément n'existe pas sur Terre à l'état naturel, mais les centrales en produisent à la pelle depuis cinquante ans, par transmutation de l'uranium. Le plutonium est extrêmement dangereux pour trois raisons : d'abord sa radioactivité. Ensuite, son aptitude à permettre la fabrication d'une bombe du type de celle de Nagasaki : cinq kilos suffisent pour cela, la grosseur d'une canette de bière. Certes, la technique pour fabriquer une bombe nucléaire artisanale ne semble pas pour l'instant à la portée des groupes terroristes, mais en revanche, il est beaucoup plus facile de fabriquer une « bombe sale » en mélangeant à des explosifs classiques un peu de plutonium : au moment de l'explosion, celui-ci se répandrait en empoisonnant une vaste zone, non seulement par sa radioactivité, mais aussi par ses propriétés chimiques. On arrive au troisième volet de sa dangerosité : quelques microgrammes sont chimiquement mortels pour l'homme, une poignée répandue accidentellement ou de manière malveillante dans une nappe phréatique ou une rivière serait suffisante pour empoisonner des millions de personnes. Du fait de sa radioactivité, le plutonium disparaît, mais très lentement. Sa « demi-vie » est de 24 000 ans, ce qui veut dire qu'il faut 24 000 ans pour que les quantités soient réduites de moitié, 48 000 ans pour qu'elles soient divisées par quatre, et ainsi de suite : c'est l'effet nénuphar à l'envers. Dans 240 000 ans, il en restera peu, le millième de ce que nous accumulons aujourd'hui, mais vu les quantités produites et les propriétés extrêmement dangereuses de ce produit, c'est encore beaucoup (le stock actuel serait de près de 2 000 tonnes, dont 250 tonnes de plutonium militaire, très concentré, provenant du désarmement américano-soviétique). Et 24 000 ans, 240 000 ans, ce n'est pas demain : 24 000 ans, c'est plus loin de nous dans l'avenir que les peintures de Lascaux dans le passé ; 240 000 ans, c'est la moitié du temps qui nous sépare de la maîtrise du feu par l'homme… Les autres déchets nucléaires se comportent de manière analogue, avec une vitesse de disparition plus ou moins grande.

Utiliser le nucléaire, c'est obligatoirement produire de tels déchets. C'est donc se condamner à les gérer pendant des centaines de milliers d'années. On peut bien sûr affirmer que les sociétés humaines, de plus en plus développées, auront toujours les capacités nécessaires, capacités scientifiques et techniques, économiques et politiques. Cela signifie bien entendu que, pendant ce petit bout d'éternité, aucune des sociétés détentrices de ces stocks de déchets ne retournera à une sorte de Moyen Âge technologique ; qu'elles auront toujours les moyens financiers nécessaires à cette gestion, et qu'elles n'estimeront jamais avoir d'autres chats à fouetter ; que sur ces centaines de milliers d'années, aucune période de troubles, d'anarchie, de chaos, ne viendra remettre en cause ce programme... Les romains devaient avoir ce genre de certitudes au plus fort de la prospérité de leur empire. Mais ils n'avaient pas de nucléaire. Aujourd'hui, l'évolution des vestiges de l'ex-Union soviétique jette une lumière crue sur le sérieux d'un tel pari : après un demi-siècle, les matériaux nucléaires sont déjà impossibles à recenser avec précision, les sous-marins nucléaires encore chargés de combustibles rouillent dans le port de Mourmansk, et pendant l'hiver 2001-2002, des récipients contenant des matériaux radioactifs sont retrouvés dans la forêt par des paysans qui, voulant se réchauffer à cette source de chaleur miraculeuse, s'y brûlent les mains. Tout cela est fort rassurant.

Ceci dit, il faut choisir. On vous l'a dit, répété, martelé : c'est le nucléaire ou le retour à la bougie. Et voilà pourquoi il nous faut repartir de plus belle avec la nouvelle génération de centrales, les réacteurs EPR. Avec un grain d'esprit caustique, on pourrait imaginer que le choix de l'EPR correspond au désir de satisfaire plutôt le puissant lobby nucléaire que les réels besoins... On pourrait à l'appui de ce doute se souvenir d'une entreprise de désinformation trop oubliée : en 1981, l'Institut International d'Analyse Appliquée des Systèmes publie une étude sur les problèmes planétaires de l'énergie. Selon ses conclusions, pour répondre à l'augmentation de la consommation mondiale sur les cinquante années suivantes, il faudrait construire une centrale nucléaire tous les cinq jours pendant cinquante ans. Au vu d'une telle recommandation, Will Keepin, chercheur nouvellement nommé à l'Institut, reprit la méthode utilisée. Il démontra que le travail avait été bâclé, sans base scientifique solide, et truqué de manière à donner un aval scientifique à un a priori politique et industriel. Son travail, publié en 1984 dans la prestigieuse revue scientifique *Nature*, provoqua un énorme scandale.

C'est pourquoi, face aux affirmations péremptoires venant de politiques, même cautionnés par des scientifiques, il n'est pas interdit de réfléchir calmement, y compris dans le climat de fébrilité lié au renchérissement du pétrole. Au rythme actuel d'utilisation, les réserves d'uranium seraient épuisées dans quelques décennies. On ne peut donc pas miser durablement sur cette source d'énergie, ni augmenter beaucoup la part du nucléaire dans la production de l'énergie consommée dans le monde. Cette part n'est aujourd'hui que d'environ 2,5 %, et si, malgré tous les risques, malgré l'épuisement des ressources d'uranium, on doublait le nombre de centrales en service dans les trente prochaines années, comme la demande tend elle-même à doubler sur cette période, le nucléaire ne fournira toujours que 2,5 % ; le rôle de bienfaiteur de l'humanité qu'il prétend jouer reste fort limité. C'est pourquoi, si la sortie du nucléaire suppose un effort d'économies d'énergie et de diversification de la production, ce n'est pas insurmontable. Cela dépend des choix avancés : en investissant dans la recherche sur les énergies renouvelables et les économies d'énergie une part minime des sommes colossales consacrées à la recherche sur le nucléaire, on peut obtenir rapidement des résultats riches d'avenir pour utiliser au mieux l'énergie du vent, du soleil, de la géothermie (chaleur de la Terre), des marées et de la houle, et réduire la consommation et l'usage des appareils.

George Bush avait en son temps parlé d'une relance du nucléaire, mais les investisseurs américains ne l'ont pas suivi : ils préfèrent l'éolien, avec des grands projets en Iowa, en Oregon ou au Texas. Pris dans le début de panique énergétique provoqué par les fluctuations du prix de pétrole en 2008, quelques pays envisagent la relance de leur programme nucléaire, mais il y a loin de la coupe aux lèvres. Combien vont passer à l'acte au vu des devis ? Ils vont peut-être méditer longuement devant l'exemple de l'EPR en construction en Finlande, qui accumule les années de retard aussi bien que les dépassements vertigineux de coût. La France, imperturbablement, s'entête. N'ayant pas de pétrole, elle a voulu avoir des idées, et être en pointe dans le domaine du nucléaire, aussi bien dans la filière des centrales « ordinaires » que dans celle du surgénérateur (des sommes phénoménales ont été englouties en pure perte dans le fameux et fumeux projet Superphénix[6], avant son abandon définitif). Aujourd'hui, la France reste sans concurrence dans ce domaine bouché : elle cherche à vendre partout son EPR, aussi difficile à placer aujourd'hui que le Concorde hier. En raison de cette priorité absolue accordée au nucléaire, la recherche sur les énergies renouvelables a été stérilisée, et le créneau autrement plus porteur de construction d'éoliennes totalement raté. L'implantation d'éoliennes a également pris un retard considérable : le parc français restait voici peu cent fois moins important qu'en Allemagne, quarante fois moins qu'au petit Danemark. Il a fallu attendre juin 2001 pour qu'apparaissent des mesures gouvernementales d'incitation au développement de cette forme d'énergie. Et en 2005, trois députés tentaient encore d'imposer une mesure législative qui aurait rendu pratiquement impossibles la plupart des projets éoliens. Des députés mandatés par les lobbies nucléaires ou pétroliers ? Grands dieux non ! Ils déclaraient des intentions pures, d'ordre esthétique, visant simplement à éviter le « mitage » du paysage par ces laides éoliennes.

De toute manière, en France, l'éolien ne remplacera jamais le nucléaire, n'est-ce pas ? Seul, sans doute pas. Quoique... Faisons un calcul, à la louche. La France dispose de cinquante-huit réacteurs nucléaires. En tenant compte des arrêts pour maintenance, disons pour simplifier que chaque jour cinquante sont en état de fonctionner. La puissance de chaque réacteur étant d'environ 1 000 MW (mégawatts), cela nous donne une puissance totale de 50 000 MW. Côté éolien maintenant, la puissance moyenne de chaque machine augmente chaque année : on installe maintenant des éoliennes de 2,5 MW, voire même 5 MW. Restons sur 2,5 MW. Pour remplacer les 50 000 MW du nucléaire, il faudrait donc 20 000 machines

6 *Après l'arrêt du surgénérateur Superphénix en 1997, quatorze tonnes de plutonium ont été entreposées dans un hangar voisin du réacteur. Un réacteur qui contient toujours 5 500 tonnes de sodium fondu, dont on n'a pas encore réussi à se débarrasser. Le sodium explose au contact de l'eau et peut s'enflammer tout seul au contact de l'air. Depuis 1997, son maintien en fusion à 180° consomme autant qu'une ville de 40 000 habitants.*

de ce type en fonctionnement, et, comme chacune ne tourne en moyenne que le quart du temps, quand il y a du vent, nous arrivons à un total de 80 000 machines à installer, c'est-à-dire deux ou trois par commune, ou encore un champ de six ou sept éoliennes pour trois communes. Cet objectif serait-il totalement absurde ? S'il existe beaucoup d'endroits en France où il est hors de question d'installer une éolienne, d'autres en revanche pourraient en accueillir beaucoup plus.

Seulement, une éolienne, c'est bruyant ! Pensez, au pied du pylône, cela fait autant de bruit qu'un frigo, alors, à 500 mètres, imaginez le vacarme ! En plus, c'est laid, et nos trois députés ont eu raison de s'émouvoir ! Il faut reconnaître que face aux élégantes tours de retransmission pour téléphones cellulaires et aux 250 000 pylônes des lignes à haute tension qui égayent nos paysages (sans le « miter »), face à l'architecture soigneusement étudiée des châteaux d'eau et des immenses silos à grains dont les lignes harmonieuses viennent rompre la monotonie des campagnes, face aux zones commerciales si pittoresques aux abords du moindre chef-lieu de canton, on est en droit de se demander si une éolienne ne va pas gâcher des paysages tellement bien préservés jusqu'à présent. Rendons hommage aux défenseurs du beau, si soudainement tatillons sur le sujet. Remercions-les également de donner à cette appréciation esthétique personnelle toute la place qu'elle mérite, face aux problèmes négligeables posés par le réchauffement climatique, l'accumulation des déchets nucléaires ou le démantèlement à venir des centrales.

Dans le problème de la production d'électricité, l'éventail des solutions technique est large. On met actuellement en service les premiers prototypes d'hydroliennes, turbines placées au fond de la mer pour capter l'énergie des courants marins. Et demain, la recherche devrait aboutir à une baisse considérable du coût des capteurs photovoltaïques (capteurs transformant la lumière du soleil en électricité), et ainsi à une bonne rentabilité de cette solution. Il est probable que l'efficacité de ces capteurs augmente de 50 % dans les prochaines années. Il suffirait alors d'en couvrir la moitié des toits pour produire toute l'électricité que nous utilisons.

Mais déjà avec les rendements actuels, 5 % de la surface du Sahara permettrait de produire toute l'électricité consommée dans le monde.

Ce plaidoyer pour les énergies renouvelables doit pourtant être tempéré par un retour à la question précédemment posée : les énergies renouvelables remplaceront-elles un jour les énergies fossiles et nucléaires ? D'une certaine manière, la réponse ne peut être que oui : les stocks de charbon, de gaz, de pétrole, d'uranium étant amenés à disparaître inéluctablement, il faudra bien dans quelques décennies se contenter des renouvelables. S'en contenter, mais à quel niveau ?

J'ai participé à la réalisation d'un parc de six éoliennes de 2 MW qui produit l'électricité correspondant à la consommation domestique de quelque 20 000 personnes. L'objectif était de participer modestement à l'avenir énergétique, en amorçant le remplacement des énergies épuisables et polluantes par des énergies plus propres et inépuisables. Seulement, en faisant le rapprochement entre la production de ce parc éolien et l'augmentation annuelle de la consommation électrique en France, on tombe de haut : pour simplement faire face à cette augmentation, il faudrait mettre en place chaque année 2 000 éoliennes de ce type (ou un EPR tous les dix-huit mois). Autrement dit, simplement pour répondre à l'augmentation de la demande, un tel parc de six éoliennes doit être construit *chaque jour*. Autant chercher à vider la mer avec une petite cuillère. Comment imaginer que les renouvelables pourront assurer la relève, si l'on continue à s'essouffler en courant après l'accroissement incessant de la consommation ? Si la mise en œuvre des technologies solaires, éoliennes ou autres doit entretenir l'illusion de pouvoir faire face de manière propre à des besoins toujours croissants, alors, on s'enfonce un peu plus dans une impasse. L'avenir est aux renouvelables, certes, mais dans une réduction de la consommation.

Holà ! Que fait-on de l'hydrogène dans tout cela ? C'est bien l'énergie du futur, non ? Propre, inépuisable... Erreur ! Les articles publiés sur cette question passent le plus souvent sous silence un point essentiel : l'hydrogène n'est pas une source d'énergie, mais un vecteur d'énergie. Explication. Le pétrole est une source d'énergie : on en trouve dans le sous-sol. Mais on ne l'utilise pas tel quel, on en tire notamment de l'essence, qui est une forme utilisable du pétrole, un vecteur d'énergie. L'électricité est également un vecteur d'énergie, très commode et très propre à l'usage en l'occurrence, mais ce n'est pas une source d'énergie (on ne sait pas capter l'électricité des orages !) De même, on peut envisager d'utiliser l'hydrogène dans un moteur à explosion (avec de l'eau comme seul rejet), ou dans une pile à combustible qui produira de l'électricité, de la chaleur et de l'eau. Lorsque les techniques seront dominées (mais ce n'est pas demain la veille, quoi qu'on en dise !), ce sera donc un vecteur d'énergie très propre à l'usage, comme l'électricité aujourd'hui. Restera à produire l'hydrogène utilisable. On peut l'obtenir par électrolyse de l'eau, à l'aide d'électricité ; on peut aussi l'extraire du gaz naturel (méthane), qui n'est pas inépuisable ; dans les deux cas, cela demande beaucoup d'énergie, avec un rendement très médiocre. Bref, l'hydrogène peut dans l'avenir procurer des commodités techniques, mais n'apportera aucune énergie nouvelle à l'humanité.

Je jette à tout vent

Si la technique peut apporter des solutions partielles et temporaires, elle ne résout pas tout. Elle ne résoudra rien si nos standards de vie continuent à nous rendre chaque année plus voraces en énergie. Nous venons d'évoquer l'accroissement de la consommation d'électricité. Mais plus largement, l'Agence Internationale de l'Énergie prévoit une consommation énergétique globale en augmentation de 60 % d'ici 2030. De son côté, le GIEC recommande une division par quatre de l'usage des énergies fossiles d'ici 2050, et la survenue des pics de production de gaz et de pétrole devraient d'ailleurs nous mener de gré ou de force dans cette direction. Une réponse toute technologique ne peut être que totalement insuffisante en regard de telles contradictions, et de l'ampleur des questions globales à affronter. Miser sur un tel mode de réponse, c'est surtout une façon de botter en touche, de se débarrasser du problème en le remettant à des spécialistes sans vouloir s'en préoccuper réellement. Ces questions nécessitent au contraire une prise de conscience du fait que les solutions sont intimement liées aux choix quotidiens concernant la plupart des aspects de notre vie. Le fait de discuter le bien-fondé des choix énergétiques de la France ne dispense aucunement de s'interroger sur nos comportements de particuliers. Mais là, que dire ? Comment parler des moyens pratiques à mettre en œuvre, qui sont faits de milliers de détails et de choix dont chacun peut paraître anodin, touchant des pollutions minuscules et des gaspillages négligeables, dont l'évocation même semble un amas de mesquineries ? Risquons tout de même ce reproche de mesquinerie, car le sujet est important : c'est l'état d'esprit sous-jacent qui est en cause, et l'importance de ces pollutions minimes, de ces gaspillages insignifiants vient de ce qu'ils sont multipliés par un milliard, le milliard que nous sommes à pouvoir nous les permettre dans les pays industrialisés.

À la mise en service de la Tour Montparnasse, les employés qui travaillaient dans ces nouveaux bureaux devaient porter des lunettes noires pour résister à l'intensité de l'éclairage, pour lequel on avait prévu un seul interrupteur par étage. Il semble qu'on n'ait pas appris grand-chose depuis. Voyons le niveau de chauffage de nos appartements : il y a belle lurette que s'est évanouie la recommandation de limiter le chauffage, émise dans la panique du choc pétrolier de 1973, quand on s'est décidé brièvement à « chasser le gaspi ». Voyons maintenant le niveau de refroidissement en été : quelle mouche nous a piqués pour que nous ayons besoin de geler en été sous le froid polaire d'une climatisation forcenée, alors que nous étouffons en hiver dans des bâtiments surchauffés ? Et depuis la canicule de 2003, nous sommes conditionnés pour installer fébrilement des millions de climatiseurs : à la canicule très probablement due à l'effet de serre, lui-même causé par les gaspillages d'énergie, on répond par un gaspillage nouveau. Bravo. Dans la liste des bonheurs quotidiens, voyons encore l'éclairage indirect par les lampes halogènes de 500 watts. Faites le compte : il suffit d'allumer deux millions de ces lampes de 500 watts pour absorber la production d'une centrale nucléaire de 1000 mégawatts; au plan individuel, l'heureux propriétaire d'une de ces lampes consomme ainsi sur l'année, pour éclairer son plafond, plus que deux lave-linge.

On pourrait regarder le perfectionnisme de propreté chez l'homo occidentalis. Pour que sa chemise soit quotidiennement lavée plus blanc que blanc, que ne rejette-t-il pas dans l'environnement, en eau chargée de phosphates et autres résidus de détergents, en plutonium (pour l'électricité du lave-linge, du sèche-linge et du fer à vapeur) ? Au bout du compte, le milligramme de crasse enlevé revient fort cher pour la propreté de la Terre : avec quatre fois moins de poudre et une température de lavage moins élevée, notre linge serait un peu moins éclatant peut-être, un peu moins imprégné de cette bonne odeur de lessive, mais toutefois correctement lavé. Où placer le point d'équilibre entre la propreté personnelle et celle de l'environnement ? Et au fait, si américains et européens renonçaient à utiliser leur sèche-linge lorsqu'il fait beau, et étendaient leur linge au soleil, ils réaliseraient une économie d'énergie égale à la consommation totale de combien de pays africains ? Question saugrenue. Le linge qui pend aux fenêtres, c'est pittoresque dans les pays de vacances ; chez nous, cela manque de distinction...

Le souci de propreté est bien entendu en lien étroit avec la notion d'hygiène. Depuis Pasteur, on sait qu'une armée de microbes est tapie dans chaque recoin, prête à fondre sur nous au premier relâchement. C'est pourquoi telle marque de nettoyant pour sols met en avant les effets antimicrobiens de son produit, qui élimine 99,5 % des bactéries. Les semelles de nos chaussures peuvent se rassurer. Presque... car que deviennent les 0,5 % qui restent ? Plus sérieusement, les scientifiques nous apprennent qu'en bonne santé, notre corps héberge en permanence des centaines d'espèces différentes de micro-organismes, qui vivent en bon équilibre. C'est pourquoi, en dehors même des résistances dues aux excès d'antibiotiques, les tentatives pour éliminer certains microbes jugés indésirables ne sont pas sans effets pervers, car ce faisant, on détruit cet équilibre : en disparaissant, certaines espèces libèrent une niche écologique pour d'autres, jusque-là inoffensives, qui peuvent alors se multiplier anormalement et devenir virulentes. Aussi, les biologistes en reviennent de cette classification entre microbes dangereux et microbes inoffensifs, en constatant de plus en plus que la maladie infectieuse est rarement causée par la seule présence de telle bactérie ou tel virus, et que la virulence des souches de microbes peut varier énormément selon les circonstances. La phrase énoncée depuis plus d'un siècle, selon laquelle « *le microbe n'est rien, le terrain est tout* », retrouve toute sa pertinence. Des études ont montré que les enfants élevés dans une ferme, les enfants de familles nombreuses, ceux qui possèdent un chien, sont moins vulnérables que ceux qui vivent dans un milieu plus aseptisé. En laboratoire, on étudie des souris sans microbes, qui se montrent particulièrement fragiles face à des infections sans effet sur les souris normales. En aseptisant toujours plus notre monde, nous finissons par nuire à notre santé, aussi bien dans le domaine des allergies que dans celui des infections. «*Être trop propre, est-ce possible ?* » se demande le directeur du Centre de résistance aux médicaments, à Boston. Et il répond aussitôt : « *À mon avis, oui !* »

Changeons de registre. Voici dix ans, peu de gens donnaient l'impression de souffrir du manque de téléphone portable. Voici quinze ans, le manque d'ordinateur laissait encore de marbre une fraction importante de la population. Et si on avait trop chaud en voiture, sur la route des vacances, la chaleur de l'été était bêtement considérée comme normale. Inconscients que nous étions ! Heureusement, toutes ces souffrances ignorées nous ont été révélées, et le remède nous est abondamment offert, pour le plus grand bien de l'activité économique. Oui ! L'ordinateur est venu, et la clim, et le portable ! Et nous savons que ce n'est pas fini. Il faut changer régulièrement tout cela. En quinze ans, l'ordinateur a multiplié sa vitesse par cent et sa mémoire par mille. Il sera bientôt doté de la fonction grille-pain ou lampe à bronzer. Le téléphone prend déjà des photos et des films, mais demain matin, il fera rasoir électrique pour les messieurs, épilateur pour les dames. Pour suivre ces progrès fabuleux, il faut donc le changer régulièrement. Tous les 23 mois pour le téléphone, révèlent les enquêtes. Malgré les précautions prises par les fabricants pour le faire tomber en panne et obliger à son remplacement, il lui arrive fréquemment d'être encore opérationnel à 23 mois, mais on doit changer pour rester dans la course. Et tant pis pour les gorilles ! Comment cela, les gorilles ? Oh ! juste un détail : figurez-vous que pour fabriquer ces petites merveilles électroniques, on a besoin de tantale. Ce métal rare est donc très recherché. Des mines ont été ouvertes dans l'ex-Zaïre. Et en pleine forêt équatoriale, la cantine des mineurs est quelque peu rudimentaire. Ceux-ci doivent se nourrir avec les moyens du bord, en l'occurrence la viande de brousse fournie par les braconniers. La viande de brousse est composée pour l'essentiel des singes de la forêt, notamment les gorilles, qui passent ainsi à la casserole. Rappelons que si tous les grands singes sont menacés de disparition, ce sont les gorilles les plus menacés.

Allons, ce n'est tout de même pas ce genre de détail qui nous fera hésiter à changer de portable : il faut vivre avec son temps. Toutefois, ces millions d'appareils en parfait état, mis au rebut à travers le monde, constitueraient une pyramide de déchets de belle taille, et leur renouvellement demande une quantité impressionnante de ressources naturelles (il faut bien autre chose que du tantale !). En Europe, on produit plus de vingt kilos de déchets électroniques par an et par habitant, et on prévoit trente kilos dans dix ans ; en France, le total atteint déjà le million de tonnes par an ; ces appareils électroniques mis à la casse provoquent en gros la moitié de la pollution par le plomb, et renferment beaucoup d'autres matières polluantes ou rares. Faut-il s'en offusquer, alors que c'est si nécessaire (*Allô, chérie ! Je prends des spaghettis ou des nouilles ?*), alors que cela crée de l'emploi ? L'argument qui tue. Mais l'alcoolisme aussi crée de l'emploi en grosse quantité, à la production, à la vente, sans oublier la publicité. Sans oublier également les voitures disloquées par les chauffards ivres, et qu'il faut remplacer. Sans oublier encore tout le travail consacré à réparer tant bien que mal ces vies démolies par les différents aspects de l'alcoolisme. Pourquoi donc lutter contre ce si gros pourvoyeur d'emploi, ce facteur décisif de croissance ? Voyons, le renouvellement abusif du portable, cela n'a rien à voir. C'est même la pure provocation que de rapprocher les deux phénomènes. Encore que... On a le droit de se poser la question des avantages plus ou moins fumeux de nos choix, en regard des dégâts bien réels qu'ils entraînent : le sacro-saint emploi est-il la référence ultime, ou peut-on se poser aussi la question de l'utilité et du partage du travail : quelle est la pertinence du choix de produire telle richesse plutôt que telle autre ? Le bienfait réel apporté au plus grand nombre, pour une nuisance minimale, ou seulement le critère de la solvabilité de l'acheteur et du profit du vendeur ? Le Marché gouverne, soit. Est-il pour autant interdit de se poser des questions sur les différences pour le moins surréalistes entre les préoccupations humaines : pendant que nous nous réjouissons des fonctions toujours plus sophistiquées de nos téléphones, quelques centaines de millions d'individus se désespèrent de ne pouvoir ajouter une poignée de riz à leur ration quotidienne. Faut-il pleurer, faut-il en rire ? À défaut de pouvoir en rire, on a pu longtemps s'excuser en disant que la misère des uns n'avait aucun lien avec l'opulence des autres, ou même que cette opulence de quelques-uns tirait tout le monde vers le haut. Peut-on se bercer encore d'illusions, et croire que c'est encore vrai, dans notre monde limité ?

Beaucoup d'aspects de notre mode de vie pourraient être considérés d'un œil neuf. Nous allons regarder d'un peu plus près l'impact des transports, de l'alimentation et de l'agriculture.

PLUS LOIN, PLUS VITE, MOINS CHER

Il faut adapter la ville à l'automobile.
Georges Pompidou

Les transports constituent la première cause de l'épuisement du pétrole et de l'augmentation de l'effet de serre. Comment en est-on arrivé là ?

On ne peut s'intéresser aux transports sans évoquer le coût des produits pétroliers. Si les trafics routiers, aériens et maritimes se sont autant développés, souvent de manière anarchique, entraînant les problèmes que l'on sait, c'est principalement en raison d'un coût direct du carburant sans commune mesure avec le coût réel pour la société. En fidélité avec la mentalité de cueillette qui va si bien avec le libéralisme économique, on s'est trop longtemps réjoui de voir les producteurs vendre le pétrole quasiment au prix d'extraction, sans qu'il soit tenu aucun compte de sa valeur inestimable pour l'humanité des siècles à venir, ni des inconvénients graves de son rejet massif dans l'atmosphère. Mettre le pétrole, patrimoine de l'humanité, au prix d'extraction, c'est un peu comme mettre les pierres du Colisée au tarif des pierres de carrière, ou la Bible de Gutemberg à celui du papier à recycler.

L'abondance du pétrole et du gaz, due à leur facilité d'extraction, ne justifie pas ce prix ridicule, ni le gaspillage qui en découle dans nos voitures, nos poids lourds et nos avions. Un prix ridicule, alors qu'il s'est permis en 2008 une pointe à près de 150 dollars le baril ?

Absolument ! Même si les taxes multiplient par trois ou quatre le prix d'extraction et de raffinage, même si l'on ne se prive pas de grogner contre le prix de l'essence, on est encore très loin de payer le pétrole au prix correspondant à la valeur irremplaçable pour demain et aux coûts induits par le gaspillage, en termes de pollutions et de nuisances de toutes sortes.

La chance qu'auraient pu représenter pour la société mondiale les deux premiers chocs pétroliers n'a pas été saisie par les pays producteurs, qui ont échoué à mettre en place une gestion à long terme de leurs ressources : certains pays du Golfe ont préféré rouler sur l'or comme l'Espagne des conquistadores, oubliant que cette facilité a représenté pour les Espagnols le plus sûr chemin vers un déclin de plusieurs siècles, dont ils ne sont vraiment sortis qu'à la mort de Franco. D'autres gros producteurs, comme le Venezuela ou le Nigeria, ne connaissent même pas cette apparente et fallacieuse prospérité : les sommes colossales qui leur tombent dessus se perdent comme l'eau dans le sable, et laissent les populations enfermées dans la misère. Le Venezuela est fabuleusement riche de potentialités. Premier fournisseur de pétrole des États-Unis, il possède un sous-sol gorgé de réserves diverses. Le seul revenu de l'or noir lui a rapporté depuis un quart de siècle l'équivalent de vingt fois le plan Marshall. Pourtant, la majorité des Vénézuéliens vit en dessous du seuil de pauvreté. Si le plan Marshall a permis à toute l'Europe occidentale de se relever des ruines de la guerre et de connaître la prospérité que l'on sait, comment comprendre qu'une somme vingt fois plus importante, arrosant un petit pays de vingt millions d'habitants, ne lui ait pas permis de sortir de la misère ? On ne peut même pas imputer cet échec à une dictature accapareuse et incompétente, car ce pays connaît la démocratie politique depuis quarante ans sans interruption. En fait, l'Histoire lointaine ou récente montre que la vente de matières premières, et en particulier du pétrole, n'est pratiquement jamais en elle seule source de prospérité ; les fruits de cette rente de situation sont répartis de manière beaucoup trop inégale et trop artificielle ; la passivité, la gabegie, la corruption et l'insouciance sont encouragées plutôt que la justice sociale, l'efficacité économique et l'initiative individuelle ;

l'afflux de capitaux perturbe gravement les équilibres monétaires et commerciaux… La rente pétrolière débouche finalement sur une maladie de riches nommée « mal hollandais », en référence à la situation économique et sociale désastreuse dans laquelle ont été plongés les Pays-Bas à la fin des années soixante-dix, suite à l'exploitation d'énormes gisements de gaz.

Cette chance n'a pas non plus été saisie par les pays consommateurs, qui ont échoué à préparer un type de société moins gourmande et moins centrée sur le court terme et l'habitude. Ces pays ont échoué aussi à réguler les cours fluctuants de cette matière première jugée essentielle. Lorsque le prix du baril retombait comme dans les années quatre-vingt aux alentours de dix dollars, il aurait été fondamental de soutenir ce cours ridicule par une taxe modulable, peut-être internationale, mais plus probablement nationale ou européenne, dont le produit aurait pu donner aux pouvoirs publics les moyens d'avancer vers des solutions nouvelles sur la gestion de toute la filière énergétique. En soutenant les prix, une telle taxe aurait en tout cas permis de maintenir active la recherche sur les économies d'énergie et sur les énergies renouvelables, recherche qui s'est trouvée asphyxiée par la concurrence sauvage d'un pétrole bradé : comment rentabiliser les améliorations techniques sur l'énergie éolienne, sur le chauffage solaire ou l'électricité photovoltaïque par exemple, face au pétrole à dix dollars le baril ? De plus, la modulation de cette taxe lors des remontées des cours, aurait permis d'écrêter les hausses intempestives et ainsi de les rendre plus supportables aux marins-pêcheurs, aux routiers, aux taxis et aux agriculteurs, en attendant des réformes à plus long terme.

Enfin, cette chance n'a pas été saisie par la communauté internationale, qui n'a pas pensé à élaborer une notion de droit de l'ensemble de l'humanité sur l'ensemble des ressources non renouvelables. En 1973, lors du quadruplement du prix du brut, certains commentateurs qualifiaient la nouvelle donne d'impôt, avec tout ce que ce mot sous-entend de péjoratif dans l'opinion, impôt payé par les pauvres occidentaux aux princes arabes. Curieux de qualifier d'impôt l'usage d'un droit de propriété, dans une société si empressée pourtant à sacraliser ce droit, tout au moins pour les puissants !

Aujourd'hui, on n'ose plus utiliser ce langage, peut-être du fait que les remontées du prix du brut en 2000, en 2004-2005, puis surtout en 2007-2008, ont été reconnues d'un genre différent des chocs pétroliers de 1973 et 1979. Ceux-ci étaient nés d'une crise politique, guerre du Kippour, révolution iranienne, invasion du Koweït, ou de circonstance économiques. La récente flambée des prix est liée à des causes géologiques et techniques : avant que la crise économique amorcée en 2008 ne vienne contracter la demande de brut, celle-ci flirtait de plus en plus avec les limites de la production et les possibilités de raffinage, en raison de la conjonction de deux tendances. D'un côté, la demande de pétrole reste dans une tendance lourde à l'augmentation, en raison non seulement de la croissance de la consommation des pays occidentaux, croissance maintenue malgré les engagements de modération du Protocole de Kyoto, mais également en raison de l'entrée en jeu des pays émergents, comme la Chine, l'Inde ou le Brésil, gros consommateurs désormais. Le ralentissement économique en cours gomme temporairement cette tendance à la hausse, mais tous les dirigeants du monde n'ont qu'un objectif, faire repartir la machine de plus belle. Dans le même temps la production a tendance à baisser du fait de l'épuisement des gisements, et notamment des plus faciles à exploiter : même s'il reste beaucoup de pétrole sous terre, les robinets commencent à moins débiter, de moins en moins même. Et cette tendance-là n'est pas le jeu de conjectures économiques, mais le résultat d'une réalité géologique qui la rend à terme inéluctable : depuis une vingtaine d'années, pendant qu'on découvre un nouveau baril, on en consomme quatre.

Beaucoup de pays producteurs sont déjà entrés dans la phase de déclin de leur production. Selon les experts de l'ASPO (Association pour l'étude du pic mondial de la production pétrolière), le maximum de production de pétrole, appelé pic de Hubbert, serait atteint très probablement entre 2007 et 2015. L'année 2007 est derrière nous, et on ne sait toujours pas si le pic mondial a eu lieu : son échéance n'est pas nette, on ne la constatera qu'après coup, lorsque la production mondiale de pétrole se mettra franchement à décliner, au rythme inexorable de 2 à 3 % par an. Pour le gaz, la situation

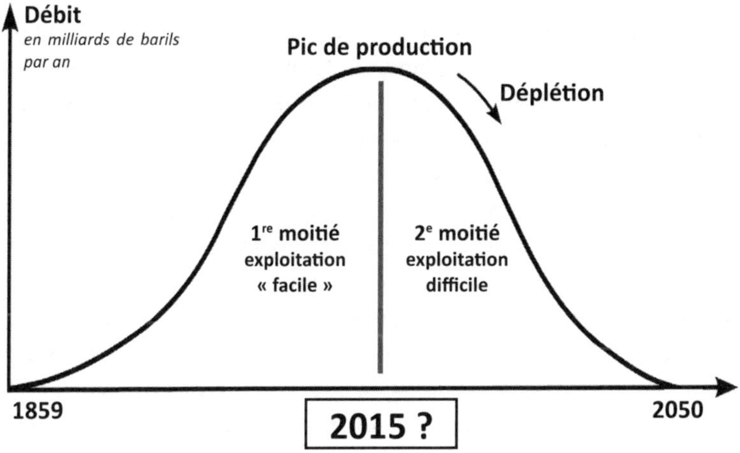

est analogue. Selon l'expression de l'un des experts de l'ASPO, « *la fête est finie* ». En effet, si la date du pic est impossible à annoncer de manière précise, on ne peut douter des conséquences : la baisse des volumes disponibles et la hausse considérable des prix, ce qui ne peut que bouleverser une société dont le fonctionnement repose sur une énergie abondante et bon marché. L'annonce tellement répétée d'une fin du pétrole prévue dans une quarantaine d'années est trompeuse : on ne passera pas dans quarante ans du pétrole abondant et bon marché à un manque total, mais on escaladera longuement une pente raide des prix. La fin du pétrole bon marché arrive bien avant la fin du pétrole tout court : elle coïncide avec le pic de production, imminent.

Chère bagnole

Lors des présidentielles de 1974, le candidat René Dumont préconisait le litre d'essence à 5 francs. Lors de la campagne pour les élections de 1998 au Bundestag, l'aile la plus radicale des Verts allemands prônait le passage du litre de carburant à 6 DM, quelque chose comme 3 euros. Dans les deux cas, les réactions variaient entre le sourire vaguement méprisant et l'air scandalisé face à une telle provocation. Et pourtant, imaginons une augmentation des taxes faisant passer le carburant à disons 4 euros le litre, pour tenir compte aussi bien de l'inflation que de la conscientisation sur l'épuisement du pétrole et sur le réchauffement climatique, qui paraît-il a progressé, et invite donc à l'ambition en ce domaine. On entrerait alors dans une véritable révolution culturelle, un grand chambardement de toute notre vie.

Les inconvénients de la voiture individuelle sont connus, mais nous y sommes tellement habitués que nous ne les voyons plus. Nous sommes tellement convaincus qu'ils sont le revers obligé de la nécessaire voiture que nous ne voulons pas les voir. Faut-il donc qu'elle ait des attraits (et elle en a !) pour que nous tolérions son coût financier individuel et collectif, les pollutions, l'impact sur le climat, le pillage des ressources, la dégradation des paysages et de l'habitat par les constructions d'autoroutes et de parkings, le temps perdu dans les embouteillages, et plus encore les morts et les graves handicaps ! La voiture a pendant le vingtième siècle tué plus que la Seconde Guerre mondiale. L'Organisation Mondiale de la Santé dénombre annuellement 1,2 million de morts de la circulation dans le monde, dont 90 % dans les pays du Sud, où les accidents de la route coûtent 1 à 2 % de la richesse nationale, davantage que ce que reçoivent ces pays au titre de l'aide au développement. En France, la voiture a tué certaines années 16000 personnes. Elle fait encore 4000 morts par an directement, auxquels il faut ajouter autant de décès dus aux pollutions de l'air par les voitures et les poids lourds. Les crimes de sang, quant à eux, sont de l'ordre de 2000 : où est donc la première cause d'insécurité ? Au mois de septembre 2001, sans faire aucun gros titre, la voiture a tué plus d'Américains que les attentats du 11. Bien sûr, les choses ne sont pas comparables ; la tragédie du 11 septembre est terrible non seulement par le nombre de morts, mais aussi par la volonté de la décision. La voiture tue sans que personne ne l'ait décidé au sens strict, mais le développement sans fin de ce système de transport suppose l'acceptation de ces morts, dont la désignation est laissée au hasard.

Sommes-nous là dans les limites du risque acceptable ? Qu'est-ce qui dans la voiture nous subjugue, nous anesthésie, nous empêche d'ouvrir les yeux pour évaluer lucidement le rapport entre ses bienfaits et ses méfaits ? Il est vrai que les uns comme les autres sont difficiles à mesurer. Comment évaluer l'indéniable liberté de mouvement qu'elle apporte ? Comment s'en passer pour aller au travail, quand il n'y a pas d'autre moyen de transport ? Comment évaluer l'impact sur les finances publiques, sur l'emploi, sur l'environnement ? Comment évaluer le poids des vies brisées ? Un rapport déjà ancien, mai 2004, estimait qu'en France le coût financier total des victimes directes et indirectes de la route est nettement supérieur aux rentrées fiscales générées par les diverses taxes sur l'automobile, n'en déplaise à l'automobiliste qui se croit l'éternelle vache à lait d'un état acharné à le traire. Aux États-Unis, le coût de la voiture qui n'est pas pris en charge par l'usager (pollution, embouteillages, accidents, temps perdu, destruction de l'espace, entretien du réseau routier,...), et qui est donc supporté par la société, atteindrait 16 % du PIB. Malgré la complexité de telles évaluations, d'autres études tendent à démontrer que la gratuité totale des transports collectifs urbains serait financièrement avantageuse pour la collectivité, du fait de la réduction des dépenses et dégradations provoquées par la voiture individuelle. Mais pour être vraiment rigoureux, il faudrait aussi intégrer dans le prix de revient du kilomètre auto le coût des conséquences de l'effet de serre, des tempêtes, des inondations, des morts de la canicule, des famines qui demain seront aggravées. La calculatrice risquant d'exploser, contentons-nous de regarder ce qui est le plus facilement calculable, le coût individuel pour l'automobiliste.

Ce coût est considérable. Les statistiques publiées régulièrement révèlent un coût moyen annuel de l'ordre de 6 000 euros par voiture. Le revenu mensuel moyen tournant quant à lui autour de 1 400 euros, c'est donc plus de quatre mois de revenus que chaque automobiliste consacre par an à sa voiture en moyenne. Plus du tiers de son temps de travail ! D'après la grille reçue avec votre déclaration d'impôts, une voiture de milieu de gamme vous coûte environ quarante centimes par kilomètre. Si vous parcourez cent kilomètres, vous dépensez quarante euros. Si vous gagnez dix euros de l'heure, il vous faut donc quatre heures de travail pour payer ce trajet. Ajoutez l'heure du trajet lui-même, il vous aura fallu cinq heures pour « faire » ces cent kilomètres. Vitesse : 20 km/h. Mais pour Tarzan, propriétaire d'un gros 4 X 4 pompeux et deux fois plus coûteux, cette vitesse véritable tombe à 10 km/h. La voiture fait vivre lentement, la frime rend plus lent encore.

Qu'est-ce qui pousse à un tel système ? C'est d'abord qu'on ne voit pas bien comment faire autrement, quand la société tout entière est organisée en fonction de la voiture. Et aussi qu'on ne s'en rend pas bien compte, ce coût total étant dilué dans de multiples postes (achat, entretien, assurance, parking, péage, carburant...). D'ailleurs, demandez-vous ce que vous coûte votre voiture, demandez-le à votre voisin, vous serez probablement bien en dessous de ces chiffres. Alors, la voiture étant déjà si coûteuse, comment peut-on avoir le culot de proposer encore une augmentation substantielle du carburant ? Quand le litre tourne autour d'un euro cinquante, comme au printemps 2008, les suffrages populaires vont plutôt à la baisse des taxes... Pourtant, si l'on veut faire reculer les désastres dus à l'usage immodéré de la voiture, si l'on veut se préparer à un avenir en rupture obligatoire avec le tout-automobile, si l'on veut se donner une chance d'anticiper quelque peu le choc du pic pétrolier, il est indispensable de forcer le rythme pour revenir à un usage beaucoup plus raisonnable, et faire en sorte que les transports collectifs, nettement moins gourmands en énergie, nettement moins producteurs de nuisances, deviennent clairement compétitifs face à la voiture individuelle, et cela même pour une famille de quatre ou cinq personnes. Avec le litre à 4 euros, le plein passerait à 160 ou à 280 euros, le coût de la voiture augmenterait bien sûr très sensiblement (pour 12 000 kilomètres par an, distance moyenne parcourue, il faudrait compter 1 200 à 2 000 euros de plus), mais il deviendrait surtout nettement plus apparent. Il faudrait bien sûr mettre en place des mesures d'accompagnement pour que les plus démunis ne soient pas les plus touchés (nous y reviendrons). Mais en tout cas, le plafond psychologique, juste un peu fissuré par le litre à un euro cinquante, serait cette fois carrément crevé : l'usage « naturel » de la voiture individuelle aurait quelques chances d'être remis en cause ; on renoncerait à prendre sa voiture pour se rendre à son cours de gymnastique à deux kilomètres ; on pourrait réapprendre pour les petites distances la marche et le vélo ; le covoiturage perdrait définitivement son caractère marginal, voire honteux, et se développerait là où les transports en commun resteraient insuffisants. Il est vrai qu'on ne peut mettre partout en place des réseaux de transports en commun offrant le même degré de liberté et de commodité que la voiture individuelle, mais beaucoup de progrès sont toutefois possibles dans ce domaine, en attendant une révision nécessairement lente de l'urbanisme. Et dans la comparaison entre l'individuel et le collectif, si on tenait compte non du simple coût financier de la voiture pour l'usager, mais aussi du plus important à terme, le coût aujourd'hui externalisé, c'est-à-dire supporté par la société, une réflexion pourrait s'engager sur les mesures à prendre pour favoriser des comportements nouveaux.

Faire ses courses au bout du monde

Pour ce qui est du fret, on sait qu'il est aujourd'hui transporté aux trois quarts par la route ; les autoroutes et les nationales sont de longues chenilles de semi-remorques. Le carburant passant à un prix un peu moins déraisonnable pour l'équilibre mondial, on pourrait enfin mettre en place pour les longs trajets cette liaison fer-route dont on parle tant sans rien voir venir, afin de désencombrer le réseau routier, diminuer le nombre d'accidents, mieux respecter les ressources naturelles et diminuer la pollution de l'air.

Mais les mesures techniques comme le ferroutage ne peuvent suffire. On doit aller plus loin et se poser la question de la nécessité d'un tel développement des transports dans l'économie mondiale. Les échanges internationaux, la division du travail au niveau mondial, c'est très bien en théorie si cela permet d'optimiser les capacités de chacun. Mais dans de nombreux cas, cela conduit à un gaspillage insensé, gaspillage qu'un surcoût significatif des carburants obligerait à reconsidérer. Américains, européens et asiatiques produisent désormais des gammes de produits pratiquement équivalents : est-il vraiment nécessaire de transporter des voitures d'un continent à l'autre ? On peut se dire que c'est une bonne chose, pour un pays incapable de produire facilement telle denrée agricole indispensable, de pouvoir l'importer d'une région mieux adaptée à sa production. À condition toutefois de se mettre d'accord sur la notion d'indispensable ; à condition aussi de ne pas seulement prendre en compte le bénéfice financier du vendeur, de l'acheteur et des intermédiaires, mais également de s'assurer que le bénéfice réel pour l'humanité compense au moins le coût réel de cet échange. Est-il raisonnable que les USA et le Brésil expédient en Europe autant de cargos de soja, alors que l'agriculture européenne a les possibilités de produire sinon la même chose, en tout cas l'équivalent ? Que transportaient les semi-remorques pris dans l'incendie du tunnel du Mont Blanc ? Du papier hygiénique passant de France en Italie, et du papier hygiénique passant d'Italie en France ! Des pommes de terre produites aux Pays-Bas et acheminées vers l'Italie afin d'y être épluchées et conditionnées pour quelques centimes de moins, avant d'être réexpédiées plus loin encore. L'immense territoire des États-Unis est-il à ce point dépourvu d'eau potable, pour qu'on doive faire traverser l'Atlantique à des millions de bouteilles d'eau minérale ? Il faut que les vertus de cette eau gazeuse un peu salée soient vraiment extraordinaires. Au moment de la crise de la vache folle, l'Australie avait interdit l'importation de viande bovine européenne. Bigre ! L'Australie, immense pays agricole, a donc besoin d'importer des bœufs des antipodes ? On croit rêver. En Bretagne, les carrières de granite ferment les unes après les autres, car les bordures de trottoir importées de Chine s'y retrouvent à meilleur marché que celles qui sont produites localement. Bienfait du pétrole bradé. On va bientôt importer du sable vers le Sahara et de la glace vers le Groënland. N'est-ce pas un luxe inouï, face aux vrais besoins mondiaux, que le raisin du Chili ou d'Afrique du Sud nous arrive en mars par avion, moyennant cinq litres de kérosène brûlé par kilo de fruit transporté ? Est-il vraiment nécessaire que les jeans passent d'un avion à l'autre, pour être coupés ici, cousus là, et revendus encore ailleurs ? Les différents composants d'un jean Lee Cooper parcourent ainsi 65 000 km. Il faut croire que toutes ces allées et venue sont parfaitement rentables au plan strictement financier ; mais quand verra-t-on se dessiner la notion d'une autre rentabilité, celle de la Terre et de l'humanité qu'elle porte ?

Face à cette folie, face aux effets pervers de la mondialisation poussée jusqu'à l'absurde il est urgent de relocaliser l'économie, de revenir dans la mesure du possible à une production plus locale, plus régionale. Un tel mouvement n'a rien d'inédit. L'empire romain avait lui aussi établi une certaine « mondialisation », par rapport au monde qu'il connaissait et dominait : Rome attirait les produits de toute sa sphère d'influence. Quand l'empire s'est écroulé, personne n'a décidé de relocaliser, cela s'est fait tout seul : la région de Rome a dû réapprendre à se contenter de produits locaux, en commençant par les céréales, base de sa nourriture, au lieu de se faire livrer le blé d'Égypte. Nous devons nous attendre à une évolution comparable : si la relocalisation ne se fait pas de manière volontaire et réfléchie, elle se fera d'elle-même tôt ou tard. Dans cinq ans, dans dix ans ou dans vingt ans ? En tout cas quand le prix du pétrole aura décuplé en raison de la lutte au couteau à laquelle se livrera le monde sous le choc de la pénurie inéluctable. À moins (on peut rêver) que cette flambée ne provienne préalablement d'une prise de conscience salutaire face aux dégâts du réchauffement de la Terre. On ne pourra plus alors se permettre ces ballets frénétiques de semi-remorques, de cargos et d'avions, encouragés par le prix ridicule du pétrole.

On n'en est pas là, à l'heure où quelques-unes des plus grosses fortunes mondiales se mettent au tourisme de l'espace. Le marché semble si fructueux qu'EADS envisage de démocratiser quelque peu ce moyen très sûr pour quelques nantis de piller la planète et de la détruire. L'entreprise aéronautique caresse en effet sérieusement le projet d'un avion-fusée destiné à offrir aux « un peu moins riches » l'émotion de quelques minutes d'apesanteur, pour le prix d'une petite maison avec terrain.

On s'est ému avec raison des marées noires de l'*Erika* et du *Prestige*, parce qu'elles étaient bien visibles. Pourtant, on l'a dit, la pollution par les marées noires représente moins de 3 % du total de la pollution des mers. Oublions même les naufrages et les dégazages sauvages, qui apportent chaque année une pollution douze à quinze fois plus importante que celle des grandes marées noires. Regardons le fonctionnement « normal » des cargos, pétroliers, chimiquiers, porte-conteneurs et autres vraquiers. En sillonnant les océans pour une utilité souvent si discutable, ils rejettent dans l'atmosphère, de par le pétrole qu'ils consomment pour simplement avancer, la moitié du gaz carbonique dégagé par les USA. Tout cela dans le plus grand silence médiatique.

La taxe, une prime d'assurance

Selon Jean-Marc Jancovici[7], l'augmentation de la taxe sur l'énergie constitue une prime d'assurance. On sait que l'énergie va devenir de plus en plus rare et chère ; on sait aussi que la consommation incontrôlée est incompatible avec la préservation du climat. À partir de ces deux réalités, on doit programmer les mesures d'économie qui s'imposent. Il ne suffit pas de laisser aller les choses : la rareté et le renchérissement inéluctable sont trop difficiles à anticiper pour induire à eux seuls des changements de comportement. Mais si l'augmentation est programmée, si l'on vous annonce clairement, à vous chef d'entreprise, ou à vous particulier, que le prix du pétrole, du gaz ou de l'électricité va dans les dix ou quinze prochaines années être multiplié par quatre du seul fait de l'augmentation régulière des taxes, vous avez à la fois l'obligation et le temps de vous adapter en prenant les mesures d'économie, surtout si une part de ces taxes vous est restituée sous forme de subventions ou de prêt à taux zéro pour la réalisation des investissements nécessaires. L'augmentation doit être suffisamment sensible pour marquer les esprits, mais également annoncée dans sa progressivité, avec les mesures sociales d'accompagnement. Quand annoncer cette augmentation programmée ? Le plus tôt possible, car il y a urgence. Politiquement, c'est toujours difficile. Plus encore au moment où le prix du baril connaît une pointe. Un peu moins lorsqu'il se replie. Et peut-être, dans le grand chamboulement des esprits auquel nous conduit la crise en cours, l'occasion serait favorable à une remise à plat générale de la fiscalité, dont la taxe sur l'énergie serait un élément central.

---

7 *Jean-Marc Jancovici, ingénieur-conseil en énergie, est auteur de nombreux livres, notamment* Le plein, s'il vous plaît ! *Son site, très documenté : « manicore ».*

Taxe sur l'énergie ? Taxe carbone ? Au niveau intérieur, européen, international ? Les modalités pratiques sont à discuter. Face à l'épuisement inéluctable des réserves, face aux dangers climatiques, on n'échappera pas, d'une manière ou d'une autre, à ce face à face avec la réalité. Il s'agit de confronter l'usager avec la vérité des prix, en lui faisant payer une part des coûts gigantesques (pollutions, bouleversements climatiques,...) supportés aujourd'hui et plus encore demain par la société. Il s'agit d'encourager les économies et de donner aux pouvoirs publics les moyens de réorganiser la société confrontée à la nouvelle donne économique, écologique et sociale.

Ce n'est pas gagné ! Une minuscule taxe carbone a enfin été votée en 2009, mais à un niveau tellement bas que son impact, quelques centimes par litre, ne pouvait être que négligeable (en Suède, une telle taxe est en place depuis près de vingt ans, à un niveau six fois plus élevé). En plus, cette taxe à peine votée, le gouvernement en fait un sujet de négociation avec les patrons du transport routier lors d'un conflit avec leurs chauffeurs. Finalement, la plupart de gros pollueurs en ont été exonérés, et plus de la moitié des émissions de carbone lui échappent. Sa raison d'être affichée, encouragement aux économies d'énergie et protection du climat, se trouve ainsi mise à mal, et l'amas des exonérations souligne son caractère profondément injuste. Cette inefficacité et cet aspect injuste ont motivé la censure de cette taxe par le conseil constitutionnel. Que donnera la nouvelle mouture promise ?

Le côté injuste de cette taxe peut expliquer son rejet massif dans l'opinion. À moins que, en ce domaine comme en d'autres, la population ne souffre d'accès de schizophrénie : d'accord pour protéger le climat, mais jamais d'accord pour passer à la caisse ; c'est toujours aux autres de payer. Les gouvernements l'ont bien compris, et sont atteints du même dédoublement entre la parole et les actes : il faut ménager la chèvre et le chou. La chèvre des lobbys du pétrole, de l'automobile, de la route, des inerties de l'opinion. Le chou... vert, bien entendu. À l'arrivée, il reste bien peu de choses des promesses tonitruantes lancées lors de la préparation du Grenelle de l'environnement, concernant les limitations de vitesse, le moratoire sur la construction d'autoroutes et d'aéroports, ou justement cette taxe énergie. On laisse alors aux seules augmentations des tarifs pétroliers le soin de freiner peut-être un jour la folie routière et la gabegie énergétique, au lieu de décider une prise en main du destin.

Le monde à portée de main

Ce qui est vrai pour la voiture individuelle et les transports de marchandises l'est tout autant pour les transports aériens, les plus énergivores. Si l'avion peut sur les distances moyennes concurrencer le rail, pourtant incomparablement plus économe en énergie, et se permettre des publicités tapageuses sur ces prix cassés, c'est évidemment grâce à la faiblesse insensée du prix du pétrole, combinée à l'absence de taxes sur le kérosène ; c'est bien parce que personne ne paie la détérioration du climat due au rejet dans l'atmosphère du CO_2 (194 kg pour une place aller-retour Paris-Marseille !). Des Anglais peuvent ainsi élire domicile à Carcassonne et faire chaque semaine l'aller-retour pour Londres ! Si le litre de kérosène était taxé ne serait-ce qu'à la hauteur du carburant routier, ce genre de bêtise cesserait ; et le train, 35 fois moins polluant selon le Programme national de lutte contre le changement climatique, retrouverait immédiatement son avantage.

Sur les longues distances, la faiblesse du prix du carburant et la détaxation du kérosène ont conduit à mettre les continents lointains à la portée de beaucoup de bourses. La démocratisation des voyages peut passer pour une conquête culturelle et sociale, mais ne dispense pas des questions dérangeantes. Je peux d'un coup d'aile atteindre pour mes vacances le Népal ou la Bolivie. Dépaysement assuré. Ouverture sur le monde ? Peut-être, à condition de savoir me défaire de mon air conquérant et voyeur, à condition de savoir regarder autrement que par le viseur de mon caméscope (Gilles Deleuze considérait les voyages comme une fausse culture à bon marché…). Seulement, si je prends conscience que la part de kérosène brûlée pour moi par mon Airbus dépasse largement la consommation annuelle de pétrole de tout ce pittoresque village indien, c'est à me dégoûter de l'exotisme. À l'heure actuelle, les avions rejettent autant de CO_2 que la Grande-Bretagne. Si l'évolution actuelle devait se poursuivre, dans cinquante ans, ce serait presque autant que l'ensemble des rejets de l'Union Européenne. Pauvre protocole de Kyoto ! Et pour comble, les rejets des avions ne sont même pas pris en compte dans les calculs de ce protocole !

Interviewé à l'occasion de la sortie de son livre *Combien de catastrophes avant d'agir*, Nicolas Hulot en venait à dire qu'il faudra bien un jour s'interroger sur ce besoin toujours plus grand de voyager en avion : serait-on moins heureux si on voyageait moins ? Remarque un peu culottée, venant d'un tel habitué des avions et des hélicoptères, et le journaliste n'a évidemment pas manqué de lui en faire la remarque. L'animateur d'*Ushuaia* a reconnu la contradiction et les questions que cela lui pose. La Terre est magnifique. Mais si nous voulons par centaines de millions, par milliards demain pourquoi pas, prendre l'avion pour admirer les merveilles des antipodes, nous contribuons sérieusement à détruire justement ces merveilles, cette merveille qu'est notre planète. Aurons-nous la sagesse de nous contenter des merveilles plus proches de nous ?

Lorsque la grotte de Lascaux a été découverte, le public a pu y accéder. Magnifique. Seulement, les responsables du site ont vite remarqué que la respiration de ces milliers de visiteurs modifiait l'atmosphère de la grotte, sa température, sa teneur en vapeur d'eau et en gaz carbonique. Et ces modifications menaçaient gravement les peintures rupestres. Sous peine de les voir totalement disparaître en quelques années, il a fallu décider en catastrophe de fermer la grotte au public, et d'en réserver l'entrée à quelques spécialistes triés sur le volet. Depuis, on en a fait une copie à l'identique. Moyennant des installations sophistiquées de ventilation et de régulation de l'atmosphère intérieure, cette grotte artificielle de Lascaux 2 est accessible aux visiteurs, tandis que l'original reste fermé. Pour les grottes découvertes depuis, comme la grotte Chauvet, on s'est gardé de reproduire la même erreur : elles restent interdites afin d'être préservées. Le public doit se contenter de photos et de films.

La visite des merveilles de la Terre par des centaines de millions de visiteurs menace certaines de ces merveilles aussi sûrement que l'ouverture des grottes détruit les peintures préhistoriques. Et si ce n'est pas la visite elle-même, c'est le trajet en avion et en voiture pour s'en approcher qui se charge des dégâts avec une efficacité redoutable. Faut-il se précipiter vers la Grande Barrière de Corail avant qu'elle ne meure du fait du réchauffement de la planète, alors que le voyage en avion ne fera qu'aggraver le phénomène, ou faut-il se contenter des images que peuvent en rapporter les Nicolas Hulot, pour qu'elle puisse perdurer ? Une telle interrogation ne peut être que fort dérangeante pour une population occidentale aisée, avide de loisirs et de découverte ; celui qui va s'éclater dans les dancings de Bali et se dorer sur les plages de cocotiers se moque peut-être totalement de savoir que son escapade aura brûlé une tonne de pétrole ; quant à la personne qui, dans une démarche se voulant plus éclairée, aspire à la rencontre des autres peuples, voire au « tourisme éthique », est-elle capable de remettre en cause ses aspirations et de les confronter à une cohérence plus large ?

Avec tout cela, Roissy et Orly sont paraît-il au bord de la saturation. La solution est-elle dans un troisième aéroport parisien en Picardie ? Ouvrir un nouvel aéroport, c'est créer un appel d'air, pour que de plus en plus de gens prennent l'avion. C'est un mouvement sans fin : demain un troisième, ensuite un quatrième aéroport. C'est le même phénomène d'ailleurs pour les transports routiers : une autoroute ici, une rocade là où ça bouchonne, et ça va mieux pendant deux ans, pendant cinq ans peut-être. Puis tout recommence. Et on reporte la réflexion de fond à plus tard. Quand comprendra-t-on qu'il faut dire : assez ! Assez de croire régler les problèmes par la fuite en avant.

De toute manière, il faudra bien se faire tôt ou tard à la remontée considérable du prix du brut, remontée découlant de la raréfaction des réserves. La « flambée » de l'été 2008 n'est qu'une flammèche qui annonce des incendies d'une autre ampleur : on va vers la fin du pétrole à bas prix, bien avant d'aller vers la fin du pétrole tout court. Et cela, aucun barrage de port, aucun blocage de dépôt d'essence ne saura l'empêcher. Les faits risquent de se montrer têtus.

LA RÉVOLUTION DANS L'ASSIETTE

> *Le paysan est comme éradiqué parce que non conforme à un temps où produire beaucoup et vite permet de mieux spéculer. À un temps où l'emballage, le transport, la distribution et la publicité qui l'accompagnent rapportent plus que la denrée elle-même.*
>
> *Pierre Rabhi*

Depuis une cinquantaine d'années, les changements dans l'alimentation des occidentaux, et particulièrement des Français, ont été considérables, et seuls les plus jeunes peuvent en ignorer l'ampleur. Plus récemment, ces changements ont commencé à atteindre également une frange privilégiée de la population de pays comme la Chine. Un aspect est trop rarement abordé à propos de ces changements : il s'agit de leur impact sur l'utilisation des ressources naturelles, ou si l'on préfère, du coût en énergie, en matières premières, en nuisances, de toute la filière qui assure notre alimentation, depuis la production jusqu'à l'élimination des déchets, en passant par le transport, la transformation, la conservation, la distribution.

L'essentiel de ce changement concerne la diversification phénoménale de l'alimentation. Cette diversification se manifeste de plusieurs manières : consommation sur toute l'année de fruits et légumes divers, cultivés hors saison en serre chauffée, ou provenant d'autres continents ; recours grandissant aux plats préparés et surgelés ; baisse de la part des féculents, du pain en particulier, et augmentation de la consommation de graisses, de sucres rapides, et de produits d'origine animale (viande, produits de la mer et produits laitiers). Regardons de plus près ce dernier point.

Dans la première moitié du dix-neuvième siècle, la viande et les produits laitiers représentaient 15 % de la ration alimentaire ; en 1970, elle atteignait 40 %. L'accroissement de la part des produits animaux est en partie lié à l'image fortement positive de ces produits dans l'opinion. Dans toute l'Histoire, la viande est considérée comme un aliment de luxe dont les riches usent et abusent, tandis que les serfs sont pendus pour le braconnage d'un lièvre ; le bon roi Henri entre dans la légende avec sa poule au pot ; les pauvres ont été tellement privés de viande que la consommation actuelle sonne comme une revanche, un acquis social majeur. La réputation de la viande, qui constitue il est vrai une source intéressante de protéines, a carrément viré au mythe : la viande rend fort, la viande donne une bonne santé. Et beaucoup de mères se désolent et s'inquiètent en voyant leur bambin chipoter devant son bifteck. La viande se doit donc d'apparaître chaque jour, souvent même deux fois par jour, sur la table de la plupart des familles : un repas sans viande ni poisson n'est pas un repas !

Les produits laitiers ont suivi un chemin très voisin. Comme si leur attrait sous leurs multiples présentations ne suffisait pas, il faut invoquer à leur sujet la réputation, en partie justifiée, mais qui là aussi tourne au mythe, du calcium, garantie de force et de vitalité. Les Japonais, traditionnellement, ne consomment pratiquement pas de produits laitiers ; dans leur alimentation, l'apport de calcium est deux à trois fois moins important que pour nous, et provient essentiellement des céréales dont ils se nourrissent. Sont-ils tous carencés ? Ils sont moins grands, sans doute, mais on n'a pas entendu dire qu'ils sont tous rachitiques et accumulent les fractures. Alors, qu'on choisisse de consommer des produits laitiers pour le plaisir, soit. Qu'on les mette un peu à contribution pour un équilibre alimentaire en protéines, en calcium ou en vitamine D, pourquoi pas ? Que leur consommation massive fasse la fortune de la filière agroalimentaire, qui n'a guère envie de voir changer cet état de fait, on peut le comprendre. Mais qu'on en vienne à appeler à la rescousse des arguments médicaux pour justifier cette consommation à haute dose, non seulement par les enfants mais aussi par des adultes, c'est beaucoup plus discutable. Tous les mammifères se nourrissent du lait de leur mère, tant qu'ils sont petits. Pourquoi l'homme serait-il le seul mammifère qui, adulte, serait encore *obligé* de consommer du lait, le lait d'une autre espèce animale qui plus est, pour se maintenir en bonne santé ? L'évolution peut modifier les besoins, mais le bétail n'a commencé à être domestiqué que voici environ dix mille ans, ce qui est trop court à l'échelle de l'évolution de l'espèce humaine pour que l'homme soit à ce point devenu dépendant du lait fourni par ce bétail. Les peuples qui ont pris l'habitude de consommer des produits laitiers se sont partiellement adaptés à cette nourriture, mais les intolérances restent fréquentes, et posent parfois de graves problèmes de santé, dont la cause demeure ignorée tant est répandue la certitude du caractère bénéfique des produits laitiers.

Quoi qu'il en soit, ces changements ont permis en France l'accès du plus grand nombre aux plaisirs de la table et, dans une certaine mesure, à une meilleure santé, grâce à une alimentation plus équilibrée et plus variée. Mais dans une certaine mesure seulement, car il faut souligner que l'introduction massive de la viande, des produits laitiers, des pâtisseries, des jus de fruits, s'est faite non seulement par substitution mais aussi et surtout par addition. Si les quantités de féculents et de légumes secs ont régressé, ce qui n'est d'ailleurs pas nécessairement positif, les apports des aliments d'origine animale et des aliments sucrés ont considérablement augmenté. En particulier, la consommation de fromages et de desserts sucrés étant maintenant considérée comme indispensable, les fins de repas sont couramment surchargées au-delà du raisonnable. De « *çà se mange sans avoir faim* » à « *c'est tellement bon que j'en reprends* », la surconsommation alimentaire tend à devenir la règle, à l'encontre des recommandations des nutritionnistes, selon lesquels il est toujours préférable de rester légèrement sur sa faim. Et les excès de graisses animales font la part belle dans les pays riches aux maladies cardio-vasculaires. S'ajoute à cela tout ce qui peut être grignoté entre les repas, ces petits plaisirs qui n'en sont pas moins des aliments rentrant dans l'équilibre (ou le déséquilibre) journalier. Dans le même temps, les besoins nutritionnels ont diminué, la population n'étant dans son immense majorité plus soumise aux travaux de force. On en arrive à la situation suivante : la consommation de protéines atteint en occident 1 à 2 grammes par kilo et par jour pour un adulte, alors que l'OMS recommande 0,5 gramme ; à consommer ainsi deux à quatre fois trop, on surcharge bien entendu l'organisme. On peut voir là l'influence de notre peur de manquer : dans notre alimentation, on se sent menacé par les carences en protéines, en vitamine x, en oligo-élément y, oubliant que pour la plupart d'entre nous le déséquilibre alimentaire a beaucoup plus de chances de provenir du trop que du trop peu, que la carence qui nous menace le plus est sans doute celle du sens de la mesure. La France se rapproche à grands pas du modèle américain (près de 3 500 calories par jour, dont 1 400 d'origine animale), alors que, selon la FAO, 3 000 calories, dont 600 d'origine animale (comme au Japon) constituent une moyenne beaucoup plus satisfaisante pour la santé. La France fait donc partie du milliard qui compromet sa santé par excès alimentaire ; on commence à s'inquiéter sérieusement de l'épidémie d'obésité chez les jeunes ; et la tension, qui n'est pas nouvelle, entre l'incitation constante à manger plus que de raison et la nécessité culturelle de rester mince, participe au stress et conduit souvent à des régimes aussi dangereux que farfelus. Mais passons : il serait hors de notre propos de nous attarder sur la bonne fortune des vendeurs de régimes et de produits amincissants miracles. Revenons plutôt à l'impact de ces changements alimentaires sur l'économie et l'écologie mondiale.

Une des caractéristiques des produits d'origine animale, c'est qu'ils sont coûteux à produire en termes de ressources. On a démontré que pour produire une calorie ou un gramme de protéines d'origine animale, il faut en moyenne 7 fois plus de ressources que pour produire la même valeur alimentaire d'origine végétale. En effet, lorsqu'un poulet, un porc, un bovin ou une truite d'élevage mange des céréales (blé, maïs, mil,...), des légumineuses (pois, haricots, soja,...) ou de la farine de poisson, il fabrique de la chair et de la graisse, qui fourniront à l'homme des protéines et des calories, mais avec énormément de pertes (en raison de tout ce qu'il faut à cet animal pour vivre : il produit beaucoup plus de déjections que de chair). Ce rendement de 1 à 7 est une moyenne : il serait de 1 à 4 pour le porc, de 1 à 11 pour le bœuf, de 1 à 20 pour le veau. On cherche à l'améliorer par des efforts de sélection des souches animales, par l'intensification des techniques d'élevage et de sélection, mais il reste nécessairement mauvais. Un ami ayant participé à l'organisation d'une porcherie au Cameroun avait d'ailleurs rencontré des réticences non dénuées de sagesse de la part des paysans : « *Eh, pourquoi tu veux que je donne le maïs au cochon ? Le maïs, je le mange !* »

Aujourd'hui, la Terre peine à nourrir six milliards et demi d'habitants. Mais avec les exigences occidentales, elle aurait du mal à assurer la demande de nourriture de deux milliards d'humains, de leurs chiens et de leurs chats : avec nos 700 calories d'origine animale en trop, multipliées par 7, cela fait 4 900 calories gaspillées : nous mangeons comme trois ! A contrario, avec une meilleure répartition, et si les occidentaux acceptaient de baisser quelque peu leurs prétentions, notamment sur les quantités de viande, de produits laitiers et de poissons, la planète pourrait nourrir correctement 10 à 12 milliards d'habitants. La flambée des prix alimentaires survenue dans le monde en 2007-2008, qui a aggravé le problème de la faim, tient certes à de multiples raisons. Mais parmi celles-ci vient en bonne place l'accroissement, dans des pays comme la Chine ou l'Inde, de la consommation de viande par les minorités enrichies. On peut se réjouir de voir certains sortir de la misère et mieux se nourrir. On peut aussi regretter que ce « mieux » pour quelques uns se paie par une misère accrue pour le plus grand nombre, du fait de la concurrence pour les grains entre les humains pauvres et le bétail destiné aux plus riches. C'est ainsi que l'Inde voit augmenter la part de population qui souffre de la faim, alors qu'elle compte le plus grand nombre d'obèses dans le monde. Un « mieux » tout relatif !

Bien sûr, tout ceci n'est pas une condamnation de l'utilisation des aliments d'origine animale : à dose raisonnable, ceux-ci peuvent participer à l'équilibre en protéines, et sous toutes les latitudes, certaines terres, trop arides ou trop accidentées par exemple, peuvent difficilement être utilisées autrement qu'en pâturages pour l'élevage d'herbivores. Il n'en reste pas moins vrai que nos porcs, nos volailles et la plus grosse part de nos bovins sont maintenant nourris grâce aux grains cultivés sur de bonnes terres. Chez nous, cette utilisation du sol, avec l'intensification qui lui est liée, engrais et pesticides, mécanisation et irrigation, est un maillon essentiel du système productiviste agricole. Et quand les meilleures terres des pays pauvres sont consacrées au soja ou au manioc de notre bétail, on ne peut prétendre que c'est l'usage le plus judicieux pour nourrir l'humanité. La FAO, fonds des Nations Unies pour l'alimentation, fournit quelques chiffres éloquents : les deux tiers des surfaces cultivées dans le monde sont consacrées à la production de nourriture pour les animaux, essentiellement destinés aux pays riches ; sur le milliard de tonnes d'aliments du bétail exportés par le Sud en 1994, les trois quarts étaient consommables par l'homme. Comme on l'a vu, les protéines fournies par ces exportations ne sont que partiellement restituées sous forme de viande, de lait ou d'œufs : la différence, 21 millions de tonnes, permettrait d'équilibrer la ration de 820 millions d'adultes, ce qui correspond presque au nombre de personnes sous-alimentées dans le monde. Voici quelques années, une organisation tiers-mondiste avait lancé un slogan provocateur, qui résumait fort bien la situation, parlant du « *grain du pauvre qui nourrissait la vache du riche* ». Signalons deux autres effets trop ignorés : la culture intensive du soja, destiné à 99 % aux élevages européens et maintenant chinois, est pour une bonne part responsable du recul de la forêt amazonienne ; et l'extension mondiale du cheptel bovin participe d'une autre manière à l'effet de serre, ces ruminants produisant beaucoup de méthane pendant leur digestion.

La solution consisterait-elle à se tourner davantage vers les inépuisables ressources de la mer. Inépuisables ? Si on a longtemps pu les considérer ainsi, force est de reconnaître qu'il n'en est plus de même. À l'époque des grandes pêches à la morue sur les bancs de Terre-Neuve et d'Islande, l'humanité prélevait chaque année dans l'océan une quantité évaluée à un demi-million de tonnes de poissons, de mammifères marins, mollusques et crustacés. Ce chiffre a explosé au cours du vingtième siècle : il a été multiplié par près de 200, atteignant le record annuel de 90 millions de tonnes. Maintenant, le total des prises stagne. Ce n'est pourtant pas qu'on y consacre moins de moyens, bien au contraire. Les techniques électroniques de repérage des bancs de poissons ou de calmars sont redoutablement efficaces. Et les moyens de prise ne le sont pas moins : filets dérivants longs de plusieurs dizaines de kilomètres, réseaux mécanisés de lignes comportant des centaines d'hameçons... Alors, si malgré ces moyens sophistiqués, le niveau des prises n'augmente plus, c'est que la mer se vide. Car non seulement on ramasse à l'excès les poissons destinés à l'alimentation humaine, mais tout le reste est également bon à prendre. Même les poissons trop jeunes, même les espèces non consommables par l'homme : c'est la « pêche minotière », qui permet la fabrication de farines de poissons destinées à entrer dans la composition d'aliments du bétail. Ce faisant, en pêchant les jeunes avant qu'ils aient atteint l'âge de la reproduction, on compromet les populations à venir ; mais aussi, en prélevant les espèces non consommées par l'homme, ou celles qui se vendent moins bien, on retire celles-ci de la chaîne alimentaire, on élimine la nourriture des poissons plus gros, qui eux sont consommables. En Méditerranée, ainsi que sur les côtes australiennes, se répandent les fermes marines d'engraissement du thon rouge destiné aux sushis des Japonais. Pour produire un kilo de chair, le thon engloutit douze kilos de calamars, maquereaux ou chinchards. L'engraissement du thon, poisson considéré comme noble d'un point de vue gastronomique, conduit donc au gaspillage de plus de 90 % des protéines animales fournies par des poissons décrétés vulgaires, protéines qui n'en sont pas moins de qualité et directement utilisables par l'homme.

Les mesures imposées par l'Union Européenne font régulièrement hurler les pêcheurs ; elles sont peut-être inadaptées, inefficaces, injustes, maladroites. Pourquoi envoyer à la casse des milliers de bateaux si ceux qui restent continuent à tout ramasser sans précaution ? Mais en tout cas, la motivation de ces mesures correspond à une réalité : la mer se vide. Alors, se nourrir de poisson sauvage, bien sûr, mais à condition de respecter les équilibres. C'est loin d'être le cas aujourd'hui. Quant au poisson d'élevage, nourri de céréales, et de farines de poissons justement, c'est une autre histoire, qui rejoint par beaucoup d'aspects celle de l'agriculture intensive.

Le prix du bifteck

Si en une cinquantaine d'années, on a pu révolutionner à ce point l'alimentation dans les pays développés, et si dans le même temps le monde a pu compenser globalement l'accroissement très rapide de sa population, c'est grâce à l'intensification de l'agriculture. Sur cette période, le rendement d'une terre en France s'est considérablement accru : on obtient désormais assez couramment cent quintaux de blé à l'hectare, là où, voici un demi-siècle, un rendement de quarante quintaux restait exceptionnel (faut-il rappeler qu'au Moyen Âge, les rendements tournaient plutôt autour de trois ou quatre quintaux ?). La production d'une vache laitière a de même été multipliée par trois ou quatre pendant ce demi-siècle.

Cette explosion des rendements a été rendue possible en partie par les améliorations techniques (sélection et création de nouvelles variétés ; introduction de nouvelles cultures intensives comme le maïs, qui s'est répandu sur presque toute la France ; irrigation ; changement du mode d'alimentation du bétail, utilisant plus de grain et moins d'herbe…) et par l'emploi massif d'engrais et de pesticides.

Et à ce propos, on peut faire plusieurs remarques.

En aval, une agriculture de ce type est fortement polluante, on le sait maintenant : le problème de pollution des eaux, par les phosphates et les nitrates laissés par les engrais et les concentrations d'élevage, ainsi que par les résidus de pesticides, est à ce point préoccupant qu'on a fait des agriculteurs les boucs émissaires de la pollution.

Précisons cependant certains points : une évolution importante de l'agriculture était nécessaire. Alors que le reste de la société accédait à la prospérité pendant les Trente Glorieuses, on ne pouvait demander aux agriculteurs de continuer à se satisfaire indéfiniment de conditions de vie et de travail qui pour la plupart étaient des conditions de misère. Dans beaucoup de régions de Bretagne, dans les années cinquante, la surface agricole par actif était de l'ordre de cinq hectares, morcelées en une douzaine de parcelles ; il fallait en moyenne deux hectares pour élever une vache, qui elle-même fournissait 2 500 litres de lait. Avec en moyenne 2 ou 3 vaches, un travailleur produisait donc entre 5 000 et 8 000 litres de lait par an. Il est évident qu'on ne pouvait en rester là (Imagine-t-on le prix de vente du litre de lait nécessaire pour couvrir ses frais, sans parler de gagner le SMIC ?). L'évolution de cette situation, initiée notamment par les jeunes agriculteurs regroupés dans le CNJA (Centre Nationale des Jeunes Agriculteurs) et pour beaucoup formés à la JAC (Jeunesse Agricole Chrétienne), a donc été totalement nécessaire.

Il est vrai que, entrés avec enthousiasme dans cette mutation vitale en vue d'une amélioration de la productivité ouvrant les perspectives d'une vie meilleure, la plupart des agriculteurs se sont glissés dans le système productiviste et s'y sont maintenus beaucoup trop longtemps sans se poser de questions. On ne peut les dédouaner totalement de leur responsabilité en la matière. Seulement il faut rappeler qu'ils ont été conduits à marche forcée dans cette direction par leurs techniciens, leurs organisations professionnelles majoritaires et leurs banques, par les marchands de matériels, d'engrais et d'aliments du bétail. L'idée géniale de donner des cadavres à manger aux vaches n'est pas venue des agriculteurs. Et les pouvoirs publics eux-mêmes ont été les premiers à pousser dans ce sens. Edgar Pisani, ministre de l'agriculture dans les années soixante, reconnaît en 2004 qu'il s'est trompé dans sa politique productiviste, en laissant celle-ci se poursuivre trop longtemps : celle-ci se justifiait dans une société qui gardait le souvenir cuisant des tickets de rationnement, mais aurait dû être rapidement infléchie, ayant trop bien réussi. Les résultats de la poursuite de cette politique sont connus. Aujourd'hui, l'eau est devenue imbuvable dans une bonne partie de la Bretagne, dont les côtes nord sont ensevelies sous des milliers de tonnes d'algues vertes nauséabondes. On connaît l'origine de cette invasion : les rejets de nitrates et de phosphates dus au lisier épandu à l'excès sur les terres où se sont concentrés trop d'élevages de porcs et de volailles. Phosphates et nitrates sont les deux principaux fertilisants présents dans les déjections ; ils contribuent largement à la croissance des plantes ; mais, si la quantité répandue dépasse ce que les cultures peuvent absorber, l'excès s'infiltre dans les nappes phréatiques, les sources, les rivières, et finit à la mer. L'État n'a rien fait pour maintenir cette concentration d'élevages dans des limites raisonnables. Au contraire : alors que la sonnette d'alarme avait été tirée depuis longtemps, les préfets bretons donnaient (donnent ?) encore leur accord systématique à toute implantation nouvelle et à tout agrandissement de porcherie. C'est pourquoi la justice a donné raison aux associations de défense de la côte, contre l'État qui n'a pas joué son rôle, en laissant se détériorer une situation jusqu'à ce qu'elle devienne catastrophique non seulement au plan écologique, mais aussi, car les deux sont liés, au plan économique.

Face à une agriculture aux évolutions jugées souvent déraisonnables, un nouveau concept tend à s'imposer, à l'étalage des supermarchés comme dans les esprits, celui d'*agriculture raisonnée*. De quoi s'agit-il ? L'agriculture raisonnée, c'est en fait l'agriculture conventionnelle, classique, productiviste, dominante (choisissez l'expression qui vous convient), exercée de manière réfléchie, ce qui devrait aller de soi. Cette pratique préconise une utilisation optimale des engrais et traitements du sol, des plantes et des animaux : si la dose recommandée de désherbant est de trois litres, inutile d'en mettre quatre. Bref, d'agriculture raisonnée se maintient totalement dans le choix productiviste. Mais sa dénomination constitue aussi un vrai bijou de communication, en réussissant parfaitement à brouiller les cartes : elle donne un côté novateur et rassurant à des pratiques parfaitement habituelles et inquiétantes, et sème la confusion avec l'*agriculture durable* qui au contraire, comme nous le verrons plus loin, remet profondément en cause le modèle productiviste dominant.

Pour aller au bout des responsabilités, il faut cependant rappeler au consommateur qui vit en chacun de nous qu'il est le premier commanditaire de cet état de fait. En effet, si l'agriculture a réalisé ces bonds de productivité fantastiques depuis cinquante ans, c'est parce qu'à l'autre bout de la chaîne, il existe une demande de plus en plus forte, avec des exigences souvent maniaques. Les agriculteurs français utilisent chaque année 75 000 tonnes de pesticides, dont une bonne partie est déversée sur les fruits et légumes : inquiétude justifiée à propos des résidus ! Mais dans le même temps, en exigeant le zéro défaut esthétique, sans tolérer la moindre piqûre d'insecte ni la moindre tache de tavelure sur les pommes, la moindre morsure de ver dans les carottes, on oblige le producteur à sortir son pulvérisateur vingt fois plutôt que dix. Voyons la viande : comme il a été dit plus haut, nous consommons 1 400 calories d'origine animale, au lieu des 600 recommandées par la FAO ; pour notre santé comme pour celle de la Terre, nous mangeons donc en moyenne deux fois et demie trop de produits animaux. On ne peut demander son bifteck, sa cuisse de poulet ou son assiette de charcuterie à chaque repas, voire dans deux plats au même repas, tout en ignorant superbement comment tout cela est produit. Pour disposer de ces quantités en excès, il faut des élevages, il faut des engrais pour produire le maïs que mangeront les poulets, les cochons et les taurillons. Ou alors, il faut aller chercher le soja et le manioc cultivés souvent sur les meilleures terres d'Amérique latine ou d'Asie. Et si en plus, on veut disposer de tout cela à un prix dérisoire, comme on s'y est habitué de manière progressive, on ne peut guère se montrer trop exigeant sur la qualité des produits obtenus, ni faire semblant d'être étonné en découvrant les moyens peu ragoûtants de leur production. Les vaches devenues folles à force d'être cannibales, les poulets engraissés eux aussi aux farines de cadavres qu'on a dites enrichies aux huiles industrielles et aux boues de stations d'épuration (là, on espère tout de même avoir fantasmé et cédé à une rumeur non fondée), mais déjà aussi, bien auparavant, les veaux et poulets aux hormones, les ensilages enrichis en urée et en ammoniac, tout cela procède d'une logique. Les crises se répètent, où le prix du porc chute à un euro chez le producteur. À chaque fois, le gouvernement débloque quelques millions. Pour aller dans le sens d'une maîtrise de la production ? Non point. Il s'agit juste d'accompagner les cessations d'activité et les reconversions des éleveurs les plus endettés. Merci pour les bénéficiaires, mais qu'en est-il du problème de fond ? On pousse vers la sortie les canards les plus boiteux afin de permettre aux plus performants de s'agrandir encore. Un peu plus de concentration, c'est l'avenir, n'est-ce pas ? Pour ce faire, on relève au besoin les seuils d'agrandissement des porcheries et poulaillers industriels : quelques centaines de porcs en plus, quelques dizaines de milliers de poulets supplémentaires dans chaque élevage, et c'est reparti. Et pour faire bonne mesure, on adapte aussi les seuils d'épandages des déjections animales sur les terres. Là où on avait le droit d'épandre jusqu'à 120 % des besoins des plantes en phosphates, on acceptera désormais 150 ou 180 % des besoins. Ce que n'utiliseront pas les cultures ira « enrichir » un peu plus la qualité des eaux, et faire pousser de plus belle les algues vertes dans les baies de Saint-Brieuc et Douarnenez. Eh ! Si on veut du porc payé moins d'un euro au producteur, on ne peut tout de même pas demander en plus un produit savoureux, respectant la santé du consommateur, ni exiger que les éleveurs se préoccupent de trop près d'environnement ou de bien-être des animaux. Pour arriver à de tels tarifs, il faut bien sûr faire flèche de tout bois, rogner toutes les marges, inventer jusqu'à l'inimaginable afin de doper la productivité.

Pourtant, à bien réfléchir, le poulet et le porc à 2 ou 3 euros le kilo, parfois moins, dans les super promotions, ce n'est pas un peu bizarre ? Il y a cinquante ans, pour s'offrir le produit de luxe qu'était un poulet, il fallait le salaire d'une journée de travail pour un ouvrier. Aujourd'hui, une demi-heure suffit pour un poulet label, un quart d'heure pour un poulet de batterie. Voilà un siècle, l'essentiel du revenu des familles populaires suffisait tout juste à assurer le simple pain ; il y a quarante ans, dans une famille moyenne, il fallait encore consacrer près de la moitié du budget à la nourriture ; aujourd'hui, nous en sommes à 12 ou 16 %, selon les études. Et les soubresauts des prix alimentaires en 2007-2008 n'ont guère remis en cause ces chiffres. Dans la première moitié du dix-neuvième siècle, le salaire de 150 heures de travail d'un ouvrier était nécessaire pour payer cent kilos de blé ; entre les deux guerres, il en fallait encore 50 heures ; 5 heures suffisaient en 1970, et une heure et demie maintenant. On mesure le chemin parcouru dans la libération par rapport à la recherche de la simple subsistance : Jean Valjean était condamné au bagne pour le vol d'une miche de pain, mais aujourd'hui, le vol à l'étalage touche plutôt les CD et les dessous en dentelles ; en tout cas, l'occidental moyen consacre désormais beaucoup plus d'argent à son logement, à ses déplacements, à ses loisirs et à sa santé qu'à sa nourriture ; et dans la plupart des familles occidentales, le problème est beaucoup moins le nombre de bouches à nourrir que l'équipement pour la rentrée, les cours de piano et le stage d'équitation, la console de jeux, le home-cinéma ou le budget vacances, sans oublier les traites sur la nouvelle voiture. C'est une libération sans précédent par rapport à cette sorte de fatalité ancestrale selon laquelle l'homme devait consacrer l'essentiel de son énergie à sa simple survie. Mais là comme en d'autres domaines, l'évolution se fait jusqu'à l'absurde. Et l'absurde, c'est la vache folle et le poulet à la dioxine, c'est l'eau imbuvable, c'est la montée largement inexplicable du taux de cancers ; c'est aussi la désertification des campagnes, le pillage du Tiers-monde, le déséquilibre général…

Au contraire, si nous ne voulons pas que notre nappe phréatique soit trop polluée, et si nous voulons également éviter de trop inciter les pays du Sud à nous livrer une production qui leur serait tellement plus utile, nous devons nous résoudre à réduire notre consommation en produits si bon marché pour notre budget individuel, mais si coûteux pour l'équilibre mondial. C'est ainsi que l'intensification agricole pourra être maintenue à l'intérieur de limites acceptables. Dans ce cas, la production étant moins massive, les prix agricoles augmenteront nécessairement ; dans une telle évolution, les agriculteurs ne devraient pas être perdants, bien au contraire. Et les consommateurs ? Sur les 12 à 16 % que représente l'alimentation dans un budget moyen, il faut savoir qu'un cinquième seulement de cette modeste part (c'est-à-dire finalement 2,5 à 3 % du budget total) revient à l'agriculture, le reste allant aux transports, à la transformation et à la commercialisation ; une certaine augmentation des prix agricoles ne rendrait donc pas le panier de la ménagère beaucoup plus coûteux. Sans compter que le consommateurcontribuable doit aujourd'hui payer comme contribuable les dégâts considérables que provoque cette situation profitable au consommateur. Nous y reviendrons.

En amont, il faut évaluer ce que coûte à la Terre l'évolution des dernières décennies. Une partie des engrais est tirée du sol (phosphates, potasse), et ces ressources ne sont pas inépuisables ; et surtout la grosse masse des engrais azotés est synthétisée à grand renfort d'énergie : il faut trois tonnes de gaz et de pétrole pour fabriquer une tonne d'ammonitrate, l'engrais azoté de base. À cette consommation d'énergie pour la production et le transport des engrais, il faut ajouter celle qui est requise pour la fabrication, l'entretien, le fonctionnement et la destruction des machines agricoles, pour le séchage artificiel du maïs, et le transport vers nos élevages des céréales, du soja et du manioc produits au bout du monde.

Traditionnellement, les légumes et les céréales consommés par l'humanité étaient fournis par l'énergie solaire qui fait pousser les plantes, et par l'énergie musculaire des hommes et des animaux. La culture traditionnelle du riz aux Philippines produisait seize calories digestibles pour une calorie apportée. Dans son ensemble, l'agriculture traditionnelle fournit entre cinq et cinquante calories alimentaires à partir d'une seule calorie investie.

Maintenant, les aliments produits par l'agriculture moderne sont surtout faits de pétrole. En 1970 déjà, en apportant une calorie, on produisait à peine une calorie digestible avec la culture du blé au Montana. Le bilan s'est encore largement détérioré depuis. Et si en plus on donne ce blé à des cochons ou des bœufs, il faut encore, pour le rendement en alimentation humaine, diviser ce rendement par 4 ou 11, comme on l'a vu. Pour peu qu'on élargisse le regard vers l'ensemble de la filière agroalimentaire, on découvre un bilan encore plus affligeant : l'agronome René Dubos faisait déjà remarquer dans les années 70-80 que, pour une calorie alimentaire arrivant dans notre assiette, dix calories industrielles (provenant pour l'essentiel du pétrole) étaient consommées. Aujourd'hui, on en serait plutôt à treize calories pour une, englouties aussi bien dans la production (engrais, fabrication et fonctionnement du matériel agricole,...) que dans le transport, l'emballage, la transformation, la conservation, la publicité... L'occidental « se nourrit » chaque année avec 1600 litres de pétrole ! Comparé à l'agriculture qualifiée de primitive, un tel système agroalimentaire, qui consomme ainsi treize fois plus qu'il ne produit, bat tous les records d'antiproductivité.

L'évolution de la consommation d'eau en agriculture ne présente pas un bilan plus souriant. La sécheresse de l'été 2005 en France a au moins eu le mérite de commencer à mettre sur la table certaines réalités soigneusement ignorées : l'intensification passe communément par l'irrigation. Il en résulte une baisse dramatique des nappes phréatiques dans de vastes régions du globe. Aux USA, où l'on utilise 1400 litres d'eau d'irrigation pour produire un kilo de maïs, la nappe géante d'Ogallalla, utilisée pour l'irrigation des grandes plaines du centre, est à moitié épuisée. En Inde, dans le Tamil Nadu, la nappe a baissé de trente mètres en dix ans. Ne parlons pas de la Libye, qui épuise à un rythme d'enfer la nappe fossile saharienne pour cultiver le désert.

Cette consommation de ressources serait bien entendue justifiée si elle était nécessaire à l'alimentation de l'humanité, et si elle ne compromettait pas l'avenir. Mais que dire de la pertinence d'un tel système, dès lors qu'il contribue à mettre en péril sans nécessité réelle l'équilibre énergétique et écologique de la planète, qui se révèle rapidement un équilibre économique, surtout quand il est rompu ?

Que dire également du décalage entre les moyens mis en œuvre pour nourrir les pays développés, et ceux dont dispose un paysan du Tiers-monde, pour lequel la seule énergie disponible pour tirer du sol sa nourriture est souvent celle de ses bras. Voici encore trente ans, dès qu'on abordait le sujet de l'alimentation mondiale, on se scandalisait, à juste titre, du contraste entre la surproduction devenue habituelle en occident et la malnutrition endémique dans trop de pays du Sud. L'idée qui prévalait était alors celle du transfert : nous produisons trop ici ; là-bas, on manque de tout ; expédions nos surplus ; notre dynamisme agricole va ainsi permettre de résoudre le problème de toute la planète. Ce n'est pourtant pas si simple. Nous y reviendrons.

Une agriculture sans vaches folles ?

Auparavant, attardons-nous encore un peu sur la situation de notre agriculture, en réfléchissant à la longue cascade de causes et de conséquences dans laquelle s'inscrit son intensification dans les pays développés. Nous avons évoqué les raisons de cette intensification : augmentation énorme de la demande, beaucoup moins causée dans nos pays par la croissance limitée de la population que par les changements d'habitudes alimentaires et en particulier par l'augmentation de la consommation des produits animaux, viande et produits laitiers. Nous avons également abordé d'une part les moyens de cette intensification, en termes d'amélioration des techniques et d'utilisation des ressources, et d'autre part quelques-unes de ses conséquences en termes de gaspillages de ces ressources, de pollutions et d'inquiétudes des consommateurs face à certaines pratiques pour le moins surprenantes.

Quant au niveau de prix des produits alimentaires sur nos étalages, il est très clairement à la baisse sur la longue durée. Ce qui n'exclut pas les bizarreries. En janvier 2009, une étude révélait une augmentation du prix de la viande à l'étalage sur une dizaine d'années, alors que la baisse était nette chez le producteur. Les dirigeants des grandes surfaces ne se sont pas bousculés devant les micros pour expliquer ce curieux phénomène... En tout cas, cette baisse des prix sur le long terme est à la fois cause et conséquence de l'intensification, elle-même liée à la surproduction agricole. Si les prix ont pu baisser de manière aussi considérable depuis un demi-siècle, c'est bien sûr en raison des gains de productivité, énormes en agriculture. Pendant les années 50, 60 et 70, l'agriculteur est sorti largement gagnant de cette course entre la baisse des cours et les gains de productivité. Tout l'encourageait à augmenter sa production, en particulier le système des prix garantis dans certains secteurs (lait et céréales). Depuis, la baisse des cours est devenue plus rapide que les gains de productivité. Pour que cette baisse des cours ne se traduise pas en baisse de revenu, l'agriculteur doit s'agrandir et doper encore plus sa production. Le résultat, c'est la difficulté croissante d'installation des jeunes et la désertification des campagnes ; c'est aussi la surproduction, devenue endémique en Occident.

Aussi, au début des années 80, la CEE, qui finançait cette surproduction par le système des prix garantis, s'inquiète à juste titre de l'accumulation des montagnes de beurre et de poudre de lait, ainsi que des sommes à dépenser pour vendre à perte sur le marché extérieur les céréales payées en Europe deux fois le cours mondial. La situation est absurde : vers 1990, l'Europe importe, en soja, manioc et autres, l'équivalent du tiers de sa production de céréales, pour nourrir son bétail ; au même moment s'entassent dans les silos 30 millions de tonnes de ses propres céréales qu'elle doit brader sur le marché mondial à la moitié du prix payé à ses agriculteurs. Vers 1980, les frigos où sont conservés les stocks de beurre (1,2 million de tonnes, tout de même) consomment à l'époque 350 000 francs d'électricité chaque jour. Au bout de deux ans de stockage, pendant lesquels chaque kilo a coûté six francs pour sa seule conservation, on se décide à le vendre un franc cinquante à l'URSS. Les voies de la rentabilité sont impénétrables. Les Tibétains s'éclairent avec des lampes à beurre, mais l'Europe n'a jamais songé à cette solution parfumée.

La PAC (Politique Agricole Commune européenne) est donc revue, des mesures sont prises successivement : quotas laitiers[8], mise en jachère d'une partie des terres, baisse massive du prix des céréales, et pour éviter un cataclysme social dans le monde agricole, mises en place d'aides financières directes aux agriculteurs, en remplacement des aides indirectes précédentes. Parallèlement au changement des pratiques, le discours officiel commence à changer radicalement : en rupture totale avec le passé, un rapport de l'INRA (Institut National de la Recherche Agronomique), le « rapport

8 *Les quotas laitiers figent la production laitière européenne un peu au-dessous du niveau atteint en 1983, chaque état restant libre de la manière d'atteindre cet objectif de limitation. L'Allemagne, gouvernée alors à droite, impose une baisse de 12 % à ses plus gros producteurs. La France, gouvernée à gauche, inflige un pourcentage égal de baisse à tous les producteurs laitiers. Les plus gros, les plus productifs, premiers responsables de la surproduction, jouissent donc d'une rente de situation définitive. Bravo pour la morale ! Et en cinq ans, près de la moitié des producteurs de lait, les plus faibles, disparaît. Bravo pour le côté social !*

Poly », se prononce pour une agriculture plus autonome, moins dépendante de l'industrie, et plus économe, moins gourmande en consommations intermédiaires, moins polluante, adaptant mieux sa production aux débouchés. Révolution culturelle dans les chaumières !

Plusieurs conséquences à cette nouvelle orientation de la PAC. En premier lieu, les agriculteurs, dont la survie est le plus souvent liée aux aides communautaires, se sentent de plus en plus assistés, envahis par une avalanche de paperasse, surveillés par tout un système tatillon de contrôle. Le sentiment d'effectuer un travail utile à la collectivité a été troqué contre l'impression de bientôt devoir passer plus de temps à remplir des formulaires qu'à s'occuper des terres ou des animaux. Beaucoup trouvent humiliant d'être ainsi changés en « chasseurs de primes ». Beaucoup considèrent comme insupportable de devoir attendre le chèque du Trésor Public sans lequel le bilan financier d'une année de travail serait négatif.

D'autre part, ce système génère des injustices scandaleuses. André Pochon, paysan breton, pionnier de l'agriculture durable, un concept qui dépasse la technique de communication et le slogan à la mode, rappelait en 1999 que « *20 % des agriculteurs perçoivent 80 % des subventions* », et « *qu'un céréalier de taille moyenne (environ 300 hectares) en Eure-et-Loir reçoit un million de francs [150 000 euros] par an d'aides publiques européennes contre seulement 25 000 francs [4 000 euros] pour un agriculteur savoyard* ». En effet, non seulement les primes sont versées à l'hectare, à l'avantage donc les plus grosses exploitations, mais elles sont calculées en fonction des rendements moyens du département : pour l'année 1996, « *2 800 francs par hectare pour les terres riches de l'Eure-et-Loir, 1 660 francs en Haute-Vienne. Bref, plus le rendement est fort, plus la prime est importante.* » Les deux plus gros bénéficiaires français des aides agricoles se sont partagé 1,7 million d'euros en 2004 ; avec ses 280 000 euros d'aide, le Prince de Monaco n'est finalement qu'un petit agriculteur... Pour faire bonne mesure dans l'absurde, ajoutons le côté respect de l'environnement : « *les terres irriguées bénéficient d'une prime supplémentaire de l'ordre de 1 000 francs à l'hectare.* » (l'irrigation n'augmente pas seulement les rendements mais aussi les pollutions, et gaspille beaucoup d'eau), et l'agriculteur qui nourrit ses vaches à l'ensilage de maïs, méthode intensive s'il en est, a droit à une prime rondelette ; s'il les laisse paître, rien ! « *Ceux qui saccagent l'environnement sont aidés, nous qui avons gardé nos prairies, nos haies, nos paysages, nous n'avons rien !* »[9] On pourrait multiplier les exemples aberrants de l'application de la réforme de 1992 de la PAC, tant au niveau de la justice sociale que de la préservation de l'environnement ou du simple bon sens économique.

En troisième lieu, ce système ne fait pas l'affaire du contribuable qui doit payer deux fois la facture par les impôts et les taxes : d'abord pour les aides, puis pour la lutte contre la pollution. Bien sûr, le maintien des matières premières agricoles à un niveau très bas peut sembler avantageux pour le consommateur, mais il faut rappeler que le coût payé au producteur intervient fort peu dans le prix payé à l'étalage, pour une alimentation dont le coût total est lui-même très faible. En fin de compte, le contribuable et le consommateur étant une seule et même personne, il serait plus sain de miser sur la vérité des prix, par une baisse des primes, un encouragement réel à baisser l'intensification, et une remontée des cours, au lieu de pérenniser cette étatisation de fait d'une bonne partie de la filière agricole. Le système d'aides n'est pas condamnable en soi, bien au contraire ; il est même essentiel pour rétablir l'équilibre entre des producteurs et des régions qui connaissent des situations extrêmement différentes ; il peut être également nécessaire pour passer certaines phases de transition, mais s'il se généralise et se pérennise comme c'est le cas, il conduit à des absurdités qui le condamnent. Enfin, on est en plein royaume d'Ubu lorsque d'un côté les pouvoirs publics français ou européens imposent à l'agriculture une limitation administrative de sa production, par quotas et jachères interposés, et que d'un autre côté, ils laissent se poursuivre une intensification à grands renforts d'engrais, de pesticides et de farines animales. À quoi bon geler une fraction des terres si on dope toujours plus les surfaces restantes ?

---

9 Toutes les citations de ce paragraphe sont tirées du livre d'André Pochon, Les Champs du Possible *(La Découverte).*

Dernière conséquence, la généralisation des prix bas, et des aides qui l'accompagnent en occident, engendre une situation impossible pour les paysans des pays pauvres. Ne disposant d'aucune aide, ceux-ci prennent de plein fouet la baisse des cours, dans le contexte de concurrence mondiale. Cette situation de dumping pratiqué par l'Europe et les USA, contre laquelle se sont élevés nombre de pays du Sud à Cancun en septembre 2003, est lourde de menace pour l'autosuffisance alimentaire de l'humanité. La crise alimentaire apparue en 2007 est d'ailleurs en lien direct avec cette déstabilisation de l'agriculture mondiale. Nous y reviendrons également.

Se situant dans le cadre actuel de prix bas, où les aides à l'agriculture restent nécessaires, André Pochon propose de soumettre l'attribution de ces aides à plusieurs principes :

- *La conditionnalité*. Il préconise de réserver les aides aux seuls agriculteurs qui acceptent de s'engager sur la pratique d'une agriculture vraiment durable (respect de l'environnement et de l'emploi). Plusieurs niveaux d'engagement seraient proposés (du minimum, limitation de l'emploi d'engrais azotés et de pesticides, au plus exigeant, respect d'un cahier des charges d'agriculture biologique), donnant droit à différents niveaux de primes.
- *La dégressivité et le plafonnement*. Pour faire cesser le scandale actuel, où l'essentiel des aides va aux plus riches, et pour favoriser l'emploi, ces aides doivent être plafonnées en fonction de la taille de l'exploitation et du nombre de personnes y travaillant.
- *La fixation des aides en fonction de la surface*. Les actuelles primes à la vache, à la brebis, au taurillon, ou encore les primes au maïs, à l'irrigation..., ne font que favoriser l'intensification. Elles doivent être remplacées par une prime à l'hectare, dégressive comme il vient d'être dit, modulée selon les régions (et cette fois au profit des régions défavorisées, et non plus au profit de la Beauce !). L'agriculteur sera alors encouragé à choisir des méthodes moins coûteuses, c'est-à-dire moins productivistes (moins d'animaux à l'hectare, moins d'engrais...)

En favorisant la désintensification agricole, une telle modification ne pourrait que conduire à la maîtrise de la surproduction, et donc à la remontée des cours. Pour peu que soit rétablie la préférence communautaire européenne contre les importations à prix bradés, de telles mesures de bon sens et de justice suffiraient à faire disparaître à terme la nécessité des aides généralisées. C'est ce que préconise la Confédération Paysanne.

On n'en est pas là. Au début de l'été 2003, une nouvelle transformation de la PAC, la réforme Fischler, censée corriger certains défauts, a finalement été approuvée par les gouvernements, malgré l'opposition des organisations agricoles majoritaires ; cette opposition était motivée notamment par la programmation d'une baisse rapide des aides, baisse qui porte effectivement un mauvais coup à l'agriculture lorsque les cours ne se stabilisent pas à un niveau suffisamment rémunérateur. L'ambition affichée de cette réforme était officiellement de rendre plus juste le système. Elle découplait de la production (rendements, nombre de têtes de bétail...) le montant des aides, les rendant forfaitaires par exploitation : depuis 2006, les aides directes sont donc attribuées à chaque exploitation en fonction de sa production pendant la période de référence 2000-2002, indépendamment de la production ultérieure. La situation de chaque exploitation se trouve ainsi figée : le gros lot pour les unes, la survie difficile pour les autres. Et pour tous, l'incertitude des prix qui, jouant au yo-yo, peuvent être divisés ou multipliés par deux en quelques mois. Après une période de vaches grasses en 2008, les éleveurs laitiers retrouvent des vaches si squelettiques que certains d'entre eux, étranglés par des cours du lait bien en dessous des coûts de production, se sont lancés en 2009 dans une tentative désespérée de grève du lait.

Entre malbouffe et malnutrition

Devons-nous avoir peur de notre assiette ? Les événements des années passées, vache folle et poulet à la dioxine, bœuf aux boues d'épuration, épidémies de listériose, introduction d'OGM, poussent à ce genre de crainte. Encore faut-il savoir de quoi on parle.

S'il est question de la sécurité bactériologique de ce que nous mangeons, il faut raison garder : notre alimentation est selon ce critère plus sûre que jamais, et de très loin sans doute. C'est en raison de leur rareté que les quelques cas de listériose font la une de l'actualité. L'industrialisation nous fournit en effet des produits on ne peut plus sécurisants. Dans la restauration collective, les normes de sécurité dépassent même souvent le seuil de l'absurde, si ce n'est du scandaleux. Un jour, j'ai proposé au chef du restaurant de mon lycée un arrangement pour porter aux Restos du Cœur les produits encore consommables, mais qui, ayant été sortis des frigos, devaient être jetés (jamais de retour en arrière dans la chaîne). Impossible ! Imaginez qu'un bénéficiaire du Resto tombe malade après avoir mangé un de ces yaourts et porte plainte : on remonterait jusqu'au lycée, qui serait condamné. Hop ! On jette. Des réglementations de la même veine imposent, au nom de la protection sanitaire, des infrastructures très coûteuses pour les petits producteurs, notamment sur les marchés. On peut se demander si l'objectif caché derrière cette obsession sanitaire est réellement de protéger la population contre les risques découlant de conditions peu hygiéniques, ou si ces règles sont le fruit de pressions efficaces des multinationales alimentaires et des grandes chaînes de distribution soucieuses de faire place nette en poussant les petits producteurs vers la sortie.

Pour améliorer l'hygiène alimentaire et favoriser la conservation des aliments, on utilise désormais couramment un moyen radical, l'irradiation, parfois nommée de manière plus anodine ionisation ou même hygiénisation : les aliments sont exposés à une dose colossale de rayons gammas issus d'une source radioactive intense (cobalt, le plus souvent). Un homme serait tué cinquante fois par les doses que reçoivent les fraises venues de loin, qui sans ce traitement ne supporteraient pas le voyage ; aucune bactérie, aucun germe de moisissure ou de pourriture n'y résiste, la plupart des vitamines non plus d'ailleurs ; les protéines sont souvent bien délabrées, et les molécules cassées par ce traitement de choc font apparaître des tas de radicaux libres (agents de vieillissement des cellules). Mais rien ne se voit. Bref, on obtient un produit mort, mieux embaumé que le cadavre de Lénine, et qui se conserve donc parfaitement. Quel est son impact sur la santé ? Comme ça ne contient pas de bactéries, c'est propre, c'est sûrement bon !...

L'étiquetage est obligatoire depuis longtemps, mais jamais appliqué : avez-vous déjà vu la mention « produit irradié » sur les fraises d'hiver, sur les crevettes décortiquées venant d'Asie, ou sur votre tresse d'ail ?

Dans la famille des risques moins spectaculaires et plus diffus que le risque bactérien, jetons un coup d'œil à l'impact des résidus : engrais, produits de traitement des cultures et du bétail, additifs divers. Là-dessus, personne n'est à ce jour en mesure d'apporter de réponse définitive, et, comme ce fut longtemps le cas à propos du réchauffement climatique, cette réponse risque de se faire attendre. Il est en effet très difficile d'établir de véritables certitudes scientifiques sur la nocivité ou l'innocuité des doses de résidus admises par les normes nationales ou internationales, doses faibles dont l'effet, difficile à isoler, ne peut se révéler qu'à long terme. Néanmoins, des constatations inquiétantes s'accumulent, concernant notamment la multiplication des cancers, que l'allongement de la vie ne peut expliquer totalement. L'ARTAC, association pour la recherche thérapeutique anticancéreuse, présidée par l'un des plus grands cancérologues français, le professeur Belpomme[10], a lancé voici plusieurs années l'*Appel de Paris*. Cette déclaration internationale, signée par de nombreuses personnalités de premier plan, lance un cri d'alarme à propos des dangers de la pollution : la dégradation de l'environnement au sens large (pollutions de l'air, de l'eau et des aliments, radiations,...) provoque de graves désordres (cancers, allergies, malformations, stérilité,...). Sur les quelque cent mille substances créées par la chimie, quelques milliers tout au plus ont été étudiées pour leur nocivité. En plus des pesticides utilisés dans l'agriculture, il faut compter avec ceux de la vie courante, depuis les insecticides et nettoyants ménagers jusqu'aux peintures et autres solvants, en passant par les plastiques, les lessives et les cosmétiques.

L'objectif du programme REACH, soumis au parlement européen, était d'obliger les industriels de la chimie à tester les molécules qu'ils mettent sur le marché, ce qui devrait être la moindre des

10 *Dominique Belpomme,* Ces maladies créées par l'homme *(Albin Michel).*

choses. Il a été voté, mais après avoir été en grande partie vidé de son contenu. Imaginons toutefois que l'Appel de Paris finisse par être entendu, et que la législation impose des études sévères de toxicité sur les molécules avant tout commercialisation. Supposons alors qu'à l'issue des tests, 85 000 ou 90 000 des quelque cent mille molécules se révèlent nocives : les émanations des colles et vernis, du plastique des téléphones, des jouets, des téléviseurs et ordinateurs, de l'habitacle des voitures, du revêtement des canapés, les composants des cosmétiques... sont reconnus comme facteurs de cancers, d'allergies graves, de baisse du système immunitaire, de stérilités et de malformations. Et les quelques milliers de molécules reconnues inoffensives se montrent insuffisantes pour remplacer la plupart des autres. Que faisons-nous ? D'un commun accord, nous décidons de nous passer de tous ces objets qui peuplent notre quotidien, tant que ne sont pas trouvées des solutions de remplacement sûres ? Bref, le principe de précaution doit-il s'appliquer seulement à la production, ou aussi au consommateur, au citoyen, à notre mode de vie personnel ?

Mais trêve de provocation. Revenons à la sécurité alimentaire. Si l'agriculture n'est pas seule en cause, il n'en reste pas moins vrai que les résidus présents dans l'alimentation arrivent en bonne place dans ce palmarès inquiétant. Les agriculteurs, évidemment très exposés aux pesticides qu'ils manipulent, commencent à payer le prix fort : le taux de malformation de l'appareil reproducteur chez leurs enfants est quatre à cinq fois plus élevé que dans l'ensemble de la population ; il n'est pas déraisonnable de penser qu'après les enfants d'agriculteurs, l'ensemble de la population pourrait être concernée un peu plus tard.

Ce qu'on a appelé la malbouffe ne concerne pas seulement la sécurité par rapport aux bactéries, aux prions ou aux résidus ; elle concerne toute notre manière de nous alimenter. Les risques alimentaires se cachent peut-être d'abord dans les déséquilibres et les excès d'une alimentation trop riche, notamment en sucre et en graisses animales : l'exemple américain est là pour nous le montrer. Une alimentation parfois même trop diversifiée : comment expliquer que les allergies alimentaires souvent très graves chez les enfants se soient multipliées par cinq en seulement quinze ans ? Deux éléments de réponse sont avancés par les spécialistes de la question : en premier lieu, l'alimentation industrielle, en introduisant (souvent à notre insu) une multiplicité d'ingrédients inhabituels, nous expose à autant d'agents allergènes potentiels ; d'autre part, la diversification trop précoce de l'alimentation des bébés pourrait fragiliser tout leur système de défense et les prédisposer à ces allergies.

Si ces risques sont préoccupants, un autre pourrait cependant se montrer autrement redoutable pour l'avenir de l'humanité : c'est celui de la suffisance alimentaire de la planète, suffisance qui n'est toujours pas assurée, même si notre courte vue occidentale, brouillée par la surproduction locale, tend à nous le faire oublier. Dans nos pays, les pratiques culturales modernes qui ont fait exploser les rendements montrent leurs limites et posent quantité de problèmes évoqués plus haut. Le renchérissement du prix du pétrole va dans les prochaines années bouleverser totalement les conditions de production de l'agriculture intensive. L'assèchement dans quelques décennies des nappes d'eau fossiles, avec lesquelles sont irrigués blé et maïs, menace de stérilisation des régions entières, comme du Middle Ouest américain, avec les conséquences qu'on imagine sur l'approvisionnement général de l'humanité. Et dans les pays tropicaux, l'impact des méthodes intensives importées d'occident est dramatiquement plus nocif encore, en raison de la fragilité des sols et du caractère moins accommodant du climat : après le défrichage de la forêt pour sa mise en culture, il suffit parfois de trois ou quatre ans de culture pour stériliser totalement un sol et le transformer en désert de latérite. Ajoutons à cela l'accroissement prévu de trois à quatre milliards d'habitants dans l'hémisphère sud, et l'aspiration compréhensible de ces pays à une évolution des habitudes alimentaires vers un rapprochement de nos standards ; l'impact de la concurrence internationale effrénée qui ruine l'agriculture du Sud ; l'évolution du climat, multipliant sécheresses et inondations, modifiant les aires de répartition des ravageurs des cultures.... Et, cerise sur ce gâteau empoisonné, la course aux agro carburants, qui, en plus de la pression mortelle exercée sur les forêts tropicales, concurrence directement la production alimentaire[11]. On peut alors craindre que sans un radical changement de cap, le problème de la malnutrition, loin de trouver une solution miracle, ne continue de s'aggraver pendant ce siècle. Pendant que l'occidental se préoccupe légitimement de manger une nourriture sans OGM, l'habitant du Sud se soucie de manger… tout court. Un souci qui mérite considération, et sur lequel nous reviendrons longuement.

11 *Sur ce sujet, voir l'ouvrage de Fabrice Nicolino,* La faim, la bagnole, le blé et nous *(Fayard).*

L'ÂGE D'OR : HIER OU DEMAIN ?

Où vont tous ces enfants dont pas un seul ne rit ?
Ces doux êtres pensifs que la fièvre maigrit,
Ces filles de huit ans qu'on voit cheminer seules ?
Ils s'en vont travailler quinze heures sous les meules.
Ils vont, de l'aube au soir, faire éternellement
Dans la même prison, le même mouvement.

Victor Hugo, Les contemplations

« *Il est toujours joli, le temps passé* », ironisait Georges Brassens.

S'il est joli, le passé lointain, c'est le plus souvent pour quelques-uns, et encore. Le seigneur du Moyen Âge devait s'ennuyer à mort, dans son château fort glacial. Le plus modeste employé français mange aujourd'hui incomparablement mieux, plus sain et plus varié que lui ; il dispose d'un confort sans commune mesure, reçoit une éducation et accède à des loisirs et à une culture très supérieurs ; sans parler des soins de santé ni de l'espérance de vie. Et, le faste excepté, même les conditions de vie de Louis XIV ou Napoléon risquent de ne pas toujours faire le poids face aux nôtres : le Roi Soleil n'avait plus que des dents pourries !

Et que dire du peuple ? Bien au-delà du Moyen Âge, il reste soumis au bon vouloir et aux caprices du seigneur ; il connaît la famine fréquente, jamais l'abondance, toujours l'ignorance ; la peste parfois, la mort en couches des femmes, la mort de la plupart des enfants, et tant d'occasions de rencontrer misère et souffrance avant de mourir épuisé et vieillard à trente-cinq ans... Et si plus tard, le servage a disparu officiellement, l'ordinaire du peuple ne s'est amélioré que lentement : guère d'autre avenir que de passer toute sa vie à trimer pour le pain et, avec un peu de chance, un toit ; une vie soumise à un destin implacable qui ne laissait presque aucune chance de sortir de sa condition, sinon par le bas, la misère totale due à la malchance, à la maladie, aux brigands ou aux soldats. Le paysan fixé à son champ, peinant à simplement se nourrir les années de mauvaises récoltes ; l'ouvrier seize heures par jour à la fabrique ou à la mine ; et jusqu'au début de ce siècle, l'enfant privé d'enfance, à la mine lui aussi pour y traîner les wagons de houille et parfois pour y dormir et n'en ressortir que le dimanche, ou à la filature, ou à la ferme parfois dans les pires conditions, à moins qu'il ne soit mousse sur les bancs de Terre-Neuve où il pouvait connaître l'enfer jusqu'au suicide.

Le passé peut être joli, comme occasion de film de chevalerie ou de capes et d'épées. Dans la réalité aussi pour certains probablement. Et d'ailleurs, le bonheur est au-delà des conditions. Heureusement, car les conditions de bonheur n'ont pas souvent été réunies dans le passé. Et il est permis de se réjouir de vivre en ce début de siècle en Occident. Il est permis de se réjouir des progrès accomplis dans tant des domaines. Progrès économique et social : la prospérité et les conquêtes sociales sont allées de pair pour libérer l'homme de la malédiction de devoir passer sa vie à seulement survivre. Progrès de l'éducation et de la culture, qui laisse la possibilité de se libérer de son milieu d'origine, et aussi d'éduquer son intelligence, de comprendre la vie et le monde, de devenir un peu plus maître de son destin et de profiter des loisirs offerts. Progrès de la médecine et du système social, qui permet de se délivrer en partie de l'angoisse de la maladie, qui donne des chances sérieuses de vivre sa vieillesse dans de bonnes conditions et de ne pas tomber dans la misère la plus noire pour un banal problème de santé. Progrès des libertés, de la justice et du droit, qui garantit mieux que par le passé contre l'arbitraire. L'idée que tout homme puisse être respecté de manière égale est certainement très mal appliquée dans les faits. Mais elle a au moins l'avantage d'être proclamée officiellement, d'être une référence. C'est tout nouveau.

Pensons à la persistance des trois ordres sous l'ancien régime, de l'esclavage jusqu'en 1848 dans les colonies françaises et jusqu'au vingtième siècle en Éthiopie, de l'apartheid si récemment encore. L'indignation devant les violations des droits de l'homme, devant les massacres et les génocides, aussi inefficace et même hypocrite qu'elle soit parfois, n'en révèle pas moins une prise de conscience impensable aux siècles passés, où les habitudes avaient comme justifié l'injustifiable, et où seuls quelques esprits plus avancés, tels Montaigne, Montesquieu, Voltaire ou Hugo, s'élevaient contre les abus de leur temps.

Que ces progrès soient parfaits, que leurs bénéfices soient équitablement répartis, certes pas ; on peut être sincèrement écorché par les injustices qui demeurent. Les avancées restent irrégulières, avec des ratés, des retours en arrière, des périodes sombres. Le progrès social et politique vécu pendant des décennies, et notamment en France depuis la Libération, tend depuis une bonne vingtaine d'années à céder la place à la régression, à la montée de la précarité et de l'exclusion. Madame Thatcher est passée par-là ; non seulement elle a laissée sinistrée une bonne partie du tissu social britannique, mais elle a aussi fait beaucoup de petits, dont certains sont nés parmi les roses. Ceux-là n'admettraient jamais leur parenté avec la dame de fer, ni avec son compère Reagan, mais ils sont malgré tout contaminés par son idéologie, qui s'est répandue dans l'air du temps.

Alors, quelle attitude avoir, entre les progrès manifestes dans beaucoup de domaines et les tendances au recul social ? S'il est malsain et injuste d'embellir un passé mythique, il est inversement dangereux de foncer tête baissée, sans esprit critique, vers un avenir invivable où nous entraînerait l'inertie d'une évolution non maîtrisée.

On n'arrête pas le progrès

Le progrès est une marche, une avancée. Encore faut-il savoir vers où. Tout progrès a un coût. Il faut savoir prendre un recul suffisant pour discerner le moment où ce coût l'emporte sur le bénéfice. Le taux effarant de casse dans certaines éditions de la Route du Rhum et du Vendée Globe illustre cette nécessité de garder la tête froide par rapport au progrès technique. Les architectes de marine ont accompli des prouesses incroyables. Seulement, à viser toujours l'exploit, ils ont oublié qu'un bateau reste d'abord soumis à la mer. Notre société s'épuise à ressembler toujours plus à un catamaran de course élaboré sur ordinateur. Elle en tire ses performances, mais encore plus sûrement une grande fragilité.

Les décennies passées ont apporté un mieux-être certain en ce qui concerne la nourriture, le logement, le confort, la santé, la culture et l'éducation. Ces apports ne se sont pas produits sans coût pour la société : coût humain (ruptures des solidarités traditionnelles, désarroi, problèmes de sens, violences,...), coût écologique (épuisement des ressources, pollution, destruction de paysages, bouleversement climatique...), coût géopolitique (décalage entre sociétés industrialisées et pays où sévit la misère). À chacun de voir si le jeu en valait la chandelle, et surtout si les mêmes résultats positifs n'auraient pas pu être atteints avec des inconvénients moindres. Quoi qu'il en soit, aujourd'hui, nous en sommes là, sans pouvoir refaire l'Histoire. Nous devons désormais réfléchir au sens des orientations futures. En prenant tout en compte, nous devons mesurer dans quels domaines les progrès restent possibles et réellement bénéfiques, dans quels autres ils sont inutiles, illusoires et même nuisibles, ne méritant plus ce nom de progrès. Vers où voulons-nous aller désormais ?

Le psychologue américain Maslow a expliqué dans les années 1940 que les besoins des hommes s'organisent en pyramide. En bas se trouvent les besoins vitaux : avoir de quoi se nourrir, se loger, se chauffer correctement... Puis vient le besoin de sécurité, puis le besoin d'amour et d'intégration dans un groupe accueillant (famille, amis...), le besoin de reconnaissance et d'estime de soi, et enfin celui de se réaliser dans la créativité, l'art et la beauté, la spiritualité, le don de soi... Et selon Marlow, ce n'est qu'une fois un étage satisfait qu'on peut passer à l'étage supérieur de satisfaction.

Les enquêtes de bonheur montrent que les personnes aux revenus très faibles ressentent un net surcroît de bonheur dès que ces revenus augmentent un peu, leur permettant de mieux satisfaire leurs besoins de base. Mais au-delà d'un niveau relativement modeste, correspondant à peu près au SMIC, les accroissements additionnels ne se traduisent que très peu par un ressenti de bonheur supplémentaire : plus d'argent ne semble pas apporter la promesse d'accès aux étages supérieurs de la pyramide du bonheur. Et les nations réagissent comme les personnes : dans les enquêtes de bonheur, les habitants des pays riches se disent d'abord plus heureux que ceux des pays pauvres, mais à partir d'un certain niveau, en gros celui des années 1950 en occident, l'accroissement de la richesse nationale ne fait plus augmenter la sensation de bonheur ; il la fait même reculer parfois. On retrouve là le décalage évoqué plus haut entre le PIB et le progrès réel.

On pourrait expliquer ce manque d'enthousiasme à se sentir heureux par une sorte d'ingratitude foncière d'enfants gâtés et blasés qui ne savent pas apprécier leur chance. On peut y détecter un effet de nostalgie du bon vieux temps où tout était si bien, où on était si jeune ; on peut y voir la fascination des années soixante, ou encore l'inquiétude sourde devant les risques de chômage et d'exclusion. Mais l'explication tient sans doute aussi à cette distinction fondamentale entre pouvoir de consommation et bonheur réel. Les hommes ayant un si long passé de lutte pour la survie garderaient l'illusion tenace selon laquelle le mode de satisfaction des besoins vitaux, ceux du premier niveau, pourrait s'étendre aux besoins d'ordre supérieurs. Et en même temps, ils font l'expérience confuse de la vanité de cette entreprise.

Les apports des décennies 50-60 avaient réellement changé la vie quotidienne, l'avaient rendue plus facile et plus agréable. L'introduction dans toutes les familles de la gazinière, du frigo et du lave-linge ont permis en particulier de libérer les femmes des tâches ménagères harassantes que constituaient la cuisine sur le feu de cheminée ou le fourneau à charbon, les courses quotidiennes pour des aliments qu'on n'avait pas les moyens de conserver, la corvée de lessive, même en un temps où on était par force moins maniaque de propreté.

En revanche, les surcroîts de consommation qui ont suivi sont jugés négativement dès lors qu'ils s'accompagnent d'une redéfinition des besoins ; ce dont on se passait parfaitement étant maintenant considéré comme nécessaire, il reste une part toujours aussi importante, voire plus importante, de besoins insatisfaits dans la vie de chacun. Après nous avoir fourni un logement agréable, muni des éléments de confort, du chauffage et des sanitaires, après nous avoir apporté les moyens de transport et de loisirs, les nouveautés peinent à tenir leurs promesses d'amélioration de la vie. La gazinière rendait le travail ménager moins pénible, mais l'aspirateur n'apporte pas un mieux notable, il n'est que le dernier recours contre la fichue moquette dont on s'est accablé. Le prix de l'électronique a chuté considérablement, et les performances techniques ont fait des bonds. La chaîne hi-fi personnelle de 70 watts, munie d'un chargeur de 25 disques, avec ses diodes qui clignotent, est l'équipement de base à domicile de tout collégien. Elle s'ajoute à l'appareillage portatif vissé dans les oreilles, outil d'enfermement pour aujourd'hui et gage de surdité pour demain. C'est indispensable. L'indispensable s'accumule année après année. Indispensable, c'est ce qu'on dit de beaucoup de choses, à moins qu'on n'en dise rien tant leur présence est devenue naturelle. Tellement naturelle qu'elle laisse un arrière-goût de déception : ces objets savent se faire désirer en prétendant satisfaire un rêve ; ensuite, ils n'apportent guère qu'un quotidien trop quotidien. Où le collégien en question va-t-il loger désormais son insatisfaction et ses rêves ?

Ah, l'indice de bien-être de l'ouvre-boîtes électrique ! Le bonheur rassurant du « micro-ondes » capable de décongeler vite fait bien fait la pizza Vivadus, après la longue journée de travail et les transports interminables ! Ah, la voiture avec lève-vitres électrique et mise en route automatique de l'essuie-glace... Qui, dans ses rêves les plus fous, pouvait seulement imaginer une telle félicité, un tel progrès de l'humanité, voici seulement cinquante ans ?

Les équipements publics se sont succédés : autoroutes, ronds-points et rocades ont fleuri partout. On devrait bigrement mieux circuler. Pourtant, ces équipements ont du mal à simplement compenser l'augmentation du nombre de voitures due à la nécessité d'aller travailler au diable Vauvert et à la généralisation des déplacements de loisirs.

Jacques Attali ne disait guère autre chose quand déjà il écrivait en 1974 : « *Au-dessus d'un certain seuil de développement, l'effet global de la croissance économique sur les individus devient donc nul ou très faible ; il risque même de devenir négatif au-delà d'un certain seuil, celui à partir duquel les phénomènes d'encombrement et de pollution surcompensent les améliorations utilitaires* »[12]. En d'autres termes, le progrès tue le progrès, devient contre-productif. En janvier 2004, dans *Le Monde*, l'ancien conseiller de François Mitterrand jubile : « *Le monde a devant lui un agenda de croissance fabuleux* ». Et en 2007, il accepte la responsabilité d'une commission chargée de trouver comment « *libérer la croissance* »… Une évolution remarquable, en trois décennies !…

L'empereur est nu

Un des problèmes majeurs de l'occident, c'est la perte du sens de la mesure. Sa curiosité insatiable, son insatisfaction chronique, ont été des moteurs efficaces pour favoriser les progrès scientifiques, techniques et sociaux accomplis depuis la Renaissance. Ils forment également un puissant anesthésiant administré à son sens critique : le progrès porterait son sens en lui-même, et il serait inconvenant de s'interroger sur la direction qu'il prend et sur la réalité des bienfaits qu'il propose. Dans les années 60-70, il fallait être marxiste. Hors de l'idéologie dominante, on ne pouvait être qu'un crétin et un réactionnaire. Aujourd'hui, l'idéologie libérale et moderniste a remplacé le marxisme d'alors, tout aussi moderniste. Le positivisme de la fin du dix-neuvième siècle a été relooké vingtième puis vingt-et-unième. Être béat de dévotion devant les nouvelles technologies, ou se faire regarder comme un extraterrestre.

Il était une fois un monde où l'on vivait sans informatique, sans internet, sans téléphone portable… Non, papy, tu exagères…

Corinne Maier se souvient : « *L'informatique, c'est l'avenir. Cette phrase, je l'entendais déjà quand j'étais au collège, dans les années 70. Internet va changer le monde, créer des emplois, ouvrir une pé-*

---

12 *Jacques Attali et Marc Guillaume,* L'Anti-économique. *[Phrases citées par Michel Albert et Jean Ferniot dans* Les Vaches Maigres *(Gallimard)].*

riode de forte croissance. Avec Internet, tous les problèmes vont être résolus, Internet va révolutionner l'histoire de l'humanité. Avec cet outil de communication merveilleux, les problèmes de frontières, de races, de religions, vont disparaître. Internet désenclave les campagnes, réduit la fracture sociale, favorise les échanges Nord-Sud, éduque les analphabètes, instruit les enfants, libère la ménagère. Nous serons tous des frères, il n'y aura plus de guerre, la-la-li-la-lère, reprenez avec moi tous en chœur. »[13] Pour préparer cette ère de bonheur, et même si on ne sait toujours pas à quoi pourra servir la prochaine génération de téléphone (insu)portable[14], il importe de *créer des besoins*. Créer des besoins qui sont autant de fils à la patte : *c'est indispensable, on ne peut plus s'en passer... c'est comme ça, c'est la marche des choses, c'est l'avenir, et ça crée des emplois...* Et comme *il est indispensable pour les enfants de se familiariser avec ces outils de la réussite*, le rapport Thélot sur l'éducation a apporté sa pierre à l'édifice : l'ordinateur et les enn'tic sont désormais classés à l'intérieur du « socle fondamental » à enseigner, à côté de l'anglais commercial. Please, toi traduire en anglais : « *Moi acheter à toi trente mille barils pétrole. Hi ! Bonne affaire, mon z'ami !* »

Peut-on oser quelques questions stupides : où est le progrès réel, en quoi cela apporte-t-il un mieux véritable ? En quoi cela rend-il les gens plus heureux, plus épanouis, plus créatifs, plus solidaires, plus libres, plus intelligents devant les évolutions du monde, plus responsables d'eux-mêmes et des autres ? En quoi cela les aide-t-il à trouver un sens à leur vie ? En quoi cela accompagne-t-il le progrès général de l'humanité ? Quel progrès tangible peut-on attendre dans notre vie et dans celle de nos enfants, en balance avec les effets pervers, avec l'hypertrophie des besoins et la déconnexion du réel ? Les nouvelles technologies, ouverture au monde. Automatiquement ? Sans rire ? Les nouvelles technologies, secret de la communication et lien entre les hommes ? Internet pour crier son mal de vivre à SOS-Amitié...

Qu'il est fier et digne, l'empereur, dans ses habits neufs. Des habits si légers à porter. Et si magiques, puisque les imbéciles et les

---

13 *Corinne Maier,* Bonjour paresse *(Michalon).*

14 *Expression due à Frédéric Beigbeder,* 99 Francs *(Grasset).*

incompétents ne doivent pas les voir. Tout le monde applaudit et vante sa belle allure, ses beaux habits si ravissants. Dis, maman, pourquoi il est tout nu, l'empereur ?...

Dis maman, pourquoi çà sert à rien, tout çà :

« Des tas de couverts
Et des pelles à gâteaux
Mon robinet à glace
Ma tourniquette
Pour faire la vinaigrette
Le ratatine-ordures
Et le coupe-friture... »

Avec d'autres mots que Boris Vian dans les années cinquante, une petite indienne exprimait le même désarroi face au mode de vie occidental, aux derniers temps de la colonisation anglaise :

« *La maison était trop pleine de choses. La plupart de ces choses étaient précieuses, au dire de Mrs Lindsay, ce qui signifiait qu'il ne fallait pas y toucher. Mrs Lindsay passait un temps fou à penser à ces choses, à les montrer aux visiteurs, à les faire astiquer par les bonnes. Elle mourait de peur à l'idée qu'on les casse ou qu'on les vole... Pour Savitri, c'était un mystère. En tout cas, la maison était à ses yeux un énorme entassement de choses et elle n'aimait pas y entrer.* »[15]

NIMBY

L'Occident a le plus grand mal à rester critique à propos de la finalité du progrès. S'il exige avec candeur les facilités qu'il croit pouvoir en retirer, il rechigne volontiers à assumer les nuisances engendrées. Apitoyons-nous sur la raréfaction des baleines et des éléphants. Mobilisons-nous contre la construction de l'autoroute qui menace la forêt de nos promenades dominicales, en réclamant toujours de nouvelles autoroutes pour partir plus rapidement. Battons-nous contre l'agrandissement de l'aéroport ou la construction de la centrale nucléaire à proximité de notre domicile, sans mettre aucun frein à l'habitude ou au désir de prendre l'avion pour les va-

15 *Sharon Maas,* Noces Indiennes *(Flammarion).*

cances, ni à l'insouciance devant les gaspillages d'énergie. Refusons à toute force de voir s'installer dans notre champ de vision une tour de transmission pour téléphone portable, tout en râlant contre la présence des zones d'ombre qui perturbent l'utilisation de notre propre appareil. Crions contre les agriculteurs-pollueurs, sans réaliser que nos exigences alimentaires induisent les grandes lignes de ce type d'agriculture. Plaignons-nous de la pollution des villes, fulminons devant l'immobilisme des pouvoirs publics face à l'effet de serre, sans accepter l'idée de raisonner quelque peu notre chauffage ou l'usage de notre voiture.

Cet état d'esprit, c'est ce que les Anglo-saxons nomment l'effet NIMBY, *Not In My Back Yard* (*pas dans ma cour, pas dans mon jardin*). Autrement dit, loin de moi les effets indésirables de mon comportement. Je me charge de remplir mes poubelles, et à la rigueur je veux bien les trier. Trouvez un endroit éloigné pour les vider, et ne m'en parlez plus. Ne me parlez plus de ce que vous en faites, et surtout, ne me demandez pas pourquoi j'ai tant de choses à y mettre. Et voilà, tant de NIMBY côte à côte, cela aboutit à une inconscience collective totale.

Après l'explosion de l'usine d'engrais de Toulouse, en septembre 2001, les populations voisines des usines classées Seveso se sont mobilisées, à juste titre, et les politiques ont fait chorus, pour réclamer la disparition de ce type d'installation. Qu'elles soient éloignées des villes, cela paraît la moindre des choses. Mais peut-on éluder les questions plus globales : sommes-nous décidés à renoncer aux produits de ce type d'industries, engrais et peintures, produits de traitements pour piscines et carburants, et à tout ce qui fait notre confort ? Et sinon, où placer ces usines ? Au milieu de la Beauce peut-être ? Dans le parc des volcans d'Auvergne ? Où encore dans quelque pays d'Afrique ou d'Asie du Sud, où on ne sera pas trop regardant sur les conditions de sécurité, voire sur quelques milliers de morts, comme à Bhopal ?

Un beau jour, un petit village tranquille de Picardie apprenait qu'il était retenu pour la construction du troisième aéroport de la région parisienne. Vers la même époque, les habitants de Chamonix étaient informés de la réouverture du tunnel. Remous dans les chaumières, on le comprend. Pourquoi les uns doivent-ils être les sacrifiés de l'explosion du trafic aérien ? Pourquoi les autres doivent-ils subir le chassé-croisé des camions de papier hygiénique allant de France en Italie et vice-versa, et des camions de patates produites aux Pays-Bas et épluchées en Italie ? Que je refuse d'être le dindon de ces stupidités, bien sûr, mais surtout, que ces stupidités cessent. Il ne suffit plus de dire : pas chez moi !

L'ASCENSEUR SOCIAL

Depuis longtemps ils en rêvaient
De la ville et de ses secrets
Du formica et du ciné.

Jean Ferrat

À un fils de paysans modestes, né au milieu du siècle et devenu « *flic ou fonctionnaire* » (nous sommes nombreux, les fils et filles d'agriculteurs devenus enseignants, en particulier), il n'est nul besoin d'expliquer la notion de croissance ni celle d'ascenseur social : il a en effet vécu les deux, de manière évidente. Il a vécu son enfance dans un milieu qui sans être celui des damnés de la terre, n'en offrait pas moins un contraste saisissant avec ce qu'il peut connaître aujourd'hui. Les logements étaient le plus souvent sans confort, sans intimité, plus faits pour y manger et y dormir que pour y vivre (une enquête de l'INSEE de 1954 révèle que 40 % des habitations paysannes de l'Ouest n'avaient qu'une seule pièce, 42 % n'avaient pas l'électricité, 92 % n'avaient pas l'eau courante, et 99 % n'avaient aucune installation sanitaire)[16]. Consommation réduite à sa plus simple expression ; même dans les milieux modestes, la génération suivante ne peut l'imaginer. Six jours et demi de travail par semaine, « *et sans vacances et sans sorties* ». Une vie frugale, certes, difficile souvent. Peut-on pour autant décréter qu'elle était plus ou moins heureuse, plus ou moins épanouie que celle qui est vécue une cinquantaine d'années plus tard ? C'est bien difficile de juger. En tout cas, grâce notamment à un système de bourses fa-

---

16 D'après Louis Malassis, La longue marche des paysans de France *(Fayard).*

vorable à l'époque aux enfants d'agriculteurs (il fallait bien accompagner l'exode rural), le fils de paysans a pu faire des études, porté par une culture du travail omniprésente en lui, et aiguillonné par le sentiment de devoir compter d'abord sur lui-même pour conquérir sa place au soleil.

Ou alors, il a pris la suite de ses parents et est devenu chef d'exploitation. Le changement de terme en dit long sur le changement de statut social et de conditions de vie : les logements des agriculteurs actuels ne laissent rien à désirer par rapport à ceux des autres classes moyennes, et si les horaires de travail restent fort différents, si les vacances sont moins longues que pour les salariés, elles sont devenues normales. D'ailleurs, le conjoint est souvent salarié. Pour beaucoup de ces agriculteurs actuels cependant, cette évolution est allée de pair avec une autre, moins réjouissante, qui les a conduits à des endettements dramatiques, au surmenage, et souvent à la solitude.

Parallèlement à ce changement de classe sociale, le fils de paysans a connu, en accédant aux classes moyennes, l'accroissement du niveau de vie de ces mêmes classes moyennes. Le ressenti de la croissance a donc été pour lui d'autant plus évident.

Ce ressenti est certainement beaucoup moins fort pour celui qui est né à la même époque dans une famille de cadre ou de profession libérale, et qui est resté, globalement s'entend, dans son milieu de classe moyenne, un peu plus haut dans la hiérarchie que ses parents peut-être. Son logement est comparable à celui de son enfance, même s'il s'est enrichi d'un équipement électronique de plus en plus complexe. Certes, ses vacances sont sans doute un peu plus agitées que celles de son enfance, en location ou dans la villa familiale à la mer, plus rarement à la neige, mais elles restent comparables. Né dans les étages supérieurs, il n'a pas été emporté par l'ascenseur social, alors que celui-ci a fonctionné à plein pour certains occupants des étages inférieurs, qui viennent donc lui faire concurrence pour ce qui est du prestige de l'appartenance à une classe privilégiée.

Aujourd'hui, du fait de l'élargissement de la classe moyenne, le fameux ascenseur social est bloqué, mécaniquement : ils sont très peu nombreux ceux qui peuvent espérer passer de la classe moyenne à la haute bourgeoisie, les places sont rares et bien gardées contre les intrus. Seuls les enfants des nouvelles catégories pauvres peuvent être candidats pour entrer dans cet ascenseur. Mais maintenant, il faut davantage jouer des coudes, l'étage convoité étant déjà bien rempli. De plus, dans la culture de la société rurale ou ouvrière du milieu du siècle, le travail était une valeur centrale ; il n'en est plus de même dans une société urbaine minée par le chômage et la précarité, et marquée dans certains cas par une culture de débrouille, voire d'illégalité, peu motivante pour un effort durable de promotion personnelle.

Cette situation de blocage engendre frustrations et rancœurs. D'autant plus que le ralentissement de la croissance lors du dernier quart de siècle fait ressentir, comme il a été dit plus haut, que le niveau de vie se dégrade, alors que selon les statistiques il s'améliore globalement et fortement : depuis une trentaine d'années, le pouvoir d'achat a officiellement augmenté de 70 % environ. Même si trop de gens sont restés en marge de cette augmentation, ce n'est pas rien. Mais que recouvrent réellement ces notions de niveau de vie, de pouvoir d'achat ? Quoi qu'il en soit, ce sentiment de frustration n'est sans doute pas le meilleur climat pour aborder au mieux les défis réels de l'avenir.

Du baby-boom à l'enfant-roi

La génération du baby-boom a connu une jeunesse privilégiée à beaucoup d'égards : au plan matériel, elle a bénéficié de conditions beaucoup plus faciles que la précédente, en particulier au sein des classes modestes qui constituaient la majeure partie de la population. Au plan social et professionnel, elle n'a pas eu de difficultés particulières pour s'insérer dans la société et, comme il vient d'être dit, le plus souvent à un niveau supérieur à celui de ses parents.

La génération suivante vit aujourd'hui sa jeunesse dans des conditions beaucoup plus complexes. D'un côté, elle continue à profiter - globalement, bien entendu - de conditions matérielles toujours plus comblées, accédant à un niveau de consommation inimaginable pour ses parents au même âge. À peine né, le bébé est étouffé sous une profusion de peluches, modeste avant-garde du raz-de-marée de jouets et d'appareils où il sera condamné à s'ébattre sans relâche ; le pouvoir d'achat des 7-15 ans, le total de leur argent de poche, dépasserait les deux milliards et demi d'euros. Mais d'un autre côté, cette génération rencontre des difficultés trop connues, dans son insertion par le travail notamment, où le niveau de compétition s'est singulièrement accru en une génération. Et on peut craindre que la facilité matérielle dont elle bénéficie ne soit pas la meilleure préparation aux difficultés qu'elle pourra rencontrer. Le fait pour beaucoup de jeunes de n'avoir pratiquement jamais eu de travail physique à réaliser dans leur enfance, pas même la vaisselle, ni le trajet de deux kilomètres à pieds ou de quatre à vélo pour aller à l'école, le fait d'avoir toujours disposé de tout le confort, les amène facilement à considérer la chaîne hi-fi personnelle comme élément du strict minimum vital, et un éventuel refus parental d'offrir la dernière Playstation comme un acte de maltraitance. Au-delà de la menace de vide existentiel, une telle manière de voir la vie risque fort de les laisser désemparés et traumatisés devant la moindre difficulté matérielle à affronter, et frustrés devant l'impossibilité d'obtenir immédiatement la satisfaction de tout désir.

Côtoyant de jeunes parents, je suis frappé de la façon dont beaucoup d'entre eux éduquent leurs enfants. Avec un très grand souci d'éducation, ils comblent leur progéniture de tout ce qu'il faut comme livres bien choisis et jouets éducatifs. Tous ses désirs étant devancés, l'enfant ne manque de rien… sauf peut-être de manque. Il n'a certes pas le temps de s'ennuyer, l'ennui étant une malédiction et une source d'angoisse : son temps est organisé comme celui d'un cadre supérieur, entre école, cours d'équitation, éveil musical, goûter d'anniversaire, et j'en passe tant et tant… Avec un tel traitement, les parents émus se réjouissent de le voir si éveillé, mais parfois s'étonnent et s'affligent de son incapacité à fixer son attention et à rester seul au calme. Car le cher bambin, hyperactif, vibrionne sans aucun répit autour de ses parents, dont il ne peut s'éloigner trois minutes : il lui faut ci, il lui faut ça… Et les parents répondent. Parfois, excédés, ils s'énervent, menacent, exigent. Ils exigent une fois, deux fois… Le gamin n'en a cure : il sait qu'à la quatrième « exigence », le parent va abandonner. Ce n'est jamais une sinécure d'être parent, mais dans ces conditions, c'est un métier particulièrement usant. Et le constat est fort inquiétant : il explique notamment l'épuisement des professeurs de collège, et de plus en plus celui des enseignants de primaire et de maternelle, harcelés par des hordes d'Attilas en baskets. Le phénomène de l'enfant-roi semble prendre une ampleur de plus en plus alarmante. Alarmante car, comme le souligne le sociologue Louis Roussel, « *faire de l'enfant un roi, c'est l'empêcher de grandir* ».

Le pédopsychiatre Aldo Naouri ne dit pas autre chose quand il s'élève contre la domination du côté maternant de la société. De manière naturelle, la mère a tendance à « *garder son enfant pour elle, à tisser autour de lui un utérus virtuel extensible à l'infini. Avec le désir que l'enfant soit comme quand il était dans son utérus, c'est-à-dire qu'il ne manque de rien* ». La fonction du père consiste à couper le cordon, à « *apporter à l'enfant la conscience de l'écoulement du temps, à retarder la satisfaction de ses désirs sans risquer une mort immédiate, à habituer la mère à ne pas satisfaire tout de suite les demandes de son bébé, quitte à le laisser hurler, à ne plus être débordée par sa propension à materner* ». Mais le père a perdu cette fonction : sommé d'être une seconde mère, il ne sait plus quelle est sa place. Dès lors, l'enfant a perdu l'habitude de la frustration et par là, la conscience de l'existence de l'autre. Et Naouri ne peut que « *constater les dégâts chez l'enfant qui est élevé dans une dimension uniquement maternante* ». Il n'est pas le seul.

Grandir, c'est en effet apprendre à surmonter ses frustrations, accepter que le biberon en retard de cinq minutes, ce n'est pas la mort, que le monde entier n'est pas toujours à vos pieds pour satisfaire ou devancer toutes vos demandes de tyran si mignon. Les enfants qui reçoivent une véritable éducation, avec une réelle solidité face à eux, un parent capable de leur dire « non » de manière ferme quand il le faut, de ne pas se mettre en permanence à leur service, de leur fixer des limites, et ainsi de leur permettre de se structurer et de devenir autonomes, de tels enfants semblent devenir l'exception. Comment en est-on arrivé là ? Culpabilité de parents qui se sentent indisponibles et cherchent à compenser en laissant tout faire ? Hantise de provoquer frustrations et complexes, suite à la lecture mal digérée de trop d'ouvrages de vulgarisation psychologique présentant en trois leçons l'éducation à la lumière de la psychanalyse ? Ou soumission au vent dominant ? Un vent qui ne souffle pas sans but : l'enfant placé comme roi est bien disposé pour devenir un bon petit soldat de la consommation.

Très récemment encore, l'être humain basculait sans transition et de manière prématurée de l'enfance à l'âge adulte par le travail trop précoce et beaucoup trop dur. L'enfant s'est ainsi vu déposséder de son enfance jusqu'au dix-neuvième siècle, jusqu'au milieu du vingtième dans certaines classes sociales, et aujourd'hui encore dans de trop nombreux pays (on estime que le nombre d'enfants de moins de quatorze ans au travail dans le monde dépasse les 250 millions et ne fait qu'augmenter). A contrario, le jeune Européen est en quelque sorte dépossédé aujourd'hui de son entrée progressive dans sa responsabilité d'adulte par le prolongement d'une adolescence qui s'éternise : c'est ce drame que le film *Tanguy* a mis en comédie. Comme d'autres progrès, l'avancée du droit de l'enfant montre ici son revers : si le travail des enfants tel qu'il a été et tel qu'il est encore pratiqué est un scandale, la couvaison prolongée du jeune dans un cocon de facilité matérielle et d'irresponsabilité est une mauvaise manière de structurer l'esprit, une triste et pitoyable préparation à la vie, notamment la vie citoyenne.

La tentation du repli

L'accroissement fabuleux du niveau global de consommation qui a marqué en Occident le siècle passé, et plus encore sa seconde moitié, peut encore durer quelques années. Quelques décennies ? Peut-être. Mais il se tarira tôt ou tard : l'occident ne jouira pas éternellement d'un mode de vie exigeant trois à cinq fois les ressources terrestres. Nul ne peut prévoir l'ampleur du déclin, ni la forme qu'il prendra. Nul ne peut prévoir la réaction des populations devant la raréfaction des richesses. Robin Skinner[17] constate que l'attitude

17 *John Cleese et Robin Skinner,* Comment être un névrosé heureux *(Odile Jacob).*

des populations peut être diverse face à l'adversité. Les sociétés les plus saines se serrent les coudes face aux difficultés, et misent sur la solidarité : c'est la voie la plus fréquente dans les sociétés traditionnelles. Mais ils citent une tribu de l'Ouganda, celle des *Iks*, qui a pris une voie diamétralement opposée lorsque les frontières nées de la décolonisation de l'Afrique ont restreint dramatiquement ses territoires de chasse, en la réduisant à la disette. Au lieu de faire front pour trouver une solution à leurs difficultés, les Iks se sont repliés sur un individualisme forcené. La solidarité tribale, et même la solidarité familiale, ont volé en éclats. Les chasseurs ont commencé à dévorer sur place le rare gibier qu'ils pouvaient encore trouver, laissant les femmes, les enfants, les vieillards se contenter des restes éventuels. Les sentiments de compassion envers les plus faibles ont fait place à l'indifférence et même à la cruauté gratuite. On jetait les enfants dehors à trois ans, on laissait les nourrissons s'approcher du feu pour s'y brûler devant l'assemblée hilare. Pour survivre, les enfants s'organisaient en gangs rivaux et violents, où régnait la trahison des amitiés. Cette évolution infernale des Iks fait froid dans le dos. Serons-nous assez « civilisés » pour échapper à ce genre de chaos suicidaire ?

Plus précisément, comment la génération actuellement aux commandes, celle du baby-boom, de la croissance et de l'ascenseur social à plein régime, va-t-elle répondre au défi des prochaines décennies ? Par le repli sur ses privilèges, par une attitude de nouveau riche plein d'arrogance, montrant les crocs devant ses avantages acquis comme un chien devant son os ? Ou, ayant goûté les bienfaits mais aussi mesuré les limites de l'évolution connue pendant sa vie, par une attitude de détachement et d'ouverture ?

La génération de nos enfants, tombée dans la marmite de la société de consommation alors qu'elle était encore au berceau, y barbote allègrement depuis, sans même en avoir conscience. N'ayant connu dans la majorité des cas que la prospérité matérielle, même teintée d'inquiétude profonde, comment réagira-t-elle à son tour face aux mutations nécessaires ? Par l'inconscience du gosse de riche incapable d'imaginer que tout ne lui est pas dû ? Ou, ayant épuisé les délices du gaspillage, de l'égocentrisme, de l'éphémère et du superficiel, par une recherche de profondeur et de solidarité durable avec le monde entier ? Peut-on attendre sereinement la réponse, en continuant à tout mettre en œuvre pour préparer des enfants sans repères, sans structure intime, à devenir des non-adultes, sans colonne vertébrale, sans autonomie véritable, irresponsables, bardés de droits mais ignorants du moindre devoir, accrochés aux basques de la société comme ils l'ont été trop longtemps aux jupes de leur mère ? Comment cette génération réagira-t-elle, si nous en persistons à en faire une génération d'enfants-rois ?

Quel est le sens de la vie ? À quoi sert-il de vivre ? Pendant longtemps, la question n'avait probablement aucun sens pour l'immense majorité des hommes, tellement la réponse allait de soi : la vie, c'est survivre. Survivre à la misère, à la faim, aux mauvaises récoltes, à la guerre, à la malchance, à la fatalité. Faire en sorte que les enfants puissent avoir un morceau de pain. Ce n'est que lorsque l'étau des difficultés a commencé à se desserrer que le sens de la vie a pu changer un peu : la vie, c'est que demain soit un peu meilleur, que les enfants surtout vivent mieux que leurs parents. Qu'ils puissent peut-être connaître des lendemains qui chantent. Sortir de la mine dont la poussière ronge les poumons pendant les journées interminables, sortir des taudis, quitter cette condition de paysans à genoux pour gratter la terre, à genoux aussi devant le maître, à genoux devant le destin.

Le vingtième siècle a permis ces avancées en Occident. Il a libéré de la fatalité de la misère, de la faim, de la maladie, de l'ignorance. Il a permis de grimper dans l'ascenseur social, d'échapper à sa condition. Il a libéré la femme, apporté loisirs et consommation. Ce progrès des conditions de vie a constitué le but du siècle passé. Aujourd'hui, ce but est atteint chez nous pour une très large part, dépassé souvent même. Les résultats semblent parfois menacés. Ils sont très mal répartis. Mais ils sont là et bien là, et devant l'impression d'avoir atteint son but, l'occidental semble ne plus savoir dans quelle direction aller. La survie est acquise. Consommation, sécurité, santé ? Oui, mais toutes les assurances, toutes les précautions pour parer à l'imprévisible ne suffiront pas à apporter une réponse à ces questions, informulées peut-être, mais que le tourbillon de la vie laisse intactes : où vais-je ? À quoi bon tout cela ? À quoi ça rime ?

Patrick Viveret rappelle que « *la liberté du temps de vie gagné sur le temps de travail ne va pas de soi. Elle place l'être humain devant une question plus difficile à résoudre que celle du comment vivre : c'est celle du pourquoi vivre. Auparavant, seul un pourcentage infime de la population se posait ce type de question dans le monde occidental. Et voilà qu'elles prennent une dimension collective massive. Elles appellent moins le développement d'un savoir-faire, spécialité dans laquelle excelle l'Occident, que celui d'un savoir vivre, domaine où il est le plus souvent très en retard par rapport à l'Orient.* »[18]

Le fait d'échapper à la misère était en soi une bénédiction. C'est devenu une banalité, et c'est bien. Mais cette chance s'en est trouvée dévaluée. Le bonheur est finalement une idée assez neuve. Auparavant, l'accent était mis avant tout sur le devoir : il fallait être un bon fils, un bon travailleur, une bonne épouse et une bonne mère, un bon père de famille, un bon soldat ou un bon citoyen… Cela n'allait pas toujours sans frustrations. Le vingtième siècle a progressivement légitimé le droit au plaisir, au bonheur. Avancée capitale. Aujourd'hui, le devoir a changé d'objet : c'est la recherche du bonheur qui est devenue une course-poursuite quotidienne obligatoire. Il n'est plus question de ne pas mettre en œuvre tous les moyens pour être heureux : consommation et confort, perfection de la santé et de la beauté, épanouissement professionnel, prouesses sexuelles et sérénité personnelle. Mais, de maison superbe en voiture époustouflante, de tournée gastronomique en route des vins, de soirée étourdissante en vacances de rêve, de jogging obligatoire en régime amincissant et en chirurgie esthétique, de fantasme de célébrité en recherche de pouvoir, de coaching en Viagra, cette recherche épuisante, angoissée et culpabilisante d'un bonheur présentable, conforme aux modèles à paillettes présentés sur les plateaux de télévision, est probablement le plus sûr moyen de passer à côté de son objectif.

18 *Patrick Viveret,* Pourquoi ça ne va pas plus mal ? *(Fayard).*

Le paradis communiste voulait faire le bonheur des gens malgré eux. La société de consommation ne se contente pas de promettre le bonheur, sans le définir d'ailleurs, mais elle en fait une obligation tyrannique : le non-bonheur devient une sorte de maladie honteuse, un échec inavouable, une déviance suspecte. Cette approche fait moins de morts assurément, mais elle accroît fatalement son lot de déçus, de frustrés, de déprimés, de désespérés, d'inadaptés. On ne vend sous film plastique ni le sens de la vie, ni la solidarité.

LA DÉBÂCLE LIBÉRALE

> *La Bourse, c'est tout autre chose. Il n'y a aucune économie et aucune production de marchandises ou de services. Il n'y a que des fantasmes où d'heure en heure on décide que maintenant telle ou telle entreprise vaut quelques milliards de plus ou de moins.*
>
> *Stieg Larsson,* Millenium 1

« *L'état n'est pas la solution, c'est le problème* », affirmait Ronald Reagan. Selon l'idéologie représentée par l'ancien président américain, c'est le Marché qui détient la clé de tous les problèmes économiques et sociaux, le Marché qui peut gérer au mieux de sa main invisible les affaires publiques, et ainsi transformer l'appât du gain, vice individuel, en une vertu collective qui apporte la prospérité générale. Ce credo libéral, né à la fin du dix-huitième siècle, et ainsi ripoliné en néolibéralisme, domine le monde depuis une petite trentaine d'années. La crise financière amorcée en 2007 avec les subprimes, et devenue en 2008 crise économique et sociale, a quelque peu ébranlé ces belles certitudes. On a même pu assister à d'étonnantes et d'acrobatiques volte-face. Économistes et responsables politiques, qui ne juraient depuis des lustres que par le libéralisme, ont pendant quelques mois pris des accents de tribun d'extrême gauche pour vilipender les dérives d'un système économique en déconfiture. L'état tant décrié était à nouveau appelé comme sauveur. Des pratiques devenues impensables, les nationalisations, refaisaient soudain surface. Le fantôme menaçant de la crise de 29 s'agitait, si bien que des références jugées désuètes ressortaient,

Keynes, Galbraith, Marx parfois même... Après trente ans de pensée unique, qui avait fait du néolibéralisme le seul système économique possible, on découvrait soudain que ce fier champion flageolait sur des pieds d'argile et devait être disqualifié pour dopage. On se souvenait qu'il n'avait pas toujours fait la course en tête.

Keynes et les Trente Glorieuses

Sans remonter trop loin dans l'histoire du capitalisme, il suffit de revenir justement à la crise de 1929, qui n'a pas été résolue par les voies libérales, mais par l'intervention des états. D'un côté, hélas, la manière hitlérienne, celle du réarmement, avec son efficacité meurtrière. De l'autre, la méthode américaine : accédant au pouvoir en 1933, alors que la crise ravageait depuis près de quatre ans les États-Unis, le Président Roosevelt lançait la politique interventionniste du *New Deal*, amorce d'une lente et laborieuse remontée. L'issue définitive de cette crise majeure reste difficile à dater, mais d'une certaine manière l'occident ne s'en est vraiment tiré qu'au bout d'une vingtaine d'années, après une guerre mondiale, à l'aide du plan Marshal. Il est alors entré dans cette période présentée après coup comme tellement bénie qu'on en a fait les Trente Glorieuses.

Tout allait si bien alors ! Pourtant les idées libérales n'étaient pas de mise. Le New Deal de Roosevelt aussi bien que la politique des années d'après-guerre misaient sur l'intervention forte de l'état dans la vie économique et sociale. Ces pratiques interventionnistes généralisées dans l'après-guerre étaient guidées par les théories de l'économiste britannique John Maynard Keynes, qui a marqué fortement la période, et dont on peut rappeler quelques traits :

• L'état doit jouer un rôle majeur dans la vie économique, non seulement en fixant les règles de fonctionnement de l'économie, mais aussi en investissant directement dans les secteurs-clés. Les nationalisations décidées en France à la Libération sont en droite ligne avec cette théorie.

• La prospérité est assurée par un fort niveau de demande de consommation. Et pour ce faire, l'état doit veiller à assurer la justice sociale, en redistribuant la richesse par l'impôt, et en augmentant les bas revenus. En effet, l'augmentation des revenus des plus modestes permet à ceux-ci de consommer davantage et donc de faire tourner l'économie, alors que le creusement des inégalités immobilise l'argent, car les riches, ne pouvant tout dépenser malgré leurs excès, ont tendance à épargner.

• Des services publics performants sont des facteurs essentiels aussi bien de la vie sociale que de l'efficacité économique. Une fiscalité élevée donne les moyens financiers de ces services tout en contribuant à la redistribution de la richesse. C'est ainsi que le taux d'imposition sur la tranche la plus élevée de l'impôt sur le revenu, celle qui frappe les plus riches, a été porté par Roosevelt à 91 %; elle est restée ensuite à ce niveau très élevé jusque sous Kennedy.

• En cas de ralentissement économique, l'état doit injecter de l'argent dans l'économie, et fixer des taux d'intérêts assez bas pour inciter les particuliers à consommer et les entreprises à investir. Et tant pis si cela génère un peu d'inflation. C'est le prix à payer pour une économie dynamique; de plus, en érodant le patrimoine des plus riches, l'inflation conduit à « l'euthanasie du rentier », c'est-à-dire à la fois à la redistribution sociale et au recyclage dans l'économie active des liquidités immobilisées. Bref, en cas de risque de chômage, on se permet un peu d'inflation au profit de la relance.

Le système keynésien se voulait avant tout efficace : Keynes prônait davantage de justice sociale parce qu'il considérait qu'une société plus juste fonctionne mieux. Mais ce souci d'efficacité économique rejoignait les aspirations des partis sociaux-démocrates, qui cherchaient à aménager une troisième voie entre la brutalité sociale du capitalisme et le système collectiviste de type soviétique. La pensée dominante de l'époque était nettement à gauche. Les intellectuels étaient massivement attirés par le marxisme; Staline puis Mao et Castro étaient les références. Cette idéologie dominante influençait également la droite. À une époque où la gauche sociale-démocrate était bien vivante dans de nombreux pays, notamment en Europe du nord, où la gauche communiste détenait une force redoutable dans quelques pays comme la France ou l'Italie, où le syndicalisme était puissant, ou la droite n'était pas autant « décomplexée », où le fond chrétien de la société restait palpable, où persistait une morale qui, malgré une bonne dose d'hypocrisie, tendait à modérer efficacement l'arrogance de l'argent, tout concourait à la nécessité d'aller vers plus de justice sociale, de tenir compte des plus faibles, d'effectuer une certaine redistribution des richesses. Et ceci d'autant plus que l'autre système, celui de l'économie dirigée, offrait une concurrence salutaire et un contrepoids idéologique : face au paradis socialiste, le paradis capitaliste ne pouvait se contenter d'être celui de la consommation.

Bref, il était dur de se dire de droite à l'époque ! D'ailleurs, il n'y avait plus de droite. Aux États-Unis, le très droitier Richard Nixon avouait : « *Nous sommes tous keynésiens* ». Au Royaume-Uni, le gouvernement conservateur d'Edward Heath pratiquait une politique assez voisine de celle des travaillistes. En France, la droite se disait « au centre ». Et effectivement, si la politique du Général de Gaulle pouvait être considérée sans risque comme « de droite » sur les questions aujourd'hui qualifiées de « sociétales », elle se voulait interventionniste dans l'économie et redistributrice dans la sphère sociale. Giscard, qui voulait « *gouverner la France au centre* » se faisait lui-même reprocher un « socialisme rampant ». D'ailleurs, après coup, allez donc comparer sur une échelle « droite-gauche » le bilan économique et social de Giscard d'Estaing avec celui de Jospin, vingt ans plus tard, ou encore outre Manche celui du conservateur Edward Heath et celui des travaillistes Tony Blair et Gordon Brown !...

Milton Friedman et la révolution conservatrice

Entre-temps, les choses ont bien changé, il est vrai. Le système keynésien a commencé à pâlir vers le milieu des années 70. À la suite du premier choc pétrolier de 1973, le monde occidental s'est découvert en crise. Face à la montée du chômage, les bonnes recettes de Keynes se sont retrouvées prises en défaut : on subissait à la fois le chômage et l'inflation, deux choses théoriquement contradictoires. Il a même fallu inventer un mot pour cette situation inédite et inquiétante : la *stagflation* (stagnation économique et inflation). Les dirigeants politiques étaient aussi désemparés que les experts économiques.

Enfin, pas tous. Côté économie, des penseurs sont sortis du bois : les néolibéraux menés notamment par Friedrich Von Hayek et Milton Friedman. Côté politique, Margaret Thatcher, qui n'en pouvait plus de voir la droite mener une politique centriste, arrive au pouvoir en 1979, bien décidée à faire bouger les choses. Avec son compère Ronald Reagan, élu l'année suivante à la Maison Blanche, elle se lance avec énergie dans la contre-révolution libérale. En réalité, ils ne sont pas les premiers. Une telle révolution conservatrice avait d'abord été expérimentée par l'Indonésie de Suharto et le Chili de Pinochet.

Le général Suharto, arrivé au pouvoir en 1967, est responsable d'un massacre dont le nombre de victimes se situe quelque part entre 300 000 et un million. Sa politique ultralibérale attire de nombreuses multinationales et favorise un prodigieux bond économique, dans un climat de corruption sans précédent : Suharto s'est vu décerner le titre de dirigeant le plus corrompu de tous les temps. Mais en 1997, c'est l'effondrement : la promesse de prospérité, censée justifier l'oppression, n'a pas été tenue.

Après son coup d'état de 1973, le sinistre général Pinochet s'est attaché à contrer, avec toute la violence dont il était capable, les tendances trop « socialisantes » qui déplaisaient aux grosses sociétés implantées dans le pays, notamment les sociétés minières. Afin de transformer le Chili en laboratoire d'un monde économique totalement à la merci des puissants, il fait appel aux « Chicago boys », un groupe de jeunes économistes formés à l'université de Chicago. Ils y ont été très influencés par Milton Friedmann, chef de file avec Hayek de la nouvelle pensée libérale.

Il convient ici de s'arrêter sur le mot de *libéralisme* et sur les relations curieuses de ce mot avec l'idéologie qu'il recouvre. La racine du mot est évidemment celle de *liberté*. Dans le monde anglo-saxon, un libéral, c'est un homme de gauche, presque un extrémiste. Pinochet est aussi un libéral... Et l'économiste Hayek déclarait : « *Je préfère une dictature libérale qu'une démocratie sans libéralisme.* » Comment s'y retrouver entre les amoureux de la liberté politique, de la liberté de penser, et d'autre part, les tenants de la liberté du monde des affaires, dans lequel l'état ne doit surtout pas intervenir, se contentant de laisser faire la bienfaisante main invisible du marché ? Certains tentent de préciser les choses en inventant d'autres mots, ce qui ne fait qu'augmenter la confusion entre *libéraux, libertaires, libertariens, libéristes*... Une telle confusion dans les termes rappelle celle du mot *démocratie* : on se souvient des « républiques démocratiques » en Europe de l'est et maintenant encore au Congo.

Des dictatures sanguinaires, dans des pays du sud comme l'Indonésie ou le Chili, ne constituaient guère une vitrine attrayante pour les idées d'extrême laisser-faire économique et social de Milton Friedman. En les reprenant à leur compte, Margaret Thatcher et Ronald Reagan leur ont apporté respectabilité et prestige, leur permettant de se répandre partout. Le monde a basculé alors d'une époque où même les gouvernements de droite tenaient un langage et une politique d'orientation sociale-démocrate vers un autre dans lequel la gauche européenne est représentée par Zapatero, Brown, Prodi, Royal et Strauss-Kahn...

On ne peut expliquer un revirement aussi rapide et aussi généralisé par le seul besoin de changement, même alimenté par l'inquiétude et le désarroi devant la dégradation économique, toute relative pourtant, et la montée du chômage. Les ratés des pratiques keynésiennes dans les années qui sont suivi le premier choc pétrolier pouvaient certes amener à réinterroger cette théorie, à l'adapter, sans toutefois la jeter si brutalement aux orties. L'élection de la Dame de Fer à la tête du parti conservateur, puis au poste de premier ministre aurait donc pu ne représenter qu'une anecdote locale et temporaire, de même que celle de Reagan. Si l'idéologie économique et sociale dont ils étaient les hérauts a pu aussi rapidement gagner le monde, c'est que le terrain était prêt.

Le terrain était prêt car préparé. Il faut remonter assez loin en arrière, à l'époque de Roosevelt. Ce président a été détesté comme rarement par une large partie des possédants et des politiciens de droite, en raison de sa politique « communiste ». Confrontés après guerre à la domination des idées keynésiennes, ceux-ci se sont convaincus que pour revenir durablement au pouvoir et y mettre en pratique leur vision du monde, ils devaient avant tout gagner la bataille des idées, et que c'était une œuvre de longue haleine. Les adeptes de cette contre-révolution qu'on n'appelait pas encore libérale faisaient majoritairement partie des classes dirigeantes, et disposaient de ce fait de moyens financiers confortables ; ils pouvaient soutenir tel jeune chercheur prometteur aux idées « correctes » en économie ou en sociologie ; ils pouvaient financer telle université décidée à développer un département allant « dans le bon sens » ; ils pouvaient inviter tous frais payés des hommes politiques et des journalistes influents à un colloque ou à un séminaire présentant la bonne parole dans un cadre enchanteur. Tout cela en toute indépendance, bien entendu. Il s'agissait de semer des graines.

Afin de prendre soin des pousses naissantes, porteuses d'une autre manière de penser, des *think tanks*, réservoirs d'idées, clubs de réflexion, voyaient le jour grâce au financement de généreux donateurs. Dans ces carrefours pouvaient se côtoyer et créer des liens amicaux tous les gens ayant de l'influence sur la société, dirigeants politiques et syndicaux, grands chefs d'entreprise, philosophes ou économistes médiatiques, chroniqueurs de radios et présentateurs de journaux télévisés, directeurs de magazines et éditorialistes en vue… Partie comme souvent des États-Unis, la recette s'est répandue. En France, ces think tanks, ces cercles, ces instituts, se comptent désormais par dizaines (la République des Idées, le Siècle, l'Institut Montaigne, le Cercle des Économistes, la Fondation Concorde…), et rassemblent tout ce qui compte dans la France d'En Haut. Tous ces cercles, tous ces clubs, se veulent indépendants financièrement : pas de subventions publiques, mais seulement des fonds privés. Les grandes entreprises françaises ne sont pas avares en ce domaine. Coïncidence, presque tous ces groupes de réflexion élaborent l'idéologie libérale. Journalistes et personnalités politiques de gauche comme de droite baignent ainsi dans une atmosphère où il n'existe plus de manière de penser autre que libérale. « *There is no alternative* », répétait Margaret Thatcher. *Il n'y a pas d'autre choix possible* ! Tout le monde ou presque a fini par la croire. La pensée unique a viré de bord. Si personne n'osait se dire de droite voici trente ans, aujourd'hui, existe-t-il encore une gauche ? Oh, bien sûr, la gauche « de gouvernement » n'hésite pas à se dire encore de gauche, elle le revendique même, surtout lorsqu'elle se retrouve dans l'opposition. Elle tient toujours à se démarquer de la droite sur les questions sociétales, depuis le mariage des homosexuels jusqu'aux questions d'immigration et de dépénalisation des drogues. Mais dans le domaine de l'économie, elle s'est en réalité convertie, souvent en catimini, parfois au grand jour, au libéralisme dont la pratique est devenue la seule et vraie perspective réputée sérieuse. Le libéralisme a gagné la bataille des idées.

La théologie nouvelle

Dans les universités et les écoles de commerce, dans la presse et dans le monde politique, la théorie libérale a ainsi cessé d'être une option parmi d'autres pour s'imposer comme une vérité scientifique, ou mieux, une vérité révélée. « *Il croit qu'il sait, il ne sait pas qu'il croit* », a-t-il été dit de Lénine : cette phrase s'applique à merveille à cette nouvelle religion déguisée en science. De même que la loi de la pesanteur régit la chute de la pomme de Newton, une loi scientifique irréfutable justifierait désormais la mondialisation libérale. Le discours dominant a voulu faire oublier que ce n'est pas en vertu d'une loi naturelle que cette forme de mondialisation a pu s'étendre ainsi, mais grâce aux décisions et aux renoncements des états et des institutions internationales. On peut citer notamment les efforts constants de la Commission Européenne pour démanteler les services publics au nom d'un a priori de concurrence, sans que les citoyens européens aient jamais été clairement consultés à ce sujet avant le référendum de 2005.

Année après année s'est répandue la conviction que la mondialisation libérale représente la voie du bonheur généralisé, et que c'était de toute manière une fatalité. Il est vrai qu'il est facile de sortir le dentifrice de son tube, mais il est ensuite beaucoup plus difficile de l'y faire rentrer. Ayant créé le monstre de la mondialisation libérale, qui est devenu leur maître, les états ont essayé de justifier de manière dogmatique leur imprudence passée et leur impuissance actuelle.

Dans cette affaire, les catégories de pensée se sont mises à valser. La gauche représentait en principe le mouvement, et la droite, le conservatisme. Tout s'est inversé. La droite libérale se glorifie de ses réformes, même si celles-ci se résument à une formidable régression sociale. Encore aujourd'hui, elle persiste malgré la crise, mettant en avant la résistance des Français à « la réforme », en faisant semblant de tenir pour acquis que toute réforme est positive. Une fois la droite résolument engagée dans la révolution conservatrice, la gauche lui a emboîté le pas. Ne voulant pas être en reste dans cette marche vers une modernité obligatoire, les gouvernements européens de gauche se sont successivement convertis au libéralisme : Felipe Gonzalez, Laurent Fabius, Tony Blair, Gerhardt Schröder... La gauche qui osait rester attachée à ce qu'elle considérait comme des valeurs de gauche ne pouvait être que ringarde ; et de fait, voulant défendre un minimum de règles sociales, c'est elle qui passait pour conservatrice, ne sachant plus trop comment regarder l'avenir. Voici quelques années, un sondage CSA demandait aux personnes interrogées si elles préféraient une gauche « *plus à gauche combattant la mondialisation néolibérale* » à une gauche « *moins à gauche donnant la priorité à la modernité* ». Tout était dit : la modernité ne pouvait être que libérale !

Réformes : le grand bon en arrière

En accord avec la théorie libérale, selon laquelle l'état doit limiter le plus possible son rôle économique, Margaret Thatcher a privatisé près de 70 entreprises nationalisées. La France a suivi le mouvement, sous les gouvernements de différentes couleurs. Un peu partout, et notamment au sein de l'Union Européenne, les services publics sont progressivement démantelés pour être intégrés à la sphère marchande : le mouvement ne semble rien vouloir exclure, ni la santé ni l'éducation. Les services de l'état devant être réduits, le nombre de fonctionnaires doit baisser. La décision française de ne remplacer qu'un fonctionnaire sur deux partant à la retraite repose sur ce principe idéologique plus que sur le pragmatisme affiché. La Cour de Comptes s'en est d'ailleurs émue : s'il s'était agi seulement de faire des économies budgétaires, on aurait dû évaluer d'abord sérieusement les besoins en policiers, en professeurs, en infirmières, en percepteurs ; on aurait cherché à améliorer l'efficacité de leur travail, pour déterminer les secteurs où s'impose une baisse d'effectifs, au lieu de décréter cette mesure brutale et aveugle.

L'impôt, facilement impopulaire par nature, est dénigré systématiquement ; son rôle irremplaçable dans le maintien du contrat social et le bon fonctionnement de la société passe totalement sous silence. D'où la volonté affichée de toujours le réduire : « *trop d'impôt tue l'impôt* ». En réalité, et malgré ces déclarations volontaristes, la baisse des impôts n'est pas aussi évidente : ceux qui sont payés par tous, comme la TVA, la CSG où la taxe d'habitation, restent stables ou sont en hausse ; seuls baissent en réalité les impôts progressifs (impôt sur le revenu, sur la fortune et sur les successions) qui, frappant davantage les hauts revenus, ont pour mission de redistribuer quelque peu la richesse, de gommer un peu les inégalités sociales. Aux USA, Ronald Reagan a ramené en 1981 à 50 % la tranche supérieure de l'impôt sur le revenu, (porté à 91 % par Roosevelt, son taux avait été réduit à 70 % sous Kennedy), puis à 28 % en 1986. Et l'impôt sur les successions, qui touchait 2 % de très riches, a été supprimé. Au Royaume-Uni, le taux maximal d'imposition a subi une évolution comparable : 98 % pendant la guerre ! et encore 83 % à l'arrivée au pouvoir de Margaret Thatcher, qui a ramené ce taux successivement à 75 %, 60 % puis enfin 40 %. En France, on a atteint 90 % dans l'entre-deux-guerres ; de la Libération au septennat de Giscard d'Estaing, ce taux supérieur n'est jamais descendu en dessous de 60 %. Porté à 65 % par la gauche, il a ensuite été réduit par les gouvernements successifs, de droite et de gauche, jusqu'à 40 % aujourd'hui, cette baisse étant maintenant complétée par le bouclier fiscal, qui favorise une poignée de très riches. Derrière ces chiffres arides[19] se cache une évolution nette de la philosophie politique ambiante : on est passé d'une époque où semblait naturelle une certaine redistribution de la richesse à une autre où les inégalités sociales les plus voyantes sont considérées comme normales, où la cohésion sociale permise par l'impôt n'est plus une priorité.

---

19 *Chiffres fournis lar Liêm Hoang-Ngoc,* Vive l'impôt ! *(Grasset).*

Le même mouvement affecte les cotisations sociales. Nous voulons tous vivre plus longtemps et en meilleure santé. Nous voulons scanners et IRM à profusion, sans accepter franchement que s'alourdisse le poids financier des soins de santé, comme s'est alourdi le budget loisir ou téléphone, et comme s'est allégé depuis un siècle celui de l'alimentation. Dans une société qui assume mal les conséquences financières des aspirations à plus de soins, l'augmentation des cotisations de la branche maladie est réputée intolérable. Les réformes successives, évidemment impuissantes à modérer cette augmentation mécanique, se bornent au transfert des dépenses de la Sécu vers les assurances complémentaires. Le diagnostic concernant les retraites est du même genre : en raison de l'évolution démographique, les cotisations de retraite par répartition sont réputées trop lourdes. Il faudrait donc les compléter par un système de retraite par capitalisation confié aux banques et aux assurances. Cette privatisation rampante de la retraite et des soins de santé laisse pourtant sans réponse une question de fond : s'il est insupportable de payer davantage de cotisations de sécurité sociale, pourquoi serait-il plus facile de payer pour une caisse privée de retraite, ou pour une complémentaire santé en constante augmentation ? Ce n'est pas là d'abord une question d'efficacité : le système français de Sécurité Sociale reste très performant, beaucoup plus que le système de santé américain, essentiellement privé, qui coûte 50 % de plus que le nôtre, en laissant sans couverture cinquante millions d'Américains... Quant au système de retraite par capitalisation, les vertus qu'on lui a prêtées sont éclairées d'un jour nouveau par la crise boursière. Ceux qui doivent compter sur les performances de la bourse pour toucher leur retraite, dans les pays qui ont choisi un tel système, font aujourd'hui grise mine. (On peut incidemment remarquer que les fonds de pension, qui exigeaient des rendements de 15 % de leurs placements, et qui ont ainsi privilégié un capitalisme financier de court terme, ne sont pas pour rien dans la survenue de la crise financière qui touche le monde). Ce n'est donc pas un souci d'efficacité qui motive en premier ces tentatives de privatisation partielle des systèmes de santé et de retraite, mais plutôt une obsession idéologique contre le principe même de solidarité. La solidarité n'est pas d'abord une question de bons sentiments, de compassion. C'est aussi et d'abord une affaire de règles sociales. « *Entre le fort et le faible, disait Lacordaire, c'est la liberté qui opprime, et la loi qui affranchit* ».

PIB et IBEE au Royaume-Uni

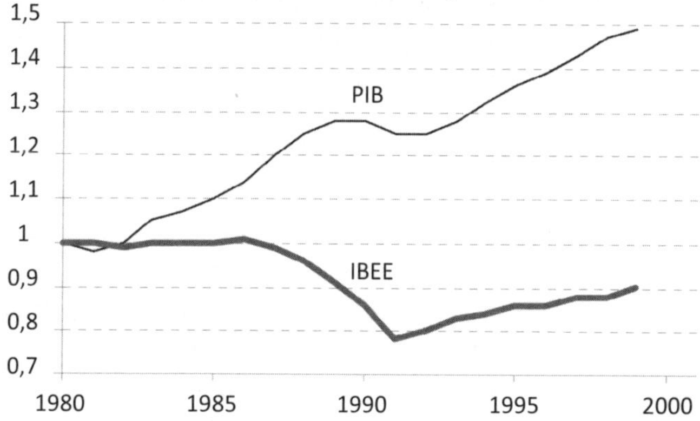

Des fruits amers

Les résultats de la politique libérale sont tristement édifiants. Au Royaume-Uni, la politique de la Dame de Fer a certes donné un sérieux coup de fouet à l'économie, comme le montre la remontée spectaculaire du PIB sous son gouvernement (1979-1990). Mais un autre indicateur s'est effondré, l'IBEE (Indicateur de bien-être économique), qui outre l'activité économique prend en compte des critères environnementaux et des critères sociaux comme les répartitions des revenus, l'accès à l'éducation, la protection contre les problèmes de santé et de vieillesse, le chômage et la précarité. En une décennie de politique thatchérienne, les 10 % les plus riches se sont encore enrichis de 65 %, alors que les 10 % les plus pauvres s'appauvrissaient de 15 à 17 %. Aux USA, l'idéologie inégalitaire multiplie les exclusions ; le numéro 2 du Trésor américain déclarait déjà en 1997 qu'un enfant noir né à Harlem, le quartier pauvre de New York, « *possède une espérance de vie inférieure à celle d'un enfant du Bangladesh et passera en moyenne plus de temps en prison qu'à l'université* » : un Tiers-monde intérieur s'insinue de plus en plus au sein de la société libérale américaine.

Jusqu'aux années 1970-1980, les revenus du travail et ceux du capital augmentaient parallèlement à la croissance du PIB. Depuis la victoire de l'idéologie libérale, les revenus du travail stagnent, alors que ceux du capital s'envolent : les « fruits de la croissance » sont de moins en moins partagés, Ainsi, en France, la répartition de la richesse s'établissait en 1982 de la manière suivante : 34 % pour rémunérer le capital (pour simplifier, appelons cette part : les dividendes), et 66 % pour rémunérer le travail (en gros, les salaires, qu'ils soient directs ou indirects : prestations maladie, vieillesse, chômage...). En 2005, après une bonne vingtaine d'années de libéralisme, la répartition a bien changé : 44 % pour le capital, et 54 % pour le travail. Ces 10 % de la richesse nationale qui ont changé de main, passant du travail aux actionnaires, représentent 180 milliards d'euros par an. Avec ses quelque 5 milliards par an, l'énorme trou du régime des retraites paraît finalement bien modeste à côté de la montagne 36 fois plus imposante que constitue le transfert annuel de richesse du travail vers le capital.

Les inégalités ont atteint un niveau qui dépasse l'entendement. À niveau mondial, les trois plus grosses fortunes devancent le PIB du groupe des PMA (Pays les Moins Avancés), c'est-à-dire 600 millions de personnes. Les quinze premières excèdent le PIB de toute l'Afrique noire. Les 225 plus grosses totalisent le revenu annuel de près de la moitié la plus pauvre de l'humanité (2,5 milliards de personnes). En France aussi, les ultrariches creusent l'écart. Le Nouvel Observateur soulignait en juillet 2008 que les revenus des Français, après correction de l'inflation, ont augmenté de 6 % en moyenne sur la période 1998-2005. Mais ceux des 350 000 foyers les plus riches (1 % de la population) ont augmenté trois fois plus. Et pour les 3 500 les plus fortunés (un sur dix mille), l'augmentation atteint 42 %. On peut encore restreindre l'éventail : Arnault, Darty, Bouygues, Bolloré, Dassault... les patrons du CAC 40 ont vu ces dernières années leurs rémunérations augmenter à des rythmes tournant autour de 40 % *par an*, avec en prime une baisse substantielle de leurs impôts.

Patrick Viveret rappelle : « *Henry Ford, qui n'était pas un gauchiste, considérait qu'une entreprise est en danger lorsque l'échelle des salaires dépasse 1 à 10. Nous en sommes aujourd'hui de 1 à 1 000, voire de 1 à 10 000 !* » Il prend l'exemple des revenus de Liliane Bettencourt, du groupe L'Oréal : « *180 millions d'euros, 515 000 par jour, 21 000 par minute, y compris durant le sommeil ! On ne peut pas nous faire croire que ces sommes sont liées à du mérite, à du travail et à de l'effort.* » Une limitation des fortunes extravagantes, « *amassées pour l'essentiel par des placements dans l'économie spéculative* », est pour lui une « *nécessité d'ordre public, face au cocktail explosif de l'humiliation et de la misère, réservoir de choix pour tous les fondamentalismes, les intégrismes et les terrorismes de toute nature* ». C'est aussi une question de santé mentale, comme le montre le « *nombre de sportifs, d'artistes, de PDG, de présentateurs de télévision, etc., qui « disjonctent », au-delà d'un certain niveau de fortune.* ». C'est pourquoi Patrick Viveret plaide pour l'instauration d'un RMA : « *Ce RMA n'est pas le chiche Revenu Minimum d'Activité, qui s'apparente de plus en plus au travail forcé. Il s'agit cette fois d'un Revenu Maximal Acceptable dans une société qui prétend afficher sur ses frontons, à côté de la liberté, l'exigence de fraternité et d'égalité.* »

Effectivement, les injustices pervertissent l'état d'esprit de la société, faisant de la compétition incontrôlée un but en soi, encourageant l'insatisfaction à tous les niveaux de l'échelle sociale, entraînant le repli de chacun sur soi et le mépris des problèmes que peuvent connaître les moins favorisés. Le contrat social est mis à mal, d'autant plus quand le comportement des plus hauts responsables politiques met à la mode l'esprit bling-bling.

Et cet étalage de richesse prend des couleurs obscènes face aux signes de détresse qui se multiplient : au printemps, les Restos du Cœur sont obligés de clore prématurément leur campagne, ayant épuisé leurs moyens ; et chaque année se renouvelle la vision d'une société riche dans laquelle certains, qui pourtant ont un travail, se retrouvent à devoir passer l'hiver sous une tente. En acceptant depuis vingt ans que la misère s'étende chaque année davantage, la société s'enfonce dans une régression sociale que n'arrive plus à contenir totalement le reste des acquis sociaux de la période précédente, et qui ne peut que s'exaspérer avec l'amplification de la crise.

Justement, cette fameuse crise, d'où vient-elle ? L'histoire du capitalisme est émaillée de crises, et les dernières années n'en sont pas avares, krach boursier de 1987, crise asiatique, crise russe, crise argentine, explosion de la bulle internet... La crise née des subprimes jette une lumière nouvelle sur les contradictions du capitalisme, rendues plus évidentes par la domination de sa forme libérale. Pour fonctionner, pour absorber une production en expansion continue, le marché a besoin de clients solvables. Mais en même temps, le libéralisme, toujours en recherche d'un profit immédiat, fait tout pour écraser les forces sociales capables d'imposer une répartition acceptable ; il rejette alors un nombre croissant de personnes dans l'exclusion, et un nombre encore plus grand dans un appauvrissement relatif. Aux USA, le creusement des inégalités a provoqué l'émergence des nouveaux pauvres et le recul du revenu des classes modestes. Afin que cette population appauvrie continue néanmoins à consommer, et ainsi à faire tourner l'économie, l'idée géniale a été de pousser à l'endettement les personnes non solvables, en prenant en garantie leur logement. La flambée des prix immobiliers ne faisait que gonfler cette garantie, et la vie à crédit pouvait continuer. Jusqu'à l'éclatement de la bulle... Durant l'ère sociale-démocrate, alors que la croissance était florissante, les forces sociales, syndicales et politiques étaient suffisamment puissantes pour permettre le progrès social qui, en alimentant la consommation, résolvait cette contradiction du capitalisme. Mais celle-ci s'exaspère lorsque le règne sans partage du libéralisme finit par gripper ce mouvement, lorsque le besoin de disposer de consommateurs solvables se heurte à la recherche du profit maximal et immédiat. D'une certaine manière, ce sont les adversaires du capitalisme qui l'ont défendu au mieux dans le passé, alors que ses partisans les plus absolus l'amènent au bord du gouffre.

Les résistances à l'invasion

Des adversaires, le capitalisme en a pourtant conservés. Pendant ces trois décennies de domination néolibérale, depuis 1980, le consensus officiel autour des bienfaits du laisser-faire économique et social, de la mondialisation heureuse et du règne de l'argent fou n'a jamais été total. D'un côté, quelques journalistes, dans des périodiques comme le *Monde Diplomatique*, ou dans l'émission *Là-bas si j'y suis* sur France Inter, quelques économistes atypiques, des mouvements politiques minoritaires. Les libéraux pouvaient facilement ignorer ou à mépriser une telle opposition : des irréalistes qui n'ont pas compris le sens de l'Histoire, des gauchistes et des anarchistes nostalgiques de la lutte des classes, des activistes irresponsables, qui feraient mieux d'avancer des propositions positives et réalistes plutôt que d'aller perturber les conférences de l'OMC, les réunions du G8 ou du G20, les forums internationaux pour les grands de la politique et des affaires. Une crise plus tard, on peut se demander si le réalisme et le bon sens se trouvaient chez ceux qui s'en réclamaient pendant toutes ces années…

Cette critique de gauche était rejointe sur de nombreux points par une opposition venue de l'intérieur même du capitalisme. En 2004, le président de la CNUCED (Conférence des Nations Unies pour le Commerce et le Développement) contestait l'idée que le libre-échange fût la panacée, et déclarait que l'intégration des pays pauvres dans le commerce mondial représente pour eux une impasse. Même un économiste libéral comme Ricardo Hausmann n'a pas attendu la crise en cours pour changer son fusil d'épaule et déclarer que les états ne sont pas des obstacles à la bonne marche de l'économie et de la société mondiale, mais au contraire des rouages indispensables au rôle trop méconnu. En France, des économistes et banquiers comme Patrick Artus ou Jean Peyrelevade tiraient la sonnette d'alarme depuis longtemps. Parmi les partisans d'une régulation du capitalisme, un poids lourd, en la personne de Joseph Stiglitz, ancien conseiller économique de Bill Clinton, ancien vice-président de la Banque Mondiale, et Nobel d'économie 2001. Outré de constater que « *Parmi les indicateurs du FMI, il y a les réserves de changes ou le taux d'inflation, jamais le nombre de pauvres* », ayant pris conscience de l'impasse dans laquelle le libéralisme enferme le monde, il démissionnait au début de l'an 2000 de son poste prestigieux à la BM, afin de se consacrer à la défense d'une voie plus humaine pour l'économie mondiale. Dans deux ouvrages publiés en 2002 et 2003, il expliquait les dégâts du FMI et instruisait le procès du libéralisme sans limite. Selon les libéraux, il ne faut surtout pas laisser l'État entraver par ses règlements l'action bénéfique de la main invisible du Marché. Mais pour Stiglitz, ce théorème de la Main Invisible « *relève davantage de la foi - notamment chez ceux qui ont intérêt à y croire - que de la science... Si la main invisible est invisible, c'est peut-être qu'elle n'existe pas... Le capitalisme est miné par la collusion, la confusion des intérêts et l'opacité. C'est devenu un capitalisme de copains, de connivence. Pour que le capitalisme soit efficace et propre, il faut que l'État impose certaines règles, et les fasse appliquer strictement* ».

Avec l'éclatement de la crise en 2008, ces résistants internes au capitalisme ont fait des adeptes de circonstance. On a assisté à de spectaculaires retournements de veste. Toute honte bue, les plus fidèles soutiens du libéralisme se sont mis à appeler à sa « moralisation », comme s'ils sortaient soudain de leur candeur et réalisaient brutalement les effets désastreux d'un système à la dérive, comme si ces effets n'étaient pas inscrits au cœur même des principes qui le régissent.

Est-ce vraiment une affaire de morale ? Si oui, nul besoin de réglementer. Il suffit de placer quelques aumôniers à Wall Street. Mais si ce n'est pas le cas, s'il ne s'agit pas de morale mais de structure inhérente au fonctionnement même du capitalisme libéral, on se paie de mots. Doit-on faire les gros yeux au lion qui dévore la gazelle, en lui disant qu'il se comporte de manière immorale et devrait se mettre aux carottes râpées ? Peut-on reprocher à un financier ses revenus délirants, si la seule règle est celle du profit maximal, si la seule valeur est celle de l'argent fou ? Si l'on veut vraiment changer les choses, ce ne sera pas par un prêchi-prêcha moraliste, mais par la mise en place de règles strictes susceptibles d'empêcher les dérives. Si les patrons voyous agissent illégalement en s'arrogeant des primes insensées et en planquant leur magot dans les paradis fiscaux, ce n'est pas le moment de les réprimander, mais de les poursuivre et les juger. Si les comportements scandaleux sont légaux, il convient non pas d'en appeler aux bons sentiments, mais de changer les règles qui permettent ces excès. Plutôt que de mettre en place bouclier fiscal et exonérations diverses pour une poignée de super-riches, il convient d'imposer énergiquement les profits indécents. Avec un taux d'imposition marginal de 90 % ou plus, les bonus extravagants et les parachutes dorés ne constitueraient plus un problème.

D'ailleurs, cette vague de conversion à la vertu n'a guère duré. Dès l'été 2009, la crise était déclarée presque finie, et les vertueuses indignations remisées. Tout repart comme avant, jusqu'à la prochaine secousse. Il semble bien que le libéralisme, n'apprenant jamais rien de ses erreurs, soit condamné à s'enfoncer de crise en crise.

Perspectives

Le Marché ayant fait en 2008 la preuve de son incapacité à s'autoréguler et de sa propension à provoquer les catastrophes, les acteurs économiques, des banques à l'industrie automobile, ont été trop contents de se retourner vers les états, tant décriés juste auparavant. Afin d'éviter le naufrage général, ceux-ci ont obtempéré en alignant des centaines de milliards de dollars sortis d'un chapeau de magicien. À vrai dire, et contrairement au dogme proclamé de non-intervention, les pratiques de relance étatique n'avaient jamais réellement disparu sous le libéralisme triomphant. Mais avec ce grand réveil des états, le libéralisme semblait frappé de mort subite et le retour du keynésianisme pouvait être proclamé.

Un peu vite ! Car pour que ce retour soit effectif, il faudrait que l'action de l'état ne se limite à la sphère économique, mais atteigne aussi la sphère sociale, ce qui n'est pas encore le cas : on ne voit pour l'instant aucune volonté nette de redistribution des richesses, de lutte contre les inégalités, de retour à l'impôt citoyen. Certes, la mise en chantier par Barak Obama d'un système public de santé initie une certaine percée dans ce sens, de même que la modeste remontée de l'imposition sur les plus riches, mais en ce domaine, le nouveau Président américain reste très en deçà des 91 % de Roosevelt. Déjà affaibli après un an de pouvoir, pourra-t-il rebondir et initier un mouvement décisif ? On ne sait où trouver dans le monde les « signes forts » annonçant un réel changement de cap, en cette période de crise où les disparités sociales se font encore plus inacceptables. En France, le Président n'en démord pas sur son fameux paquet (cadeau) fiscal. Refus d'admettre une erreur, ou idéologie profondément ancrée soucieuse d'épargner une poignée de privilégiés ? Les indignations vertueuses face aux excès se suffisent apparemment à elles-mêmes, sans porter à conséquence...

Pour que l'action de l'état puisse être qualifiée de keynésienne, il faudrait aussi qu'elle ne se limite pas à sauver les entreprises en danger immédiat, mais qu'elle mise franchement sur une relance par la consommation, ce qui est maintenant demandé à gauche. Seulement, des questions se posent alors, sur l'efficacité et sur le possible. On redécouvre avec raison le côté sympathique du keynésianisme, qui apparaît comme un « capitalisme à visage humain », après cette longue période de brutalité libérale. Il ne faut cependant pas oublier que la domination libérale a été précédée et justifiée par l'impuissance keynésienne, à la fin des années 70. Les méthodes qui se sont montrées inopérantes face à la crise apparue après le choc pétrolier de 1973 vont-elles soudain se montrer efficaces pour résoudre une crise aujourd'hui beaucoup plus profonde ? Sans compter que la relance coûte fort cher, que personne n'a la moindre idée de la manière dont sera payée l'ardoise établie ces derniers mois, alors que les finances de nombreux pays sont dans un état désastreux... Sans oublier aussi un élément de taille : la relance économique dopée par la consommation butte sur l'obstacle majeur qui fait toute la trame de cet ouvrage, celui des limites des ressources planétaires.

Keynes ou Friedman, ce n'est évidemment pas la même chose. Le remplacement de l'un par l'autre a été catastrophique, ce qui ne veut pas dire, hélas, que le retour au premier représente la solution. Nous ne sommes pas seulement dans une crise économique particulièrement grave, dans un creux particulièrement profond à l'intérieur de la succession cyclique entre croissance forte et croissance molle. Nous sommes bien dans une crise de civilisation, d'importance au moins égale à celle qui a touché les pays de l'est lors de l'écroulement du système soviétique. Nous n'échapperons pas à la dépression par les seules recettes de l'économie classique. Il faut au contraire explorer des voies inédites, dans lesquelles seront prises en compte les contraintes planétaires et les exigences de solidarité.

Libéralisme et croissance

La recherche de croissance économique n'est pas l'apanage du capitalisme libéral. Les sociaux-démocrates misaient sur le même moteur, qui est au centre de la relance keynésienne. Le système communiste en avait également fait un mythe fondateur (on se souvient des objectifs dantesques des plans quinquennaux de l'Union Soviétique, et du *Grand Bond en Avant* chinois). Unanimité donc dans le monde moderne. Mais le système libéral, plus encore que les autres, est incapable de s'épanouir en dehors d'une société de croissance. Lorsque se creusent les inégalités, lorsque se répand l'exclusion, la croissance est plus que jamais nécessaire pour calmer quelque peu les ressentiments et éviter l'explosion. Et d'un point de vue économique, pour accroître les profits, et même pour les maintenir et éviter de sombrer, dans un monde où la concurrence est totale, toute activité doit s'étendre, se diversifier, gagner de nouveaux marchés. C'est la réalité de la guerre économique, et la publicité n'a pas d'autre fonction que de permettre cette croissance infinie en créant des besoins eux-mêmes infinis.

La simple logique de l'extension sans limite conduit donc fatalement à la mondialisation de l'économie : tant qu'une contrée, tant qu'un secteur échappe au Marché, il reste une possibilité de conquête. Au point qu'on se demande ce qui se passera une fois la mondialisation achevée…

Ces quelques remarques sur les liens obligatoires entre libéralisme et croissance économique restent évidemment incomplètes. Elles suffisent cependant à montrer qu'il est illusoire d'espérer organiser le monde et orienter l'utilisation des ressources terrestres dans le souci de l'ensemble de l'humanité présente et à venir sans une profonde remise en cause de ce système de pensée et de fonctionnement. D'ailleurs, les changements nécessaires ne peuvent se faire spontanément. Ils exigent une décision, une volonté, qui ne peuvent être celles du Marché. Car le Marché, force myope et impersonnelle, est par nature inapte à prendre toute décision de ce type ; il ne peut que se laisser porter par son inertie et son intérêt à court terme vers la ligne de plus grande pente, quitte à sacrifier la Terre et ses habitants. Le système libéral, se nourrissant de croissance économique, est totalement incapable de relever le défi de la sortie de la société de croissance. Le climat de concurrence de tous contre tous s'appuie sur l'inégalité, l'entretient, la cultive : il faut pouvoir se comparer pour trouver le dynamisme nécessaire à la participation au combat ; il faut pouvoir appréhender le gouffre où on risque de tomber en cas de relâchement, ainsi que les sommets qu'on peut atteindre en menant un combat vigoureux... Il est impossible dans un tel contexte inégalitaire de donner une orientation nouvelle et durable à l'utilisation des ressources planétaires limitées, et créer les conditions d'un bien-vivre pour tous. Peut-on demander aux plus démunis de maîtriser leur consommation (ils n'en ont que trop l'habitude), alors que les plus riches continueraient à jouir d'un superflu de plus en plus indécent ? La sortie de la société de croissance et la construction de la civilisation qui doit lui succéder, même si on ne peut en préciser aujourd'hui les contours, suppose clairement une répartition équitable des richesses disponibles, aussi bien pour éviter une explosion sociale que pour des raisons de simple justice.

Combien de catastrophes avant d'agir ?

Gandhi affirmait que la Terre fournit de quoi nourrir tout le monde, mais pas de quoi satisfaire quelques gros appétits. Pour que puissent vivre, et bien vivre, les neuf milliards d'humains annoncés dans quelques décennies, les richesses doivent être utilisées avec mesure, et correctement réparties, au lieu d'être accaparées par une minorité. Nous devons pour cela guérir de l'anesthésie de l'esprit que représente le mythe de la croissance économique.

Ce n'est pas facile. On peut être convaincu de cette nécessité d'abandonner ce pari fou sur la croissance, sans bien voir les moyens de ce changement. La crise de 2008 a fait resurgir le spectre de 1929, avec son cortège de marasme économique, de chômage, de misère, de troubles politiques. C'est bien pour éviter un tel scénario qu'il faut reprendre les rênes du destin, au lieu de laisser celui-ci dans la main invisible du Marché. On ne peut se contenter de laisser les circonstances réduire la croissance dans un monde qui mise tout dessus. On ne peut imaginer qu'une récession économique suffirait à tempérer les déséquilibres écologiques ; l'avenir souhaitable, ce n'est pas la crise de 29 ! Il s'agit au contraire d'organiser un autre système de société, basé sur d'autres valeurs, sur une autre manière de vivre ensemble ; une société dans laquelle la décroissance résolue de la consommation des ressources limitées, qui va s'imposer, doit être couplée avec une décroissance des inégalités. Ainsi organisée, cette société de décroissance pourra être soutenable, c'est-à-dire ne laisser personne sur le carreau. Et pour cela, il faut être inventif, car nous entrons dans l'inconnu. Nous sommes très mal préparés à cette mutation inédite, car nous n'avons aucun modèle devant nous.

Les aspects économiques des mutations nécessaires sont évidemment très complexes. Le passage à une société de décroissance ne peut s'imaginer comme un simple ravalement de façade de la société que nous connaissons, avec sa publicité envahissante, ses gaspillages insensés, son culte de l'apparence et de l'éphémère. Les priorités doivent être revues, le système de production et de distribution repensé, la relation au travail et aux loisirs rediscutée en profondeur, les conséquences économiques et sociales évaluées... En remettant en cause le mode de consommation, on est amené à débattre également de la relation au travail et à la production, voire de la notion même de salariat. Il suffirait de commencer l'inventaire des tâches qui sont en réalité néfastes pour la société, et dont la seule fonction est de rapporter un salaire et des profits, pour ouvrir une mine de réflexions sur le temps de travail, sa répartition et sa noblesse, sur l'épanouissement et le surmenage... Travailler comment, combien de temps, dans quel but... Un vaste chantier en perspective.

Peut-être certaines des pages précédentes ont-elles pu laisser croire que les occidentaux devaient tous être classés parmi les privilégiés. Face aux plus miséreux, c'est sans doute vrai, mais cette notion est bien entendu très relative et dépend du cadre dans lequel on se situe. La jeune mère isolée, caissière à trois-quarts temps dans un hypermarché, qui peine à joindre les deux bouts et jongle avec des horaires impossibles pour faire garder ses enfants, considérerait sans doute cet ouvrage comme très éloigné de ses préoccupations, à supposer qu'elle ait le temps de le lire. Les questions posées ici sont-elles pour autant des questions de luxe ? Elles le seraient si elles n'engageaient pas l'avenir : un avenir dans lequel, si on n'y prend garde, les plus faibles seront les premières victimes des évolutions prévisibles. N'est-ce pas déjà le cas aujourd'hui en ce qui concerne le chômage, les délocalisations, les problèmes d'habitat, la remise en cause des protections sociales ? Si Wangari Maathai, prix Nobel de la paix 2004, a planté plus de vingt millions d'arbres au Kenya, ce n'est pas d'abord pour le plaisir du coup d'œil ; c'est bien parce que pour elle la protection de la planète est essentielle au bien-être de ses habitants, à commencer par les plus pauvres. La situation misérable d'Haïti, encore aggravée par le séisme, tient bien entendu à de nombreux facteurs, mais la déforestation et plus généralement le ravage écologique comptent pour beaucoup ; la République Dominicaine voisine, qui a mieux préservé son environnement, en particulier ses forêts, s'en sort nettement mieux.

Remettre les pendules à l'heure en vue d'une évolution durable de la société suppose, pour les plus riches bien sûr, mais aussi pour la classe moyenne, une certaine baisse du niveau de consommation, ce qui ne signifie pas nécessairement qu'on vive moins bien. Après tout, l'Américain consomme deux fois plus d'énergie que l'Européen ; sa qualité de vie en est-elle deux fois meilleure ? Qu'on gaspille moins, sans doute. Que notre manière de vivre et surtout de voir la vie soit modifiée, certainement, mais face aux enjeux, rien qui ne soit insupportable, bien au contraire. Il s'agit de vivre autrement pour continuer à vivre bien, et si possible à vivre mieux.

Un tel bouleversement des mentalités et des manières de vivre peut-il se faire ? Poser cette question, c'est se remettre dans la situation de l'aristocratie française de la deuxième moitié du dix-huitième siècle : était-elle alors capable d'envisager l'abolition des privilèges ? Ou fallait-il en passer par la prise de la Bastille et l'incendie des châteaux avant de connaître la nuit du 4 août ? Vers 1750, Machault d'Arnouville, contrôleur général des finances de Louis XV, tenta d'établir une certaine égalité devant l'impôt, en faisant enfin payer les classes privilégiées pour soulager les plus pauvres. Accrochés à leurs avantages, la haute noblesse et le haut clergé se coalisèrent pour obtenir du roi son renvoi. Après Machault, c'est Turgot, Necker, Calonne qui échouèrent dans leurs tentatives pour amener les privilégiés à ouvrir les yeux sur la réalité et à accepter les réformes. Refusant toute évolution, ceux-ci rendaient inéluctable la Révolution qui allait les balayer. Il est vrai que la cour de Louis XV et Louis XVI était trop anesthésiée par son oisiveté, trop enfermée dans la futilité pour réaliser que le monde ne se limitait pas à Versailles, trop centrée sur elle-même pour entendre le monde réel et imaginer l'avenir autrement que comme prolongement du passé. L'avenir ? 1789.

L'éclairage de l'Histoire montre que c'est le plus souvent le dos au mur qu'on se met à chercher des solutions à des problèmes trop longtemps niés, et qu'alors, les solutions imposées dans l'urgence et la panique s'accompagnent fréquemment de troubles graves. Constatation bien déprimante. Comment sortir de cette apparente fatalité de l'aveuglement ? *Combien de catastrophes avant d'agir ?* demandait déjà Nicolas Hulot dans le titre d'un ouvrage publié en 2002. Depuis cette date, les clignotants sont plus que jamais au rouge, et les actions décisives se font toujours attendre.

LE DÉVELOPPEMENT PEUT-IL ÊTRE DURABLE ?

– Vous avez brûlé nos pins, abattu nos plus grands chênes, chassé castors et chevreuils de leurs gîtes, dévasté les lieux où jouaient nos enfants. Vous avez détruit le paradis que nous partagions avec vous.
– Pentaquod, cher et loyal ami, vous ne comprenez pas. Si nous brûlons vos arbres, c'est pour cultiver davantage de tabac. Si nous cultivons davantage de tabac, le bateau viendra plus souvent, et à chacun de ses passages, il apportera des fusils pour que vous et votre peuple puissiez chasser.
– Avant votre arrivée, nous gagnions notre viande sans fusils.
– Mais vous pouvez aussi avoir des miroirs et des boussoles.
– J'ai toujours su où était le nord, rétorqua le vieil Indien.

James A. Michener, Chesapeake

Qu'est-ce que le développement ? Aussi curieux que cela puisse paraître, il n'existe pas de définition claire pour ce mot tant et tant utilisé. À chacun donc d'y mettre le sens qu'il veut, en laissant au besoin l'imaginaire et l'affectif suppléer à l'imprécision : le développement, c'est l'avancée de l'enfance vers l'âge adulte, le déploiement de la graine jusqu'à la plante, à la fleur et au fruit. C'est beau !

C'est sûrement sa beauté qui a valu à ce terme un engouement tel qu'il est depuis des années utilisé à tout propos (développement d'une entreprise, d'une activité, d'une région...), en lieu et place de celui de croissance. Car la croissance, c'est un peu sec, un peu raide : on a du mal à tomber amoureux d'un taux de croissance, si on n'est pas économiste. Et c'est bien dommage. Alors, on fera désormais plus sexy : le développement, c'est la croissance en minijupe. Et là, c'est imparable, personne ne résiste. Sexy ou pas, la question de la croissance en général a été largement abordée par ailleurs ; c'est pourquoi nous réserverons dans un premier temps le mot « développement » au sens qui lui a longtemps été attribué, celui de l'évolution des pays du Sud.

D'où vient ce mot ? Son usage dans ce sens est relativement récent. Un conseiller du Président Truman a trouvé que le Discours sur l'État de l'Union que celui-ci devait prononcer en janvier 49 était un peu terne, et qu'il convenait de le couronner par quelque chose de plus flamboyant, de plus attirant pour la presse. Un dernier point a donc été rajouté. Dans cette fin de discours, le président des États-Unis constatait que plus de la moitié de l'humanité était dans la misère ; il proposait l'aide américaine pour sortir de cette situation, et prédisait que si les peuples pauvres savaient profiter de la chance ainsi offerte et se mobilisaient avec suffisamment d'énergie, une nouvelle ère allait s'ouvrir pour le monde, une ère de paix, de prospérité universelle et de bonheur. En un mot, une ère de développement. Le lendemain, les journaux pouvaient titrer sur cette nouvelle espérance : le salut était en vue, et l'Amérique était le messie porteur de ce salut. De ce jour, le mot développement gagnait son statut définitif : son objectif affiché étant de répandre le bien-être sur la Terre entière, la réputation du développement ne pouvait être que sans tache. Quelques années plus tard, confiant comme tout le monde en cet objectif louable, le pape Paul VI écrivait dans son encyclique *Populorum Progressio* : « *Le développement, c'est le nouveau nom de la paix.* » J'y ai longtemps cru. Comment y croire encore, en raison du flou complet qui entoure cette notion depuis sa création, un flou qui permet toutes les ambiguïtés, tous les malentendus ? L'économiste Serge Latouche a longtemps travaillé sur le développement, notamment en Afrique et au Laos ; il a été placé aux premières loges pour constater le décalage énorme entre le mythe du développement et sa réalité : « *Dans l'imaginaire de la modernité*, ironise-t-il, *le mal ne peut atteindre le développement, pour la bonne raison qu'il est l'incarnation du Bien. Le « bon » développement, même s'il ne s'est jamais réalisé nulle part, est un pléonasme parce que, par définition, développement signifie « bonne » croissance, parce que la croissance, elle aussi, est un bien, et qu'aucune force du mal ne peut prévaloir contre elle.* »[20] Autrement dit, on peut toujours s'interroger sur les modalités du développement, sur sa vitesse, sur ses conditions. Sur sa nature, jamais : nul n'est censé se demander ce qui se cache derrière ce mot. « *Pour tenter d'en conjurer magiquement les effets négatifs*, reprend Serge Latouche, *on est entré dans l'ère des développements « à particule ». On a vu des développements « authentiques », « équitables », « participatifs »... Le développement durable est la plus belle réussite dans cet art du rajeunissement des vielles lunes.* »

Pourtant, début 2002, six mois avant le Sommet de Johannesburg sur le développement durable, un colloque se tenait à Paris, au siège de l'UNESCO. En dissidence par rapport à l'unanimité de rigueur, son thème osait remettre en cause la notion même de développement : « *Défaire le développement, refaire le monde.* » En écho à cette provocation, Edgar Morin, qui jusque-là s'était montré un ardent défenseur du « *vrai développement, le développement humain* », a reconnu depuis que dans l'expression « *développement humain* », « *le mot humain est vide de toute substance* ». Pour lui, « *Le développement constitue un mythe typique du sociocentrisme occidental, un moteur d'occidentalisation forcenée, un instrument de colonisation des « sous-développés » par le Nord.* »[21]

Bibliothèque Rose et Série Noire

L'idée présentée par Truman divise le monde entre, d'un côté, les riches, parfois un tantinet égoïstes il est vrai, mais si efficaces et surtout si bien élevés, si fréquentables, et de l'autre côté, les pauvres, à plaindre et à aider, auxquels il faut donner le bon exemple, ap-

---

20 Le Monde Diplomatique, *mai 2002.*

21 Libération, *26 août 2002.*

prendre les bonnes manières, les bonnes méthodes, et qu'il faut pour cela parfois secouer.

Cette idée ne date pas d'hier, et n'est pas née avec le terme de développement. Auparavant, elle justifiait la colonisation. C'était le « fardeau de l'homme blanc » d'amener à la civilisation, à la pleine humanité, à la vraie religion, ces sauvages à moitié nus, aux mœurs répugnantes, anthropophages parfois, dont l'état représentait une insulte à la dignité humaine. Mais les peuples sont bien susceptibles et bien ingrats : au début du vingtième siècle, le poète indien Rabindranath Tagore se permettait déjà des propos désobligeants : « *Depuis un siècle, nous avons été entraînés par le chariot de la prospérité occidentale, étouffés par sa poussière, assourdis par son bruit, humiliés par notre propre impuissance et écrasés par sa vitesse. Nous étions d'accord pour admettre que le moteur de ce chariot était le progrès et que ce progrès représentait la civilisation. Et si par malheur nous osions poser la question : le progrès par rapport à quoi ? le progrès pour qui ?, nous étions alors considérés comme de vulgaires orientaux qui voulions mettre en doute le progrès absolu.* »

En raison de cette susceptibilité, il devient au milieu du vingtième siècle impossible de faire perdurer des pratiques communément admises avant la Seconde Guerre mondiale. On ne peut plus exhiber la vénus hottentote devant les badauds, on ne peut plus montrer au Jardin d'Acclimatation des familles kanakes à moitié nues, ni reconstituer comme on l'avait fait à Paris pour l'exposition coloniale de 1931 un prétendu village africain peuplé de nègres rigolards dévorant de la viande avec force grimaces. Y a bon ! Et en politique internationale, les empires coloniaux dénotent un peu trop dans la modernité. La colonisation est morte. Vive le développement !

Dans les années 50-60, le développement, c'est d'abord la lutte contre la faim et la maladie. La bonne volonté et la générosité des occidentaux sont alors de mise : les pauvres gens ! Ils meurent de faim ; il nous faut les nourrir. Nous qui sommes bons, nous qui sommes efficaces, nous allons reprendre la grande idée de Truman et régler le problème. Nous allons leur apporter à manger, ou mieux encore leur apprendre à se débrouiller : selon l'adage tant répété, nous n'allons pas seulement leur apporter un poisson, mais leur apprendre à pêcher (ce que bien sûr, ils ne savent pas faire). Le salut ne vient plus seulement d'Amérique, mais plus généralement d'Occident, parfois même d'Union Soviétique.

Gaston Kelman, sociologue d'origine camerounaise, souligne qu'aujourd'hui encore, nous ne sommes pas totalement sortis de cet état d'esprit, joyeux mélange de bon cœur, d'arrogance et de culpabilité. Il évoque ces groupes d'adolescents, pour moitié d'origine sénégalaise, malienne ou zaïroise, envoyés en Afrique par la maison de quartier de leur banlieue, pour à la fois « *les ramener à leurs racines* », ou faire découvrir ces racines aux blancs-blancs ou aux blancs-beurs, et pour une activité humanitaire. Ils débarquent avec leurs Nike et leurs beaux blousons, bardés de bonnes intentions, pour redresser le toit d'un dispensaire ou repeindre une salle de classe au profit des pauvres petits maliens. L'intention est excellente, mais que voient-ils de l'Afrique ? L'Afrique misérable. Avec quelle idée repartent-ils, sinon avec la certitude que cinq cents écoliers africains ont besoin d'une dizaine de camarades, noirs pour la plupart, certes, mais européens tout de même, pour réparer un toit ? Effectivement, peut-être les Africains ont-ils trop intériorisé le sentiment d'infériorité qui leur fait croire que les Européens, même noirs, peuvent et savent, alors qu'eux-mêmes ne peuvent pas et ne savent pas. Et Gaston Kelman rappelle ces phrases de l'hymne national camerounais, tel qu'il l'a chanté peu de temps après l'indépendance : « *Autrefois, tu vécus dans la barbarie... Peu à peu tu sors de ta sauvagerie...* »[22] Cette logique d'infériorisation repose sur des siècles d'histoire, des siècles de traite et d'esclavage jusqu'en 1848, aussitôt relayés par la colonisation des années 1860-1960 en Afrique, puis par l'immigration et le développement.

À cette logique d'infériorisation répond chez nous un sentiment diffus mais réel de culpabilité, reposant sur la conscience que si certains pays sont dans la misère, nous n'y sommes pas totalement étrangers, en raison de ce lourd passé d'esclavage et de co-

22 *Gaston Kelman,* Je suis noir et je n'aime pas le manioc *(Max Milo).*

lonisation, en raison aussi des échanges inégaux qui conduisent au pillage, actuel aussi bien que passé, des ressources. Alors, le développement est une occasion de rachat : grâce à nos bons conseils et à notre aide bienveillante, le Tiers-monde arriéré, affamé, ne pourra que suivre le chemin que nous avons tracé, de manière à obtenir les mêmes résultats, sans qu'il nous en coûte trop. Le développement est la promesse d'un avenir radieux calqué sur le nôtre. Voilà pour le mythe.

Au cours de ce dernier demi-siècle, le mythe du développement s'est structuré dans les moules du business international. Tant et si bien que selon la doctrine officielle, le développement passe désormais obligatoirement par l'ouverture à la mondialisation. La concurrence stimule la créativité, favorise l'emploi et la croissance économique. La Banque Mondiale, le Fond Monétaire International et l'Organisation Mondiale du Commerce sont les grands ordonnateurs du développement tel qu'on doit le penser. Les pays qui veulent se développer doivent entrer dans le grand jeu du commerce mondial, et en accepter les règles. Oh bien sûr, cela ne va pas sans quelques petits désagréments, quelques dégâts collatéraux voulus par le Marché, mais vraiment transitoires. On le sait, pour se réaliser en Occident parallèlement à la révolution démocratique, la révolution industrielle a exigé des moments de douleur ; le monde ouvrier en particulier a payé un lourd tribut avant de connaître lui-même la prospérité, mais on n'a rien sans rien, n'est-ce pas, on ne fait pas d'omelette sans casser des œufs. Demain, toute l'Asie du Sud, et, sous réserve de courage et de compétence, l'Amérique latine, et même l'Afrique pourquoi pas, sont promises à la prospérité et aux réjouissances de la société de consommation. Les habitants des pays pauvres vont nous rejoindre dans notre niveau de vie, et si eux n'y parviennent pas tout à fait, leurs enfants, oui.

Après un demi-siècle de développement, où en est-on de ce programme ? Depuis 1945, le commerce mondial a été multiplié par 19, et la production par 6. Si la doctrine officielle est juste, le Tiers-monde a déjà dû toucher un bon paquet de dividendes, et goûter aux fruits délicieux de la prospérité. Qu'en est-il en réalité ?

En 1974, le Secrétaire d'État américain Henry Kissinger promettait : « *En 1984, aucun homme, femme ou enfant ne s'endormira plus en ayant faim.* » En 1996, selon la FAO, ceux qui souffrent de la faim sont plus de 800 millions, et la malnutrition touche deux milliards d'humains. Ce n'est pas grave : pleins de bonnes intentions, les délégués réunis cette année-là au sommet mondial de l'alimentation à Rome décident imperturbablement de « *réduire de moitié d'ici 2015 le nombre de personnes touchées par la faim* ». Bonne nouvelle. Pourtant, d'après les derniers rapports de la FAO, le nombre de personnes souffrant de malnutrition, après avoir légèrement baissé entre 1990 et 1995, ne fait qu'augmenter depuis. Avec la crise alimentaire de 2007-2008, ce nombre a même fait un bond, dépassant maintenant le milliard.

Quels sont les autres résultats du développement ? Taïwan, Singapour et Corée du Sud se sont couverts de gratte-ciel de verre et d'acier. L'Inde produit davantage de films que les États-Unis, et exporte ses informaticiens de haut niveau dans le monde entier. C'est le pays où l'on compte désormais à la fois le plus d'obèses, le plus d'affamés et aussi la plus forte augmentation du nombre de personnes souffrant de malnutrition. Et la Chine ? Une mention spéciale doit bien sûr lui être accordée, tant elle fascine le monde occidental, depuis toutes ces années où elle le nargue avec ses taux de croissance à deux chiffres. Même si la crise amène quelques interrogations sur le devenir de cette réussite époustouflante, l'argent y coule à flot. Pourtant, les inégalités et la pauvreté s'accroissent plus vite encore que le PIB : les gens ont davantage d'argent, mais tout s'achète désormais, et fort cher, notamment l'éducation et les soins de santé. Le système communiste avait au moins pour ambition de donner à tous l'accès à ces services de base. Tout cela est balayé. Du communisme, il ne reste que l'oppression politique et le goût officiel du secret. Dans ce nouvel eldorado libéral (la liberté de faire des affaires, dans un monde où les autres libertés sont muselées) se succèdent les accidents écologiques ou climatiques (pollutions gigantesques des fleuves et de l'air, avancées du désert, sécheresses et inondations...), industriels (mines...), sanitaires (des millions de personnes infestées par le sida pour avoir vendu leur sang, et abandonnées depuis par les services de santé)... Le tout dans la dissimulation totale. Un véritable concentré de développement.

Une large part des pays du Sud connaît le même phénomène de creusement des inégalités entre une caste de privilégiés qui étale une richesse insolente et la masse de la population qui s'enfonce dans la pauvreté. Au niveau international également, l'écart ne cesse de se creuser. En 1960, les 20 % les plus riches sur Terre disposaient d'un revenu trente fois supérieur à celui des 20 % les plus pauvres ; ce rapport est grimpé de trente à quatre-vingt-deux. Les apports occidentaux ont bouleversé les économies locales et mis à mal l'agriculture : manquant de terre, ruinés par les aléas des cours du coton, du café ou du cacao, et par la concurrence des denrées alimentaires occidentales disponibles à très bas prix, les paysans sont contraints à l'exode et viennent s'entasser dans les bidonvilles qui entourent les mégapoles boursouflées que sont devenues Mexico, Dacca, Le Caire et Sao Paulo. Les ouvriers, parfois des enfants, qui cousent les chaussures de sport dans les usines des zones franches des Philippines vivent et travaillent dans des conditions sordides. Et si un problème de taille surgit pour un pays, qui ne peut plus rembourser sa dette par exemple, le FMI veille avec son gros bâton. Il sait s'y prendre pour que les banques occidentales récupèrent leurs créances : c'est son travail. Pour qu'un peuple se redresse économiquement, il faut « *qu'il souffre* », disait Michel Camdessus à l'époque où il était patron du FMI. Celui-ci imposait aux pays du sud en difficulté les « *plans d'ajustement structurel* » qui obligeaient ces pays à tailler dans leurs pauvres dépenses sociales, sanitaires ou éducatives, et organisaient ainsi l'écrasement des plus fragiles.

Tel est le résultat de soixante ans de développement. Malgré cela, la recette miracle pour combattre la pauvreté est toujours la même : croissance de la production et mondialisation de la concurrence. Pourquoi en effet changer une méthode qui échoue si bien ? On avait eu droit à la version Bibliothèque Rose pour enfants sages, pour les bons élèves de la classe du FMI. Peut-on encore croire au Père Noël, ou le monde est-il condamné à la Série Noire ?

Les bolcheviques du libéralisme

Si en soixante ans, la situation des pays pauvres n'a fait qu'empirer, est-ce en raison d'une insuffisance de développement, ou en raison du développement lui-même ? La question n'effleure pas les cadres froids du FMI, ces « *bolcheviques du libéralisme* », comme les nomme Joseph Stiglitz, le Nobel d'économie déjà cité. Droits dans leurs bottes, fidèles à leur idéologie, ils persistent et signent dans la voie de la tragédie, qui est pour eux le passage obligé pour accéder aux bienfaits inéluctables du développement. Ils prennent exemple sur les bolcheviques première manière, qui n'hésitaient pas à sacrifier quelques générations afin d'atteindre plus tard les lendemains qui chantent de la société communiste accomplie.

Loin du romantisme, loin de l'affichage de bonnes intentions, le développement, c'est de manière beaucoup plus pragmatique la mise en place d'une infrastructure destinée à faciliter d'une part la vente dans le Tiers-monde de produits manufacturés ou de surplus agricoles venus d'Occident, et d'autre part, le recrutement d'une main-d'œuvre bon marché et la collecte des matières premières considérées comme indispensables à l'économie des nations industrialisées. Création d'un marché, approvisionnement en matières premières, utilisation de main-d'œuvre bon marché, tels étaient déjà, à côté du prestige international et des intérêts stratégiques des nations, les objectifs de la colonisation. Les choses n'ont guère changé.

On présente généralement la mondialisation comme la mise en action du libre-échange. Il s'agit en réalité d'échanges obligatoires. La nuance est de taille. Prenons l'exemple des denrées alimentaires. D'un côté, les États-Unis et l'Union européenne subventionnent massivement leur agriculture, ce qui fait chuter les cours mondiaux, notamment ceux des céréales et des oléagineux. À des prix aussi bas, les produits européens et américains envahissent les pays du Sud, dont ils étranglent littéralement l'agriculture. Tous ceux qui ne résistent pas à cette concurrence iront rejoindre la masse de main-d'œuvre misérable qui s'entasse dans les bidonvilles, et ils libéreront les terres pour les plus performants d'entre eux, ceux qui se montreront capables de s'intégrer dans la vision productivitéexportation. Car certains s'y intègrent bien : les poulets brésiliens commencent à concurrencer les élevages industriels bretons, et le mouvement s'amplifiera lorsque nos normes antipollution auront forcé la production industrielle de poulets et de porcs à se délocaliser vers des pays moins regardants. À côté de ces importations obligatoires, et cela dépasse l'entendement, il y a conjointement une exportation obligatoire de nourriture. Selon l'accord avec l'OMC, l'Inde doit exporter de la nourriture lorsqu'il y a une demande sur le marché international, et cela même lorsqu'elle est en situation de disette : la malnutrition ne doit en aucun cas gêner le commerce. Selon une évaluation de Greenpeace, 80 % des enfants souffrant de malnutrition vivent dans des pays exportateurs de nourriture. Et quand les prix s'affolent comme en 2007-2008, en raison de différents facteurs, dont la spéculation sur les grains et la ruée sur les agrocarburants, la brutalité du choc ne fait qu'aggraver le problème alimentaire. Nous reviendrons sur toutes ces questions

Au début du règne de la reine Victoria, l'Angleterre lançait une expédition armée contre la Chine, en réponse à la décision prise par l'empereur chinois d'interdire l'importation d'opium qui faisait la prospérité de l'Angleterre, mais pervertissait l'Empire du Milieu en le ruinant. Cette sordide guerre de l'opium avait pour but de défendre le libre-échange. Déjà. Depuis 1840, la morale du commerce international reste fidèle à elle-même.

À l'aide !

C'est dans ce contexte d'échanges obligatoires que prend place l'aide publique au développement. Toute personne quelque peu sensibilisée aux problèmes de justice internationale s'est un jour ou l'autre scandalisée de la modicité de cette aide. Il n'est même pas besoin de la comparer avec les budgets militaires : les seules subventions à l'agriculture des USA et de l'Union Européenne représentent sept fois l'aide publique au développement (350 milliards de dollars contre 50 milliards). Les responsables politiques eux-mêmes sont parfois gênés de cette situation, et se fendent de temps à autre de grandes déclarations pour affirmer solennellement leurs bonnes intentions. À une époque, la promesse était de consacrer à cette aide 0,7 % du PIB des pays industrialisés. On en est maintenant tellement loin que le vœu pieux est retombé à 0,2 ou 0,3 %. Faut-il pleurer, faut-il en rire ? Telle qu'elle est accordée, telle qu'elle est utilisée, l'aide publique est-elle scandaleusement insuffisante, ou est-elle encore de trop ? Les médecins ont dans leur serment pour première consigne de ne pas nuire. En ce qui concerne l'aide internationale, on n'est pas sûr d'en être là. L'aide publique est-elle, a-t-elle jamais été, plus utile que nuisible ?

L'aide alimentaire semble répondre à une exigence minimale en matière de morale internationale : nourrir les affamés. Les États-Unis fournissent des dizaines de millions de tonnes d'aide alimentaire à l'Inde. Dans le même temps, l'Inde exporte comme on vient de le dire des céréales et des produits laitiers. S'il est vrai que l'Inde manque d'un côté et a trop de l'autre, le bon sens voudrait que les sommes correspondant à cette aide soient consacrées à l'achat sur place de la nourriture disponible, adaptée aux habitudes. Cette pratique favoriserait l'économie locale, en assurant un débouché aux paysans indiens eux-mêmes. Mais il est vrai que cela ferait moins l'affaire des producteurs américains, des organismes de transports et de tous les autres intermédiaires, qui recueillent couramment 40 % de l'aide. La logique commerciale prend le pas sur toute autre considération. C'est si vrai qu'on peut remarquer que l'aide n'est jamais aussi importante en volume qu'en période de prix bas, lorsque les pays censés en avoir besoin auraient le moins de mal à se procurer les denrées qui leur manquent. En période de prix élevés, alors que les besoins sont justement les plus difficiles à satisfaire, les pays donateurs préfèrent soudain vendre plutôt que de donner : ils n'ont plus besoin de se débarrasser de stocks encombrants.

Revenons un moment sur l'Histoire. Au terme du Plan Marshall, grâce auquel l'aide alimentaire avait déferlé sur l'Europe ruinée par la guerre, les USA ont constaté que leur production, en particulier agricole, restait largement excédentaire. Pour lui offrir des débouchés sur le long terme, les Américains ont cherché de nouveaux bénéficiaires ; les pays d'Afrique, d'Asie et d'Amérique latine étaient tout désignés pour reprendre le flambeau des pauvres à aider, dans le cadre nouvellement découvert du développement. Mais pour que cette aide joue bien son rôle de pompe pour les excédents américains, des conditions strictes ont été prévues : la législation contient le programme « PL 480 », selon lequel l'aide ne peut être fournie qu'en nature, avec des denrées (maïs, huile...) et du matériel (bidons, sacs...) provenant exclusivement des USA. Ainsi, tout le monde est censé s'y retrouver : les pays bénéficiaires, mais aussi l'agrobusiness américain, qui a d'ailleurs mis en place un puissant lobby, « Food for Aid », chargé de veiller à ce que les pouvoirs publics maintiennent le montant de l'aide, et l'augmentent si possible, en subventionnant par la même occasion l'agriculture américaine, tout en fortifiant l'image d'une Amérique bienveillante. Les autres acteurs de la chaîne ont leur rôle à jouer, restant à l'affût des sécheresses et des famines à venir, en Afrique ou ailleurs, pour que les cargos remplis de maïs en Louisiane sachent à temps vers où se diriger.

Quelquefois cependant, le système déraille. En 2002, une campagne publicitaire efficace a annoncé partout que la Zambie, en Afrique australe, était menacée par la famine. Les images chocs ont fait affluer les dons ; les sacs de maïs sont arrivés par millions, jusqu'à ce que le président zambien dise en substance : « *Non, ça suffit, la sécheresse ne touche qu'une province sur neuf, elle n'est que temporaire, et nous pouvons faire face, car nous avons des excédents ailleurs. De plus, ce maïs est génétiquement modifié, et nous n'en voulons pas : gardez vos OGM.* » Il a fallu détourner en catastrophe des milliers de tonnes sur le Malawi voisin. Comment peut-on avoir autant d'impudence et d'ingratitude ? Vous êtes pauvres, et vous vous permettez de faire la fine bouche ? La Zambie n'était pas prête à ce que lui soit imposée la technologie expérimentale américaine. Les paysans zambiens ont l'habitude de semer le maïs qu'ils prélèvent sur la récolte précédente. Ils auraient fait de même avec le maïs GM si gentiment donné, avant de s'apercevoir que celui-ci, totalement inadapté au pays, ne poussait pas : désastre économique et humanitaire. Et si par chance cette culture avait tout de même poussé, quelques années plus tard, les firmes comme Monsanto, détentrices des brevets ne seraient-elles pas venues réclamer, comme elles le font ailleurs, les droits sur le maïs semé sans autorisation ?

On le voit, l'aide alimentaire est moins claire qu'elle ne paraît. Tant d'intérêts sont en jeu.

C'est pourquoi l'Union Européenne privilégie maintenant l'aide financière plutôt que l'aide en nature. Reste à savoir au cas par cas si cette aide est utilisée au mieux. La Commission Européenne a d'ailleurs reconnu dès 1995 que l'aide alimentaire « *va à l'encontre d'une politique de sécurité alimentaire à long terme, entretient la dépendance vis-à-vis de l'extérieur, concurrence et déstabilise les systèmes locaux, modifie les habitudes alimentaires des populations, déresponsabilise les gouvernements locaux...* ».

Cette question de l'aide alimentaire est à replacer dans le cadre plus global de la faim et des moyens à mettre en œuvre pour résoudre ce problème, un problème tellement dramatique qu'il mérite que lui soit consacré tout le prochain chapitre.

L'aide publique, alimentaire ou non, est un rouage essentiel dans la mise en place des échanges obligatoires. Par ailleurs, elle sert à financer les infrastructures projetées par l'Occident, offrant à cette occasion un débouché aux bureaux d'études occidentaux chargés de bâtir ces infrastructures. Elle arrose consciencieusement les élites des pays bénéficiaires, est l'occasion d'une corruption généralisée, et fournit fréquemment les moyens militaires pour mater les victimes tentées de demander des comptes sur les méfaits du développement. Elle conduit à l'endettement qui étrangle tant de pays et les rend totalement dépendants de leurs « bienfaiteurs ». Et elle enferme les pays du Sud dans cette idée qu'ils ne sont bons à rien, sinon à attendre les cadeaux du blanc. La déculturation provoque un complexe collectif d'infériorité et conduit à la soumission aux supposées valeurs occidentales. En visite au Bangladesh, j'ai pu constater que désormais on se devait d'offrir au visiteur un Pepsi au lieu de la noix de coco fraîche ; et dans les classes moyennes, il est de bon ton de laisser la télévision allumée toute la journée sur des programmes, occidentaux ou indiens, auprès desquels la soupe proposée par nos télés commerciales passerait pour hautement culturelle.

On ne peut clore ces brèves réflexions sur l'aide publique sans dire un mot de la politique française en Afrique. Depuis l'indépendance de nos anciennes colonies, les gouvernements de gauche comme de droite ont fait perdurer consciencieusement le système de la Françafrique, que certains n'hésitent pas à qualifier de « pompe à fric », système marqué par le soutien à des régimes incompétents, tyranniques et corrompus. Et l'Afrique continue de mourir, l'Afrique francophone notamment, pendant qu'une fraction considérable de « l'aide » française se perd dans les comptes numérotés en Suisse, ou va indemniser les entreprises flouées par les contrats non respectés.

L'aide publique ? Oui, mais à condition de la repenser totalement, dans ses finalités comme dans ses modalités. À condition qu'elle n'occulte pas la recherche de vraies solutions.

Le bonheur formaté

Le développement est le plus souvent assimilé à la lutte contre la pauvreté. Mais qu'est-ce que la pauvreté ? Chacun la définit à sa manière. Pour le touriste qui accepte de sortir de son hôtel climatisé, elle saute le plus souvent aux yeux. Pour le Fond Monétaire International et la Banque Mondiale, la pauvreté, c'est le manque d'argent, c'est un revenu trop faible. Pour l'UNESCO, chargé à l'ONU de l'éducation et de la culture, la pauvreté tient au trop fort taux d'illettrés, ou au nombre insuffisant de livres et de radios achetés. L'Organisation Mondiale de la Santé la mesure par le nombre de médecins ou de lits d'hôpitaux pour cent mille habitants, sans d'ailleurs trop bien savoir évaluer l'efficacité de ces dispositifs. Quant à la FAO, qui s'occupe d'alimentation, elle s'intéresse à la production de nourriture par habitant, selon les chiffres commerciaux dont elle dispose.

Mesurer ainsi la pauvreté, d'après des critères comptables, c'est faire fi de toutes les relations de gratuité qui existent à l'intérieur des familles, des villages, des communautés diverses, et qui sont des rouages essentiels et ancestraux dans le fonctionnement des sociétés traditionnelles. Et dans ces sociétés, avant les bouleversements provoqués par la confrontation avec l'Occident, sans doute manquait-on de revenus monétaires, de supermarchés alimentaires, de livres, de médecins diplômés et d'hôpitaux. Souffrait-on pour autant de ces revenus trop faibles, de manques culturels, de problèmes de santé, de carences alimentaires ? Dans certaines contrées sans doute, pour la santé et la nourriture, mais ce n'était peut-être pas le cas le plus fréquent ; les rapports des premiers explorateurs et anthropologues décrivent souvent des conditions de vie prospères. Pour une bonne part, la pauvreté est une invention de la civilisation ; dans beaucoup de langues, le terme n'existe même pas. Dans les sociétés traditionnelles, les véritables pauvres sont les gens isolés, sans soutien, comme les orphelins. C'est pourquoi l'exclusion du groupe, le bannissement du village, est une sanction si dure, signifiant le plus souvent la mort. Est-ce si différent en Occident, où la pauvreté intégrale touche ceux qui ont perdu leurs attaches professionnelles, familiales, relationnelles : SDF, vieillards abandonnés, parents isolés avec leurs enfants ? C'est la désintégration sociale qui conduit à la grande pauvreté. En comparant la situation d'un village de la brousse africaine avec celle d'un ghetto noir américain, il apparaît que le second, où circule pourtant beaucoup plus d'argent que dans le premier, est le foyer de pauvretés beaucoup plus profondes.

La mondialisation et le développement imposent aux cultures traditionnelles un nouveau colonialisme culturel et économique dont les conséquences dépassent très largement le cadre du folklore. Dans *Le Procès de la Mondialisation*[23], deux auteurs constatent des faits similaires dans deux régions très éloignées du globe. Helena Norberg-Hodge prend l'exemple d'une région qu'elle connaît bien, le Ladakh, où elle a longtemps vécu depuis 1975. C'est seulement à cette date que cette région himalayenne du Cachemire, encore appelée « Petit Tibet », s'est ouverte à l'influence occidentale, et en particulier au tourisme. À l'époque, Helena découvre une population qui, malgré un environnement extrêmement rigoureux, a réussi à former une société particulièrement riche, au plan matériel comme au plan culturel, psychologique et spirituel. La pau-

23 *Edward Goldsmith,* Le Procès de la Mondialisation *(Fayard).*

vreté y est inconnue, la solidarité est le maître mot, les gens vivent satisfaits et fiers. En quelques années, tout change. Face à l'afflux des touristes qui dépensent des sommes inimaginables, face aux images factices que déverse la télévision, les ladakhis se découvrent soudain pauvres et honteux. Les solidarités traditionnelles s'écroulent. La fascination des modèles de réussite à l'occidentale joue à plein pour faire naître des rivalités entre générations, entre paysans « arriérés » et citadins « évolués », entre musulmans et bouddhistes, entre ceux qui se découvrent soudain pauvres et ceux qui, croyant se faire aimer et admirer grâce aux symboles de réussite à l'occidentale, n'arrivent qu'à se faire jalouser et rejeter. Cerise sur le gâteau, une éducation complètement décalée finit le travail de sape sur une population désormais complexée, en voie de clochardisation. Ils chantaient et dansaient dans les fêtes de villages. Ils ne s'y risquent plus, honteux de leurs chants face aux professionnels entendus à la radio.

Le second exemple relate l'ouverture à la civilisation occidentale de la vallée du Mackensie, dans les Territoires du Nord-Ouest du Canada, où du pétrole a été découvert dans les années soixante. Dans cette vallée proche du cercle polaire, habitée par des Indiens et des Inuits, les bouleversements sont étrangement similaires et catastrophiques.

Dans chacun de ces deux cas, la population vivait bien, sans se nuire à elle-même, sans nuire à son environnement. Au contraire, elle avait su depuis des siècles transformer une nature hostile pour en faire le cadre d'une vie rude sans doute, mais épanouie. Aujourd'hui, elle a découvert que son bonheur hypothétique est suspendu au pétrole et à l'électricité, aux voitures et aux téléviseurs que l'Occident généreusement voudra bien lui vendre. Ils étaient libres et se retrouvent pieds et poings liés, et frustrés de surcroît sous le déferlement des images d'un bonheur inaccessible. L'Occident leur a fait cadeau de ces frustrations et de la cupidité. En échange, il a gagné des clients bien sûr, dans le cas du Ladakh, des ouvriers dans celui du Mackensie, mais aussi des concurrents pour les ressources à venir ; il les a fait rentrer dans le club des pollueurs et des gaspilleurs qui contribuent à rendre inhabitable la Terre de nos enfants.

Par leur raccourci, ces exemples peuvent nous éclairer sur les ravages que provoque la mondialisation du mode de vie occidental. L'évolution du Ladakh a été concentrée sur quelques années, sa situation préalable a pu être étudiée tout récemment. Il en est de même pour celle du Mackensie. L'influence occidentale y est donc bien visible. Mais elle est du même type un peu partout, en Afrique, en Amérique latine et dans toute l'Asie du Sud. Certes, les sociétés traditionnelles n'étaient pas exemptes de défauts, d'horreurs parfois. Et selon le colonisateur du début du vingtième siècle, c'était le « fardeau de l'homme blanc », un devoir sacré, d'apporter à ces populations « reculées » la lumière et la civilisation. Pour les sociétés d'import-export, c'est une réussite grandiose. Pour le bien des peuples, c'est nettement plus discutable, en termes de prospérité comme en termes de dignité. « *Une guerre a embrumé nos esprits,* dit un personnage de la romancière indienne Arundhati Roy. *La pire des guerres, celle qui s'empare de nos rêves pour en forger de nouveaux. Une guerre qui nous a plongés dans l'adoration de nos vainqueurs et le mépris de nous-mêmes.* »[24] L'avenir de trop de peuples prend maintenant un aspect bouché. Le bien de la Terre et l'avenir de l'humanité méritent mieux.

Les sociétés traditionnelles ont leurs richesses, même si elles ne sont pas les nôtres, et si elles leur sont souvent opposées. Parmi les valeurs suprêmes, nous avons placé le changement, la nouveauté ; dans la plupart des sociétés traditionnelles, c'est au contraire la stabilité qui compte en premier, stabilité que nous assimilons à ennui, routine, monotonie. Pour nous, qui avons une très forte notion de l'individu, et qui voyons dans l'obtention de richesses un puissant stimulant, le salariat est une condition de vie normale ; dans une société où est primordiale l'appartenance à la famille, à la communauté villageoise, à la tribu, où la gratuité des services rendus est la règle, le salariat est une malédiction, en raison de ce qu'il implique en termes de travail harassant, souvent ennuyeux et dépourvu de sens quand il est non qualifié, en termes d'éloignement de la famille, d'enfermement dans des ateliers sordides et de conditions de

24 *Arundhati Roy,* Le Dieu des Petits Riens *(Gallimard).*

vie dans les bidonvilles. Évidemment, cette malédiction est déjà vécue par les populations nouvellement urbanisées du fait de l'exode rural des dernières décennies ; le mal est déjà fait en grande partie, mais ce n'est pas une raison pour continuer nécessairement dans le même sens et condamner les populations encore rurales à tomber dans le même piège en poussant plus avant le développement.

Penser en termes de développement, c'est penser en termes d'économie de marché, donc de société de marché. C'est donc, dans la plupart des cas, viser une transformation sociale autant qu'économique. Le développement, qui prétend satisfaire les besoins essentiels des populations, se révèle au mieux une tentative dérisoire pour corriger les dysfonctionnements générés par l'emprise économique et culturelle de l'Occident.

Dans la notion de développement est présente l'idée d'un bonheur unique et obligatoire à l'occidentale. Selon Edgar Morin, cette notion « *suppose que l'état actuel des sociétés occidentales constitue le but et la finalité de l'histoire humaine* ». Si un tel programme devait aboutir, en débouchant dans quelques décennies sur une société comparable à la nôtre, le jeu en vaudrait-il la chandelle ? L'affirmer, c'est déclarer avec une certaine impudence que notre société est supérieure à celles qui sont en bonne voie de destruction. Cela reste à discuter, mais admettons. La question n'est même pas là car le développement tel qu'il est proposé est impossible à généraliser à l'ensemble des pays du monde. Après avoir connu au début de la révolution industrielle des conditions sociales épouvantables, l'Occident a pu profiter de la prospérité, mais il a pour cela disposé d'un espace où l'établir, du monde entier comme réservoir de matières premières où puiser sans compter afin d'alimenter ses besoins nouveaux, et d'un débouché universel pour les produits qu'il fabriquait. Il a pu également mettre progressivement en place, à l'abri de ses frontières, une certaine protection sociale contre la toute-puissance de l'économie. Aujourd'hui, notre société conserve tant bien que mal ses avantages parce que le réservoir des ressources à sa disposition est encore géré comme s'il était inépuisable, parce que la concurrence sur ces ressources n'était jusqu'à présent pas trop forte, parce qu'existent encore au loin la possibilité d'épurer les nuisances générées par le mode de vie d'un milliard d'occidentaux, ainsi que la faculté de délocaliser ce que nous n'acceptons plus de produire chez nous ou ce qui peut être produit à vil prix ailleurs. Mais les limites des ressources de la planète, qui rendent impossible à terme le maintien de nos standards de vie, rendent a fortiori impossible leur accès aux plus pauvres, et ceci d'autant plus qu'avec la mondialisation libérale, avec la guerre économique impitoyable, toute protection a tendance à disparaître là où elle existait, et a le plus grand mal à voir le jour là où elle est inexistante. Hélas, on ne risque guère de se tromper en disant que le développement réel va laisser la plus grande partie du Tiers-monde embourbé dans les conditions sociales effroyables de notre dix-neuvième siècle, sans lui ouvrir jamais les possibilités d'en sortir. La place étant prise depuis longtemps, le rêve clinquant venu d'Occident n'aura été qu'une escroquerie. La multiplication poussée jusqu'à l'absurde des échanges internationaux, l'ouverture en grand de toutes les frontières entre pays si inégaux, sont des impasses. La recherche d'une généralisation des standards occidentaux au monde entier est un leurre.

Ce modèle est condamné. Pourtant, Yves Cochet a encore constaté lors du Sommet de Copenhague les ravages des illusions de développement : « *A entendre les délégués à Copenhague des pays africains, asiatiques ou sud-américains, leur obsession unique est de se doter eux aussi des gratte-ciel, des routes et aéroports, des voitures, téléphones mobiles et autres exhibitions matérielles qui attestent de leur « développement ». Suggérer que 80 % de ces « richesses » proviennent du sous-sol à partir de matières premières non renouvelables, que les réserves de certaines de ces matières premières commencent à s'épuiser, et que, par conséquent, c'est plutôt aux pays « développés » de réduire leur consommation desdites matières afin de partager équitablement et sobrement ce qu'il en reste, dans une décroissance de leur empreinte écologique, et afin d'imaginer un autre modèle de prospérité et vous passez instantanément pour un écolo régressif genre retour à la bougie ou aux cavernes.* »[25]

---

25 *Actu-Environnement.com - 20/12/2009.*

Développement durable : ambiguïté ou mauvaise foi ?

« *Notre maison brûle et nous regardons ailleurs... La Terre et l'humanité sont en péril et nous en sommes tous responsables.* » Ces propos tenus en 2002 par Jacques Chirac, à la Conférence de Johannesburg sur le développement durable, ont fait forte impression. Auparavant, à la conférence de La Haye sur le réchauffement climatique, il avait déclaré : « *Il y a péril en la demeure* ». Ce qui prouve bien l'adhésion de notre ancien président au développement durable. Une adhésion qui rejoint l'unanimité désormais de rigueur : le développement peut et doit être durable. Et même avant que cette unanimité n'oriente tout discours politique, François Mitterrand avait annoncé la couleur verte, au Sommet de la Terre à Rio, en 1992 : « *Aujourd'hui, c'est de destruction qu'il s'agit. L'homme est capable désormais de tuer toute vie sur la Terre et par là de s'anéantir.* ». Avec quelle touchante unanimité les candidats à la présidentielle de 2007 n'ont-il pas signé le pacte écologique de Nicolas Hulot... le plus souvent pour l'oublier aussitôt, en se disant apparemment que cette corvée faite, on pouvait passer aux choses plus sérieuses. Car si de telles déclarations et professions de foi semblent témoigner d'une prise de conscience, en ce qui concerne les prises de décisions, c'est une autre affaire. Sans vouloir mettre en doute les convictions intimes de nos présidents anciens et actuel, on peut constater que les mesures gouvernementales découlant de cette supposée prise de conscience ne crèvent pas les yeux. Mais patience ! Lorsque les micros sont éteints, même si la maison brûle, il convient de réfléchir sérieusement avant de décider de quelle couleur on va choisir les seaux, et qui va apporter l'eau. Gouverner, c'était prévoir ; désormais, c'est avant tout communiquer, trouver la formule choc. Et la formule choc aujourd'hui est semble-t-il devenue « *Notre maison brûle. Regardons ailleurs !* »

En 2007, le volontarisme arrivant au pouvoir, on allait voir ce que l'on allait voir. Le Grenelle de l'Environnement allait faire de la France le guide vert du monde. Force est de constater que la montagne médiatique n'a pour l'instant accouché que de quelques souris. Dans le tintamarre de la communication obligée autour du développement durable, la confusion est à son comble. Car en réalité, quel est le contenu de cette expression magique ? Pour les firmes multinationales, qui savent ne pas s'arrêter au souci des seuls pays pauvres, ni à celui des générations futures, mais se préoccupent de leur image, c'est une vaste entreprise de marketing mondial, le grand jeu du « *je lave plus vert* » ; c'est la touche finale à l'entreprise de séduction : si le développement, c'est la croissance en mini-jupe, quand il devient durable, c'est carrément le string. À propos de string, Michel de Fabiani, président de BP France, ne faisait pas dans la dentelle : « *Le développement durable, c'est tout d'abord produire plus d'énergie, plus de pétrole, plus de gaz, peut-être plus de charbon et de nucléaire, et certainement plus d'énergie renouvelable. Dans le même temps, il faut s'assurer que cela ne se fait pas au détriment de l'environnement* ». Allons, plus c'est gros, mieux ça passe ! Et ça passe très bien. Lors de la campagne pour les législatives 2007, un candidat présentait les atouts de la circonscription convoitée : la voie express nord-sud, la voie expresse est-ouest, la voie express en diagonale et en construction, le futur aéroport international. Et il concluait en rappelant que bien sûr, tout cela devait s'inscrire dans le cadre du développement durable : il fallait penser à nos enfants. Et comment ! Pour le personnel politique occidental, la référence au développement durable est devenue un passage obligé. Déjà, aux élections de mars 2004, j'avais découvert stupéfait que le candidat sortant de mon canton, celui d'un des plus grands partis français, se représentait avec l'étiquette Majorité Départementale pour un Développement durable. Diable ! Pour les gouvernants, cette conversion subite est une tentative héroïque pour faire avaler les méfaits de la globalisation commerciale, en les enrobant sous la promesse d'un avenir radieux. « *Il est pour le moins ironique que ce soit ceux qui suivent le modèle de destruction consumériste qui parlent de développement durable !* déclare le responsable d'Ekta Parishad, une ONG indienne. *Ce sont eux qui ont déchaîné les forces du marché, responsables de la destruction de notre modèle durable.* » Pour les grandes organisations écologiques ou humanitaires, c'est une remise en cause plus ou moins radicale du mythe de la croissance, des échanges inégaux, de la globalisation forcenée, du mode d'exploitation des ressources planétaires. Pour beaucoup de pays pauvres, durable ou pas, le développement est le rêve de rattraper le modèle occidental qui étincelle sous leurs yeux. Ensuite, on verra…

Comment dépasser les malentendus, les ambiguïtés nées d'une expression où chacun met ce qu'il veut ? À force d'en avoir plein la bouche et plein les oreilles du développement durable, on ne perçoit la réalité que brouillée par un écran de fumée ; toute réflexion est bloquée à l'avance par la flamboyante de l'expression. Tant et si bien que même Nicolas Hulot s'insurge contre cette bouillie verbale : « *Je déplore l'abus que l'on fait du terme « développement durable ». J'ai parfois l'impression qu'il s'agit plus d'une camomille mielleuse destinée à nous faire ingérer nos excès. Quand j'entends qu'on veut installer un circuit de Formule 1 « durable » à proximité de Paris, j'ai un peu la nausée. Le temps de écogestes est révolu. Les changements que nous faisons dans nos modes de vie ne sont pas à l'échelle des enjeux. Ce qui est en cause, c'est bel et bien notre système économique.* »[26]

Cette confusion anesthésiante doit être dissipée. Il faut retrouver l'audace d'une réflexion critique vis-à-vis de la réalité et des illusions du développement, fût-il qualifié de durable.

On ne peut plus se contenter de la propagande mercantile ou politicienne cachée derrière nombre de discours sur le développement durable ; les arguments doivent être à la fois plus sincères et plus sérieux. Des études concernant l'efficacité des méthodes de production mettent en avant la possibilité de faire cohabiter notre mode de vie avec respect de l'environnement et préservation de ressources naturelles : selon les auteurs de *Facteur 4*[27], les progrès techniques, encouragés par des choix politiques forts, notamment une réforme radicale des fiscalités, peuvent permettre de produire la même quantité de richesses, biens et services, avec quatre fois moins d'énergie et de matières premières. Ainsi, les moyens tech-

---

26 Terra Eco, *avril 2009.*

27 *E. von Weizsäcker, A. Lovins et H. Lovins,* Facteur 4 *(Terre Vivante).*

niques permettent de réaliser 75 % d'économie en moyenne. Il faut pour cela des bâtiments mieux conçus et des isolants plus efficaces de manière à économiser le chauffage (et la climatisation, dada américain devenu désormais européen), des appareils beaucoup plus performants, des voitures vraiment moins gourmandes, des procédés de fabrication mieux étudiés, etc. On se demande pourquoi cela ne se fait pas de manière courante. Les auteurs se penchent sur cette question, et relèvent l'ignorance du grand public et le manque d'imagination des professionnels, mais aussi le fait que le plus souvent, les concepteurs de projets (architectes, ingénieurs) sont payés non pas en fonction des économies qu'ils font réaliser, mais en pourcentage des dépenses qu'ils engagent.

Le présent ouvrage pourrait encourir le reproche, lorsqu'il met en parallèle la croissance économique et la croissance de la consommation des ressources naturelles, de ne pas suffisamment donner de place à ces gains possibles d'efficacité. Ceux-ci ont pourtant été évoqués : il a été dit à maintes reprises que des solutions techniques existent, mais restent totalement insuffisantes. Répétons-le : ces réponses techniques, même favorisées par des décisions politiques énergiques, ne changent rien au problème, dès lors qu'on reste dans le contexte d'une croissance exponentielle... durable. Les auteurs de *Facteur 4* soulignent d'ailleurs ce point capital dans les derniers chapitres de leur livre.

Admettons en effet que ce fameux Facteur 4 puisse être totalement mis en action, grâce aux progrès techniques et aux décisions des pouvoirs publics. Et plaçons-nous en même temps dans la situation vantée par les gouvernants auprès du bon peuple, celle d'une croissance installée à 3 %. Dans 50 ans, en raison de cette croissance, la production sera multipliée par 4,4. Grâce au Facteur 4, la consommation des ressources n'aura été multipliée « que » par 1,1. C'est encore beaucoup pour des ressources déjà exploitées au-delà du raisonnable, à 130 % des capacités terrestres ! Le Facteur 4 ne résout donc pas grand-chose à lui tout seul ; il peut tout juste freiner les évolutions, en nous leurrant un peu plus sur les échéances.

Sur les échéances et sur les vrais remèdes. Car miser sur le développement durable, c'est se focaliser sur les questions de production : on continuera à produire toujours plus, en veillant simplement aux conditions de cette production, qu'on promet de rendre plus efficace, plus économe, moins polluante... Ainsi pourra « durer » le développement sans états d'âme... Une telle voie est une impasse, car, comme le souligne Patrick Viveret, « *contrairement à une idée largement répandue, la plupart des difficultés ne se situent pas dans l'ordre de l'avoir, du fait de la rareté des ressources physiques, techniques ou monétaires, mais dans l'ordre de l'être, la plupart des raretés étant artificiellement produites par des rapports sociaux mondiaux destinés à compenser le mal-être de la société possédante.* »[28] Vouloir faire « durer » le développement, c'est se dispenser d'une réflexion sérieuse sur sa nature et sa pertinence, sur le pourquoi de la recherche effrénée de richesse matérielle, et sur les modes de répartition.

En avant vers l'impasse !

Si on s'est embarqué dans le mauvais train, qui conduit à l'opposé de la destination choisie, la sagesse la plus élémentaire consiste à descendre à la prochaine gare pour regarder les horaires et réfléchir sur la suite du parcours. Le temps est venu d'envisager sérieusement l'après-développement.

Dans certains cas, la solution semble aller de soi. Face aux rares sociétés encore assez bien préservées de notre influence, souvenons-nous des ravages que cette influence peut provoquer : les exemples analogues à celui du Ladakh sont légions, même si l'ancienneté et la progressivité de nos apports rendent moins clairs leurs effets. Fichons la paix à ces peuples, gardons-nous d'intervenir chez eux avec nos gros sabots, et laissons-les construire leur avenir comme ils l'entendent, sans avoir de comptes à rendre à une quelconque OMC, ni de remerciements à donner à la Banque Mondiale.

Dans les cas opposés, les plus fréquents, ceux des pays du Sud dans lesquelles les habitants, chassés de leur campagne, s'agglutinent par dizaines de millions dans des villes tentaculaires, le problème peut sembler à première vue insoluble. Comment tenter de

28 *Patrick Viveret,* Pourquoi ça ne va pas plus mal ? *(Fayard).*

réparer autant que faire se peut les dégâts économiques, écologiques et humains du développement ? En continuant la fuite en avant, dans la voie qui a si bien échoué ?

Les pays du Sud doivent-ils multiplier encore ces zones franches où, à coup de détaxes et de réduction d'une législation sociale déjà squelettique, on fait les yeux doux aux investisseurs internationaux ? La mondialisation serait une chance pour le Tiers-monde, grâce aux emplois qu'elle permet. À l'aide de quelques exemples, précisons les termes de cette bonne action. Une marque américaine, mondialement connue, fait fabriquer ses chaussures et vêtements de sports en Asie et en Amérique latine ; le salaire total des 650 000 ouvriers, femmes et enfants pour la plupart, qui ont à travers le monde la chance d'être ainsi employés à découper, coudre, coller et emballer baskets et survêtements, n'atteint que la moitié du budget publicitaire (il est vrai que pour s'offrir l'image de l'idole des terrains de basket, la marque a dû aligner en 1984 la bagatelle de 20 millions de dollars) ; grâce à cette saine gestion des frais de personnels, le coût de la main-d'œuvre de fabrication n'entre que pour 0,3 % dans le prix de détail d'un polo, ce qui ne risque guère de mettre en péril l'équilibre financier de l'entreprise ; on devine l'impact bénéfique que le versement de salaires aussi généreux peut avoir sur le progrès humain de la Thaïlande ou du Salvador. Un exemple du même genre est fourni par une autre firme, surtout connue pour ses dessins animés, mais qui appose également sa marque sur des vêtements d'enfants et de jouets : le salaire de l'ouvrière du Bangladesh ne représente que 0,7 % du prix de détail de la chemise qu'elle fabrique, et 25 fois moins que la dépense en publicité ; pour gagner ce que gagne le PDG en une heure, cette ouvrière devrait travailler 210 ans (mais n'est-il pas normal que ce PDG soit bien payé, pour gérer un budget quatre fois et demi plus important que celui du Bangladesh, pays deux fois plus peuplé que la France ?). Et si les ouvrières ingrates réclament d'autres conditions de travail et de salaires, l'usine est déménagée vers la zone franche d'un pays encore moins regardant. Que ne fait-on pas pour amuser les enfants ! Des fois, on se dit que Donald a un air de famille prononcé avec Picsou...

Ces pays doivent-ils accepter des investissements aussi colossaux qu'inadaptés, qui vont les écraser un peu plus sous le poids de la dette ? Sont-ils condamnés à se faire les larbins amers des touristes venant en toute saison rôtir leur peau blanche sous le soleil et les cocotiers, et s'éclater la nuit dans les dancings à deux pas des bidonvilles ? Doivent-ils continuer à se spécialiser dans l'enfouissement de déchets, ou dans la fabrication de produits polluants, ceux qui dérangent de plus en plus en Occident ? L'absence de réglementation dans le domaine de l'environnement comme dans le domaine social, quel magnifique moteur de développement ! Oh bien sûr, la méthode porte des fruits. Et quels fruits ! L'Inde en est un bel exemple. Elle est devenue une puissance nucléaire et participe à la conquête de l'espace, et comme on l'a dit, son industrie cinématographique est florissante, ses informaticiens très réputés. Seulement, on meurt toujours autant sur les trottoirs de Calcutta ; des centaines de millions d'Indiens souffrent encore de faim ou de sous-nutrition, et ce nombre est plutôt en augmentation. Et si la production d'électricité a été multipliée par vingt en cinquante ans, 80 % des Indiens n'ont toujours pas accès à cette électricité, 90 % même parmi les intouchables. Autrement dit, une toute petite minorité accède à la consommation telle que nous l'entendons (une trentaine de millions d'Indiens disposent d'un revenu de mille euros). Le reste de la population reste totalement étranger à cette évolution : plus de quatre cents millions d'Indiens doivent vivre avec moins d'un euro par jour. On nomme développement l'accès d'une frange infime de la population à la voiture individuelle et à la maison climatisée. On nomme développement l'élargissement de la fracture sociale entre cette infime minorité qui accède à une richesse parfois insolente, et la masse de la population confinée dans la misère.

Bien sûr, le fait de vivre avec moins d'un euro ne signifie pas grand-chose. Dans les bidonvilles où tout s'achète, y compris l'eau vendue par un porteur, parce qu'il n'existe aucun système de distribution, un euro, c'est la misère noire. Dans un village où s'est maintenue une vie sociale équilibrée, où les échanges d'argent sont exceptionnels, où chacun peut construire sa paillote avec l'aide de ses voisins, on peut avec un euro satisfaire ses besoins et vivre peut-être mieux qu'avec les trente-cinq euros du SMIC dans la banlieue parisienne. La misère, cet état qui avilit en privant du nécessaire, n'est pas une fatalité dans le Tiers-monde. Si les sociétés traditionnelles ne sont pas toutes heureuses, loin s'en faut, elles sont toutefois développées à leur manière, c'est-à-dire capables d'assurer leur équilibre, même celles qui passent pour les plus primitives. La vie n'est pas nécessairement si misérable dans les villages d'Asie, d'Afrique ou d'Amérique latine, qu'on ne peut pas toujours regarder selon les seuls critères occidentaux. Les situations sont extrêmement variées. Là où des handicaps sont réels et graves, ils peuvent résulter de nombreuses causes : parfois les conditions naturelles, mais plus souvent les structures politiques, sociales, culturelles, ainsi que l'influence néfaste de relations internationales déséquilibrées et de l'emprise idéologique, économique et culturelle importée. Les équilibres peuvent être remis en cause par les mouvements de yoyo des cours de l'arachide et du coton, ou par les soubresauts de la bourse aux céréales de Chicago : tantôt un afflux soudain de blé européen ou américain vient ruiner les producteurs locaux de mil ou de sorgho ; tantôt au contraire le doublement brutal du prix du maïs rend la nourriture inaccessible aux pauvres. La vie peut devenir impossible en raison de sécheresses ou d'inondations inexpliquées, dues à des causes naturelles, ou à l'action de l'homme, allez savoir... Le déboisement, le réchauffement climatique, le changement des méthodes de cultures, une irrigation mal conduite, l'emprise d'une multinationale de la banane qui rafle les meilleures terres, l'élevage de crevettes destinées à l'exportation, qui prend la place des rizières et fait disparaître le poisson et le pêcheur...

Face à la situation créée par le développement, quelles pourraient être les pistes pour une évolution positive ?

Développement, énergie et endettement

Vu dans le cadre de la mondialisation, le développement est impensable sans machines, sans usines, ponts, routes et ports, sans tours pleines de bureaux, sans tracteurs et bulldozers. Il nécessite le recours massif aux sources fossiles d'énergie. Il suppose que le Malien, qui se contente actuellement en moyenne d'une vingtaine de kilos d'équivalent-pétrole chaque année, et qui veut rattraper son retard sur l'Européen ou l'Américain, multiplie sa consommation par 200 ou 400. Si cette voie se révèle être en réalité une impasse, il faut chercher ailleurs la solution, et arrêter la promotion d'un mode de développement aussi vorace, aussi gaspilleur.

Penser que les villages dispersés dans les forêts de Nouvelle-Guinée doivent nécessairement être électrifiés relève d'un occidentalisme typique. Pourtant, dans de nombreux cas, un accès raisonnable à l'énergie est indispensable. L'Occident se doit de procéder à un transfert de technologie vers les pays du Tiers-monde, pour qu'ils puissent accéder rapidement aux sources d'énergie renouvelable et décentralisée favorisant une amélioration des conditions de vie. Éoliennes, cuiseurs solaires, capteurs photovoltaïques, petite hydraulique, peuvent facilement et à coût raisonnable pénétrer les régions isolées démunies d'une infrastructure lourde et centralisée. Des expériences sont d'ailleurs menées depuis longtemps en Afrique avec des pompes solaires, d'autres sont en cours, en Bolivie ou ailleurs, sur des cuiseurs solaires familiaux, dont l'usage libère les femmes de la dure corvée de bois et permet de limiter la déforestation ou le recours aux énergies fossiles ; leur fabrication, simple et peu onéreuse, ainsi que leur diffusion, peuvent se faire localement, en dehors de toute dépendance vis-à-vis de l'Occident. Ces expériences ne demandent qu'à être encouragées au départ, et consolidées par la suite grâce à la mise en place d'un réseau local de maintenance.

Comme l'accès à l'énergie, l'accès à l'eau potable fait défaut pour plus d'un milliard d'hommes. Dans trop de bidonvilles dépourvus de systèmes d'adduction d'eau, les populations démunies doivent payer l'eau fournie par des porteurs d'eau à des prix exorbitants, sans commune mesure avec ce que déboursent les habitants des quartiers plus favorisés. L'accès à l'eau potable est, avec le traitement des eaux usées et le ramassage des ordures, une condition primordiale à l'hygiène et à la santé. L'eau polluée est à l'origine de milliers de décès chaque jour, voire de dizaines de milliers, c'est-à-dire effroyablement plus que le SRAS, la grippe A ou les attentats les plus meurtriers.

Bien avant les scanners et les opérations sophistiquées, les soins de santé primaire sont la condition suivante pour que le dynamisme d'une population ne soit pas miné par la mortalité infantile et par des maladies banales, souvent faciles à traiter. Ces points ont beau faire l'objet de promesses sans cesse renouvelées dans les conférences internationales, les choses ne bougent guère, alors que les mesures permettant leur avancée seraient d'un coût infime pour la communauté internationale.

Le problème de la dette du Tiers-monde est débattu depuis plusieurs années. Cette dette, qui aurait été remboursée six fois par le cumul des intérêts payés, écrase en premier lieu l'économie de nombreux pays et asphyxie toute tentative de politique sociale. Mais les ravages écologiques sont également dramatiques, avec leurs conséquences à terme pour l'ensemble de la planète. Lorsqu'on s'émeut de la destruction de la forêt amazonienne, on a tendance à oublier que l'une des principales raisons de cette déforestation tient à la nécessité pour le Brésil de trouver des devises pour rembourser les intérêts colossaux de sa dette internationale. Il essaie de trouver ces revenus là où il peut : sur les vestiges de la forêt défrichée, des fermes gigantesques élèvent les bovins destinés aux hamburgers américains, et font pousser le soja qui ira engraisser les porcs européens et chinois.

Il est urgent de passer l'éponge sur cette dette. Toutefois, une autre remarque s'impose. Pierre Rhabi, artisan infatigable de la promotion des paysans du Sud, l'exprime ainsi : « *La plus grande partie de la dette du Tiers-monde se trouve dans les coffres des banques suisses ou des sociétés d'investissement. On ne compte plus les châteaux achetés par des chefs d'états misérables d'Afrique ou d'ailleurs. Avant de remettre la dette, je demande d'abord qu'on remette dans les caisses ce qui a été volé aux populations.* »[29] À supposer que soit menée cette lutte contre la corruption de tant que castes dirigeantes, l'annulation rencontrerait cependant une oppo-

29 *J.P. et R. Cartier, Pierre Rabhi,* Le Chant de la Terre *(La Table Ronde).*

sition puissante, car, en dehors même de l'intérêt économique pour les créanciers (l'Afrique noire rembourse 28 000 dollars par minute aux pays riches !), il existe un intérêt au moins aussi fort, l'intérêt politique. Le mécanisme en est révélé dans les *Confessions d'un tueur économique*, où John Perkins explique comment, tout en affichant la noble cause de la réduction de la pauvreté, lui et ses semblables servent les intérêts des banques, des grosses entreprises et du gouvernement américain. Leur rôle est en effet d'inciter les pays ayant une importance stratégique particulière pour les États-Unis à accepter d'énormes prêts, puis de faire en sorte que les travaux financés par ces prêts soient effectués par des entreprises américaines. Après quoi ces pays, étranglés par la dette, passent sous contrôle effectif du gouvernement américain et des organismes créanciers, FMI en tête. « *Notre travail consistait à construire l'empire américain. Créer des situations où le maximum de ressources étaient drainées vers ce pays, vers nos multinationales, notre gouvernement, et nous avons été très efficaces. Nous avons construit le plus grand empire de l'histoire du monde. Et nous l'avons fait au cours des 50 ans qui ont suivi la deuxième guerre mondiale, avec peu de moyens militaires en réalité. En de rares occasions, comme en Irak, les militaires interviennent mais uniquement en dernier recours. Cet empire, contrairement à tout autre empire de l'histoire du monde, a été créé d'abord par la manipulation économique, par la fraude, par la corruption de personnes avec notre mode de vie, et à travers les tueurs à gages économiques. J'en faisais partie.* » Finalement, cette forme d'asservissement se révèle beaucoup plus efficace que le colonialisme ancienne manière ; c'est tout bénéfice : pas besoin d'entretenir une armée pour soumettre le pays ; pas de réprobation internationale à affronter.

Mais que ces obstacles finissent par être levés, et il faut qu'ils le soient, l'annulation de la dette aura peu d'effets positifs si les erreurs passées se renouvellent, si elle n'est que le point de départ d'un nouveau cycle d'endettement auprès des banques internationales, pour des projets à l'occidentale, pour une industrialisation à marche forcée, ou pour des réalisations pharaoniques dispendieuses. Il faut au contraire repartir sur de nouvelles bases, selon lesquelles les populations locales verront leurs spécificités respectées, leur dignité reconnue indépendamment de leurs facultés à nous imiter et à entrer dans un jeu biaisé et sans issue.

Au plus près de la population, les prêts qui permettraient de sortir de la misère sont à des années-lumière de l'univers des grandes banques internationales. Ils sont d'un tout autre ordre, quelques dizaines d'euros le plus souvent. Les banques classiques sont évidemment inaccessibles à ce genre de clientèle, avec leurs frais de dossier, leurs paperasses incompréhensibles et leurs demandes de garantie. Reste le recours à l'usurier ; mais c'est alors trop souvent le premier pas vers la dépendance définitive, qui peut dans certains pays obliger une famille enfermée dans une spirale de dettes à livrer ses enfants en esclavage au profit du créancier. Prenant conscience de cette situation, Muhammad Yunus, économiste bangladeshi, a fondé dans son pays la Grameen Bank (ce qu'on pourrait traduire par Banque Villageoise), une banque qui prête aux plus pauvres des sommes de l'ordre de quelques dizaines de dollars[30]. Cette première banque de « microcrédit » a essaimé dans de nombreux pays, et a fait des émules, qui sont devenus des moteurs efficaces pour le recul de la misère. J'ai rencontré au Bangladesh une famille qui avait obtenu un prêt équivalent à une cinquantaine d'euros, grâce auquel le mari avait pu acquérir le rickshaw qu'il conduisait. Auparavant, il devait donner chaque jour au propriétaire de ce vélo-pousse la moitié de sa recette ; il peut désormais tout garder pour faire vivre sa famille, une fois retirée une somme minime pour le remboursement de son emprunt. De son côté, sa femme avait planté quelques arbres fruitiers autour de sa cabane. Certes, ce n'est pas l'opulence, mais c'est déjà la sortie de la misère. Ailleurs, c'est une femme qui achète une machine à coudre afin d'ouvrir un petit atelier pour une clientèle locale. Ailleurs encore, c'est la mise à disposition d'une jeune truie, qui sera élevée selon les techniques traditionnelles, et remboursée lors de la vente des porcelets.

---

30 *Le professeur Yunus a reçu le Nobel de la Paix pour cette initiative de microcrédit.*

Ce système n'est évidemment pas la panacée, et ne peut à lui seul vaincre la misère ; il peut même facilement être détourné de son esprit, notamment s'il invite à abandonner les productions traditionnelles (cultures vivrières en particulier) au profit d'activités plus adaptées au commerce mondial qu'à l'indépendance de celui qui est ainsi transformé en producteur-consommateur. Et le fait que le microcrédit soit rentable (les pauvres ayant à cœur de rembourser) ne doit pas en faire une terre de conquête pour les banques ordinaires, alléchées par le nombre si grand de pauvres qui échappaient jusqu'alors à leur emprise. Ces réserves étant posées, le microcrédit peut participer efficacement à la solidarité et à la sortie de la misère, surtout s'il se pratique dans le cadre de groupes qui peuvent s'épauler au cas où l'un des membres serait en difficulté.

Scolarisation ou éducation ?

Le consensus est tellement général sur l'importance de la scolarisation qu'il paraît inutile d'insister. Les progrès dans ce domaine sont vus à la fois comme une marque du recul de la misère, et comme une condition à ce recul. Ils vont de pair en particulier avec le reflux du travail des enfants.

Conséquence, sans doute. Condition presque automatique de progrès de tout un peuple, et même de progrès individuel, ce n'est pas toujours aussi sûr. Car la scolarisation, surtout quand elle est calquée sur ce qui se fait en Occident, n'est pas exempte d'effets pervers. Que gagnent à être scolarisés les enfants des Bochimans, des Yanomanis, des Inuits et des tribus semi-nomades des collines de Birmanie ? Ces peuples dont le territoire se réduit comme peau de chagrin seront-ils plus à même de se défendre contre la disparition, ou cette disparition n'en sera-t-elle que mieux assurée par une scolarisation vue d'abord comme un chemin vers l'assimilation ? L'éducation est primordiale, mais c'est un peu court de systématiquement confondre éducation et scolarisation, car l'éducation peut se faire de bien des manières. C'est pourquoi, même pour les peuples moins isolés et davantage confrontés au monde moderne, la scolarisation n'a pas que des effets bénéfiques. Gustavo Esteva, économiste mexicain réputé, parle des personnes rencontrées dans les villages de son pays : « *Ce sont des indigènes pleins de sagesse qui n'osent partager leur savoir ou qui le dévaluent, parlant à voie basse « parce qu'ils n'ont pas été à l'école »; des femmes qui devaient leur prestige et leur renommée au sein de leur communauté au fait qu'elles aidaient les femmes à accoucher, mais qui se heurtent aujourd'hui à l'interdiction des autorités parce qu'elles n'ont pas de diplômes; des vieux angoissés par le regard méprisant de leurs enfants universitaires, même si les enfants se sentent aussi frustrés qu'eux en découvrant qu'ils n'ont pas trouvé l'emploi qui semblait leur être destiné. Partout aussi, je trouve des « morts-vivants », des gens qui ne sont ni d'ici ni d'ailleurs, qui n'ont pas eu la chance d'apprendre une tradition parce que depuis leur plus tendre enfance, on les a confinés dans des institutions qui les ont soustraits à leur monde immédiat et où on leur a appris des besoins auxquels ils n'ont pas accès. Je découvre des personnes qui ont été obligées de déserter l'école à un niveau plus ou moins avancé et qui sont privées des habiletés et du réseau de solidarité du monde qui les a vues naître, mais qui ne peuvent rien faire avec ce qu'elles ont appris à la ville et qui sont frustrées de n'avoir pu arriver au bout de l'entonnoir éducatif.* » Et il raconte l'histoire de ce dirigeant de village auquel ses enfants demandent : « *Pourquoi nous avez-vous envoyés à l'école, père ?* » Le père a cru qu'ils pourraient enrichir la vie des villageois et avoir une vie meilleure. Mais « *les enfants, de leur côté, sont vite tombés dans une grande perplexité. Plus le temps passait, plus ils se demandaient comment ils pourraient appliquer l'enseignement qu'ils recevaient et qui avait plutôt tendance à les éloigner du monde d'où ils venaient...* »

On pourra faire remarquer que les jeunes bretons ayant poursuivi leurs études dans la première moitié du vingtième siècle ont été confrontés un peu aux mêmes questions. Seulement, c'était dans l'optique d'une intégration de la société rurale entière dans la France moderne. Le succès des informaticiens indiens peut au premier abord faire penser qu'il en sera de même pour tout le Tiers-monde. Tout cet ouvrage s'inscrit en faux par rapport à cette perspective de généralisation de notre modèle.

Peut-on imaginer que l'éducation et la transmission des savoirs puissent passer par un autre canal que celui de l'école telle que nous la concevons ? Pour les occidentaux, c'est un élément essentiel des solutions toutes prêtes nées chez nous. Et d'ailleurs la plupart des peuples sont fortement demandeurs d'écoles. Cette demande quasi-universelle suffit-elle à classer comme bénéfique pour tous une école d'inspiration plus ou moins occidentale ? Visitant une école de brousse africaine, un ami s'est rendu compte que les jeunes filles y étudient la crise économique de 1929 en Occident : est-ce vraiment là leur première priorité ? Ce mimétisme culturel n'est-il pas d'abord le signe de cette imprégnation de nos valeurs qui afflige les sociétés traditionnelles d'un complexe d'infériorité ? Dans la perspective selon laquelle le développement doit conduire à une société calquée sur la nôtre, la scolarisation est une évidence. Mais si l'on considère que chaque peuple peut et doit évoluer selon son génie propre, c'est à voir : le mode d'éducation et de transmission de savoirs peut lui aussi être réinventé.

Nous sommes là en pleine provocation. Ces questions sont aujourd'hui sans réponses, puisqu'elles ne sont que très rarement posées. Raison de plus pour les poser, justement.

J'ai rencontré au Bangladesh une organisation non-gouvernementale qui, loin des compromissions, des corruptions et de la gabegie, sans recevoir une pluie considérable de dollars, réalise un travail remarquable. Fondé lors de la guerre d'indépendance de 1971 par de jeunes médecins convaincus, *Gonoshasthaya Kendra* (*Centre de Santé Populaire*) a voulu après cette guerre gagner la paix, en s'investissant d'abord dans le domaine de la santé (formation de travailleurs de santé primaire, fabrication de médicaments génériques de base, mise en place d'une assurance-maladie accessible aux plus pauvres), avant de diversifier son action vers l'éducation des enfants et l'alphabétisation des adultes, la promotion des femmes par la formation professionnelle, le soutien aux minorités ethniques, la reforestation, l'agriculture…

L'efficacité de ce type d'organisation locale confirme les propos suivants, tenus pas le directeur d'un organisme de recherche sur l'environnement, à propos de l'échec de projets dantesques comme celui qui avait été concocté par de bonnes âmes européennes, et qui consistait à endiguer totalement les milliers de rivières du Bangladesh : « *Les organisations internationales devraient écouter les gens du pays plutôt que faire travailler à mille dollars la journée des consultants qui ne sont jamais venus au Bangladesh... Donnez-nous seulement 10 % du budget de ces organisations et nous trouverons, en concertation avec les habitants, des solutions qui amélioreront leur vie quotidienne.* » Loin de la Banque Mondiale, des choses se font et se font bien ; là réside l'espoir.

Dans ce chapitre, le mot développement a surtout été appliqué aux pays du Sud, avec quelques retours inévitables au développement « bien de chez nous », puisque le développement durable est censé s'appliquer partout, y compris dans les pays « développés ». Quand comprendra-t-on que le développement ne peut être qu'un processus transitoire ? Un homme doit rencontrer d'urgence un psychiatre s'il se rêve en éternel adolescent toujours en crise de croissance. Une société qui se déclare elle-même développée révèle également des problèmes si elle ne se décide pas à viser la maturité au lieu de rechercher un développement physique sans fin. Le développement sans fin est le propre des organismes cancéreux. Laissé à lui-même, le cancer du développement n'obéit qu'à sa propre logique ; il répand dans le monde ses métastases, avec une issue trop prévisible.

Pour guérir de cette maladie funeste, le monde doit d'abord en prendre clairement conscience. C'est la première condition pour que chaque pays puisse construire un avenir possible, selon ses aspirations et son génie propre. Voilà pourquoi il est si urgent d'inventer un autre modèle pour nous d'abord, pour qu'ensuite ce modèle nouveau puisse peut-être se généraliser en s'adaptant, si d'autres le souhaitent, d'autres qui pour l'instant n'ont à envier qu'un modèle non généralisable. Voilà pourquoi il est urgent de préserver les ressources irremplaçables que nous gaspillons, afin que toutes les populations, et surtout les plus démunies actuellement, ne soient pas acculées à des impasses techniques, économiques, sociales et écologiques pendant les phases d'une évolution dont le droit ne saurait leur être refusé.

Les sociétés traditionnelles ont adapté leur mode de vie à leur environnement. La société industrielle s'efforce d'adapter l'environnement à son mode de vie. Et le développement durable prétend généraliser cet état de fait et le prolonger indéfiniment. C'est irréaliste. C'est suicidaire.

Notre technologie n'est ni bonne ni mauvaise en soi. Elle est capable du meilleur comme du pire. Le meilleur, nous l'apprécions chaque jour. Le pire commence quand la technologie et la finance prétendent détenir la vérité, avoir réponse à tout, modeler le monde, formater la vie. Le pire se construit dans la prétention à vouloir s'approprier le monde, comme s'il était inoccupé, ou habité de seuls gêneurs.

Il est temps d'inventer « l'après-développement », de mettre un terme à la colonisation culturelle et économique du monde par les seules valeurs occidentales, de démonétiser autant que faire se peut les rapports humains, pour retrouver, en antidote au tout-commercial et au toujours-plus, le sens du gratuit et du qualitatif.

NOURRIR L'HUMANITÉ

En 1984, aucun homme, femme ou enfant ne s'endormira plus en ayant faim.

Henry Kissinger (en 1974)

Sur les six milliards et demi d'humains que porte la Terre, un bon milliard est souvent suralimenté, alors que deux milliards sont mal nourris, et un milliard (dont les trois-quarts sont des paysans) souffre de la faim. Comment nourrir neuf milliards d'habitants dans cinquante ans ?

On nous a dit que la solution au problème de la faim est dans le développement ; que le développement passe par la concurrence internationale et l'intégration dans le commerce mondial, seuls capables de mobiliser les plus performants et de les rendre encore plus compétitifs. On a vu ce qu'il en est... La faim se réduit alors à un problème technique (la révolution verte donnera aux meilleurs les moyens de devenir encore plus productifs), et un problème commercial (ceux-ci, où qu'ils soient, nourriront la Terre entière). Pour un ancien Secrétaire d'État américain à l'agriculture, « *l'idée que les pays en développement devraient se nourrir par eux-mêmes est un anachronisme qui vient d'une ère dépassée. Ils assureraient mieux leur sécurité alimentaire en se reposant sur les produits de l'agriculture américaine, qui sont disponibles dans la plupart des cas à un coût bien moindre.* »[31]

Joli programme, contesté voici près de dix ans par Jean-Luc Duval, ancien président des Jeunes Agriculteurs. Dans un point de vue inti-

31 *Cité par Dominique Viel,* L'Écologie de l'Apocalypse *(Ellipse).*

tulé : « *Laissez les paysans du Tiers-monde protéger leur marché* »[32], celui-ci s'élevait contre la prétention du G8 à imposer à l'agriculture des pays pauvres la mondialisation libérale :

« *Regardons du côté de ceux qui sont chargés de nourrir tout le monde : nous sommes environ un milliard trois cents millions d'actifs agricoles. Environ un milliard d'entre nous travaille chacun une surface guère supérieure à un hectare, avec un équipement réduit à un ou deux instruments de type houe : leur productivité est de l'ordre de 10 quintaux d'équivalents céréales par actif et par an.*

Quasiment tous les autres disposent d'une ou de deux bêtes de traction, pour tirer le plus souvent un araire et, au mieux, une charrue... car on compte dans le monde seulement 28 millions de tracteurs. Les plus performants permettent, comme ceux que je représente, de produire l'équivalent de 10 000 quintaux de céréales par actif et par an.

Le projet de M. Bush est tout simplement de mettre en concurrence ces producteurs à 10 000 quintaux par actif avec ceux qui en produisent 10. Vous avez dit « concurrence » ? J'appelle cela un jeu de massacre. Pour une fois, les chiffres parlent d'eux-mêmes. L'équation est simple : il faut multiplier par trois la production alimentaire mondiale. Où sont les futurs gains de productivité ? Dans les plaines de l'Iowa et de la Beauce, où quelques milliers de paysans peuvent espérer passer de 100 quintaux par hectare à 150 ? Ou partout ailleurs dans le monde, où un milliard de paysans devraient pouvoir passer de 10 à 15 quintaux, comme nous en Europe au début du dix-neuvième siècle ? Les ayatollahs de la liberté des échanges commerciaux croient dur comme fer que toute mise en concurrence est toujours bonne à prendre. Ce que je prétends, c'est qu'en matière d'agriculture, et, par suite, d'alimentation, c'est une ineptie. »

Ces réflexions sont toujours actuelles. Cette idée exprimée par cet ancien dirigeant agricole, selon laquelle l'agriculture des pays pauvres doit être protégée, est défendue en France surtout par la *Confédération Paysanne*, et dans le monde par *Via Campesina*,

32 Le Monde, *27 juillet 2001.*

organisation paysanne internationale. Cette protection est vitale pour la survie de la paysannerie des pays du Sud, qui représente, on l'oublie trop, la moitié de la population active mondiale. Protégée, l'agriculture du Sud pourra progresser, au travers d'une certaine amélioration des techniques de culture et d'élevage. L'objectif n'est pas la plus grande productivité par travailleur : le match entre 10 et 10 000 quintaux n'a aucun sens, comme le remarque Jean-Luc Duval. Quel est l'intérêt pour un homme seul de produire 10000 quintaux, si cette prouesse technique se paie par la désertification des campagnes, la montée du chômage et une dépendance toujours accrue au pétrole ? Quel est l'intérêt si chaque calorie alimentaire contenue dans cette production coûte à la terre dix à quinze calories avant de tomber dans notre assiette ? Ce qui compte, c'est ce que peut produire durablement un hectare pour nourrir effectivement la population, grâce à la compétence des paysans, avec un bilan optimal entre énergie consommée et énergie produite. Ce qui compte aussi, c'est dans quelles conditions le paysan pourra vivre sur la terre qu'il cultive.

Prix bas : l'engrenage infernal

La faiblesse habituelle des prix agricoles, en dehors des soubresauts de 2007-2008, crée dans le monde une situation absurde : pour les denrées comme les céréales, qui peuvent se stocker et s'échanger sur une longue distance, un prix mondial s'établit à partir de la loi de l'offre et de la demande ; seulement, aucun paysan du monde, même le plus performant, ne peut vivre de son travail en vendant à ce prix. Les agriculteurs américains et européens ne s'en sortent qu'avec les aides de l'état (aides directes, subventions) avouées ou camouflées. On peut au passage s'étonner que les tenants de l'orthodoxie libérale ne s'insurgent pas contre cette situation contraire à toutes les fameuses « lois du marché ». Les paysans du Sud n'ont évidemment aucune aide de ce type à attendre de leurs pays aux budgets squelettiques. Aussi, quand leurs frontières laissent entrer au cours mondial les céréales occidentales, ce qui est de plus en plus le cas en vertu des règles de libre-échange de l'OMC, ils se retrouvent étranglés par cette concurrence. Depuis des siècles, les Peuls du Sahel élèvent des zébus, pour lesquels ils trouvent facilement acquéreurs en Côte d'Ivoire ou au Ghana. Jusqu'au jour où les clients leur annoncent qu'ils en achètent dix fois moins. À l'origine de ce changement brutal, la mode des blousons de cuir en occident, qui provoque une pénurie de cuir. L'Argentine, avec ses immenses pampas, augmente sans difficulté sa production bovine, pour prélever le cuir et les meilleurs morceaux ; le reste des carcasses, congelé, est bradé en Afrique, où il écrase la production locale. Quelques années plus tard, la presse révèle l'exemple tout aussi désastreux des découpes de poulets occidentaux dont les bas morceaux déferlent à un demi-euro le kilo sur les marchés africains, en ruinant les éleveurs locaux.

Le coût de la main-d'œuvre dans les pays du Sud étant suffisamment faible pour appeler les délocalisations dans des secteurs comme celui du textile, de la chaussure, et beaucoup d'autres industries, on peut se demander pourquoi ces paysans sont incapables de vivre en vendant blé, maïs, mil ou sorgho au prix mondial, de l'ordre de 6 ou 7 euros le quintal certaines années. La réponse réside dans la productivité d'un actif agricole. Admettons, en écho à la citation précédente, que le paysan armé de sa houe réussisse à récolter 10 quintaux, qui lui suffisent pour nourrir correctement sa famille. Il a aussi besoin de quelques rentrées d'argent, même minimes, pour l'habillement, le logement peut-être, ou la réparation de sa houe cassée. S'il lui faut 40 euros pour les frais de l'année, et si le quintal se vend 20 euros, il lui suffit d'en vendre 2, et les 8 qui restent seront peut-être suffisants pour se nourrir tant bien que mal. Mais que le prix de vente baisse jusqu'à 7 euros, et rien ne va plus : il devra vendre 6 quintaux, et c'est pour lui la famine.

Encore récemment, les États-Unis apportaient à l'Éthiopie une aide alimentaire sous forme de blé, un blé qui se retrouvait sur le marché local pour moins de 5 euros le quintal. Incapable de vivre du prix de vente de sa récolte, le paysan éthiopien tombe encore un peu plus dans la misère, doit vendre son bétail, dont le fumier apportait jusque-là le seul fertilisant à ses terres ; les rendements chutent encore, et le cercle vicieux de la misère se referme. Conscient de la nocivité de cet engrenage, le gouvernement éthiopien a demandé aux USA de remplacer cette « aide » en blé par un équivalent financier. Refus américain, en vertu de la loi PL 480 citée plus haut.

Dans un pays pauvre, que devient le paysan ainsi réduit à la misère ? Il se tourne vers la ville, où il essaie de trouver un emploi pour gagner de quoi s'acheter ce qu'il ne peut plus produire lui-même : les dix quintaux de céréales nécessaires pour nourrir sa famille, et un peu d'argent supplémentaire pour les quelques dépenses incontournables. Dans un contexte de chômage effrayant, l'employeur éventuel le voit venir : sachant que le blé se trouve à moins de 7 euros, il peut descendre très bas dans son offre de salaire. Ainsi, la baisse des prix agricoles se révèle une machine redoutablement efficace pour faire baisser les coûts de la main-d'œuvre et étendre la misère au Sud.

Face aux paysans ruinés, les gros planteurs, les empires de la banane et des agrocarburants, les autres majors de l'agriculture d'exportation peuvent faire main basse sur les meilleures terres. Disposant des capitaux nécessaires, des moyens techniques les plus modernes et d'une main-d'œuvre sous-payée, ils ne se contentent pas d'exporter bananes et ananas : ils peuvent aussi se permettre de concurrencer les produits occidentaux sur leur propre terrain, et de tirer à leur tour les prix à la baisse, en proposant le manioc et le soja pour les élevages industriels américains ou européens, ou directement la viande pour les fast-foods. Les agriculteurs occidentaux ont alors besoin de nouvelles aides pour résister à ce retour de bâton, et la boucle est bouclée.

Nourriture ou développement ?

Dans la lutte du pot de terre contre le pot de fer, les cultures vivrières sont progressivement refoulées sur les terres les plus ingrates par les grandes cultures d'exportation. Ou c'est le paysan qui est amené à se tourner vers les cultures de rente. L'agrobiologiste Pierre Rabhi a participé à la revitalisation de l'agriculture dans de nombreux pays, notamment au Burkina Faso, où le gouvernement l'a appelé à la rescousse face à la désertification. Il résume ainsi le processus pervers dont il a lui-même constaté les effets. Depuis toujours, les paysans vivaient, modestement, du produit de leur terre, mais, il faut l'avouer, ce mode de vie constituait une injure à l'économie moderne. C'est pourquoi les émissaires de la modernité ont dû apporter leur éclairage : « *Pleins de leur supériorité, les nouveaux venus ont dit aux paysans : « Ce que vous faites est un peu ringard. Vous continuez à cultiver vos propres légumes et cela vous permet tout juste de subsister. Ce n'est pas assez rentable. Nous allons vous donner les engrais dont vous avez besoin, mais vous allez cesser de produire des légumes pour votre nourriture. Vous allez plutôt cultiver des produits qui vont aller à l'exportation et rapporter des devises, du coton, du cacao, des arachides..., selon les régions. Vous allez nous amener votre récolte et, avant de toucher votre argent, vous allez rembourser les produits que vous avez utilisés. » Croyez-moi, après cette opération, il ne restera pas beaucoup d'argent à ces pauvres paysans. Tout juste de quoi acheter la nourriture qu'ils n'ont pas produite, et encore, pas toujours. Ils vont acheter par exemple du riz provenant des États-Unis, un riz si bon marché que les producteurs de riz local vont se trouver incapables de vendre le leur et donc vont se trouver ruinés.* »[33] Beaucoup sont contraints de fuir vers les bidonvilles. Les autres s'accrochent, et tentent de résister en s'agrandissant. Il faut pour cela déboiser à tour de bras : après quelques années, le climat local change, la sécheresse s'installe, la végétation se raréfie, les animaux surpâturent et mettent le sol à nu ; quand les pluies reviennent, le ruissellement emporte la terre mise à nue. Année après année, le Sahara avance sur le Sahel, et le Sahel remplace la forêt. Alors s'impose la nécessité du développement, pour réparer les dégâts du développement : il faut des usines, il faut des exportations pour donner du travail à ces paysans miséreux. Le pays doit exporter... Le cycle infernal s'est refermé.

Au Costa Rica, la production de bœuf a triplé en vingt ans : il faut bien alimenter les chaînes de production de hamburgers. Mais la

---

33 *J.P. et R. Cartier, Pierre Rabhi,* Le Chant de la Terre *(La Table Ronde).*

viande de bœuf est désormais inaccessible au Costaricain moyen.

En Asie du Sud, l'élevage des crevettes, recette miracle du développement, n'est pas tourné vers les populations locales souffrant de malnutrition, mais vers les rayons de surgelés de nos hypermarchés, ce qui génère des profits et rapporte des devises. Mais en empoisonnant les rizières côtières, la production de crevettes chasse les pêcheurs et les paysans pauvres ; chaque emploi ainsi créé au Bangladesh fait disparaître au moins dix emplois dans l'agriculture ou la pêche, et après quelques années d'exploitation, il faut trente ans au moins pour réhabiliter les terres souillées par le sel et les rejets polluants.

Au Brésil, la destruction de la forêt amazonienne, largement financée par la Banque Mondiale, a été réalisée pour l'essentiel dans le but de former d'immenses exploitations agricoles, semées en soja destiné aux élevages occidentaux ou chinois, plantées en canne à sucre destinée à l'éthanol (un agrocarburant), ou occupées par le bétail pour l'exportation. Moins d'un cinquième des terres défrichées est consacré à l'installation des paysans déplacés. Devenu ainsi le troisième exportateur agricole mondial, le Brésil a vu le pourcentage de sa population touchée par la malnutrition passer d'un tiers dans les années soixante à deux tiers, vingt ans plus tard : pendant que les cultures d'exportation s'étendaient, la production de riz et de haricots, base de la nourriture des plus modestes, chutait, et les paysans perdaient la terre sur laquelle ils vivaient et se nourrissaient.

Plus du tiers du riz exporté dans le monde provient de Thaïlande, mais le pays connaît de graves problèmes de sous-alimentation : les denrées cultivées dans le pays sont trop chères pour la majorité de la population, aux revenus misérables.

Au moment des famines de 1971-1976, et de 82-85, l'Éthiopie continuait à détourner une partie importante de ses terres agricoles pour les cultures d'exportation. Au plus fort de la famine, ses ventes à l'Europe de céréales et autres aliments du bétail étaient plus importantes que jamais.

On pourrait, hélas, multiplier de tels exemples.

Pour un cercle vertueux

Pour éviter ce massacre de la paysannerie du Sud par la conjonction entre les prix bas et le libre-échange, il faut organiser la protection de l'agriculture, en supprimant les subventions aux exportations des pays riches vers les pays pauvres (y compris les « aides » en nature, sauf en cas de véritable urgence humanitaire, lorsque les régions voisines ne peuvent suffire à faire face), et en permettant à ces derniers de se protéger par des taxes à l'importation. N'étant plus soumis à une concurrence effrénée et insupportable, les paysans pourront retrouver un revenu leur permettant d'abord de vivre, au lieu d'avoir comme seule perspective la fuite vers les bidonvilles. Progressivement, ils pourront ensuite épargner et investir dans des outils permettant un travail moins pénible et plus efficace, éventuellement l'achat d'un peu de bétail, qui apportera un revenu complémentaire, produira du fumier pour améliorer la fertilité du sol, et rendra peut-être possible un début de culture attelée.

La *Lettre du CCFD* de janvier 2007 illustrait par trois exemples les conséquences de ce choix entre le libre-échange dogmatique et une certaine protection : « *La Corée du Sud, qui produisait de riz en suffisance pour nourrir sa population, a été contrainte dans le cadre de l'OMC à ouvrir ses frontières : le marché local a été brusquement submergé de riz chinois beaucoup moins cher. Quelques mois ont suffi pour que de nombreux producteurs de riz coréens fassent faillite, et que la production domestique chute.* » À l'opposé : « *La Guinée a appliqué pendant quelques années une protection saisonnière de sa production de pommes de terre contre les importations venues des Pays-Bas. Aujourd'hui, l'autosuffisance est atteinte, la productivité améliorée et les mesures de protection ont pu être levées. De même, entre 1992 et 1998, le Nigeria a interdit les importations de riz cinq mois par an. Cette mesure a permis au pays de tripler sa production, apportant ainsi une solution durable au problème de la sécurité alimentaire de sa population.* »

Les gains de productivité ne prennent pas des siècles, pour peu que les prix soient soutenus : après guerre en Europe, il a fallu une petite vingtaine d'années pour que le Marché Commun, où se pratiquait la préférence communautaire, passe de l'insuffisance alimentaire à la surproduction. Avec des méthodes qu'on peut espérer moins brutales, le Tiers-monde peut en quelques années obtenir également cette autosuffisance et mettre ainsi un terme au scandale de la faim ; ensuite, son agriculture pourra suivre la courbe de la croissance de sa population. Point besoin de beaucoup d'aide pour cela, mais d'abord le droit de mettre en place des règles équitables et efficaces.

C'est dans un tel cercle vertueux qu'est entrée l'agriculture européenne, surtout à partir du début du dix-neuvième siècle, amorçant des bonds fabuleux de productivité… jusqu'aux débordements des dernières décennies. Auparavant, le paysan européen s'est surtout nourri lui-même, avec sa famille, ne vendant qu'un peu de surplus aux rares non-paysans : l'autoconsommation était prépondérante, la commercialisation marginale. Au cours des siècles, le lent progrès des techniques a conduit à une augmentation de la productivité, permettant au paysan de vendre un peu plus : s'il a besoin de 8 quintaux pour se nourrir, et s'il en récolte 10, il en a 2 à vendre ; si son rendement monte à 14, il en vendra 6, ce qui triple son revenu. Ou bien il peut consacrer une part de ses terres à l'élevage : sa vache et son cochon lui permettent de diversifier son alimentation ou ses ventes, et produisent du fumier qui améliore ses rendements ; il peut aussi atteler sa vache à un araire, et son travail devient un peu moins pénible. Le cercle vertueux est amorcé.

La révolution fourragère accélère le processus : l'habitude était de laisser la terre en jachère une année sur deux ou trois, afin qu'elle se repose ; au tournant du dix-huitième du dix-neuvième siècle, les cultures de légumineuses, comme le trèfle, ou les racines fourragères, comme la betterave ou le rutabaga, commencent à se répandre. Tout en enrichissant le sol et en le nettoyant, ces cultures produisent du fourrage pour nourrir davantage de bétail, qui donne davantage de fumier, qui enrichit encore le sol, qui produit encore plus (entre 1800 et 1810, les rendements bondissent de 8 à 12 quintaux). Pour que cette révolution fourragère soit possible, une décision politique a été nécessaire : le système de la « vaine pâture », en vigueur sous l'Ancien Régime, donnait le droit à toutes les bêtes du village de paître après la récolte sur toutes les terres ; le droit pour chacun d'enclore ses parcelles, réclamé dans les cahiers de doléances de 1789, et accordé quelques années plus tard, permettait désormais d'y semer les légumineuses sitôt la moisson...

Plus tard, une autre révolution, technique celle-ci, a pris le relais : mécanisation, motorisation, emploi d'engrais chimiques et de pesticides, implantation de nouvelles cultures (maïs hybride...), irrigation, élevage intensif, OGM,... Et, dans la vie du paysan occidental, devenu successivement cultivateur, agriculteur, puis exploitant agricole, révolution culturelle, révolution de l'habitat et du mode de vie, jusqu'aux dérives que l'on sait.

Cette révolution agricole n'a pas eu besoin de mondialisation pour se réaliser. Elle s'est accomplie dans un contexte de protection : même dans les périodes où le libre-échange était prôné, les difficultés de transports apportaient une protection de fait. Récemment encore, la protection était de règle au sein de la CEE, qui pratiquait la préférence communautaire et maintenait des taxes à ses frontières extérieures. Qu'est-ce qui oblige aujourd'hui à renoncer à toute protection, sinon les fatwas des ayatollahs de la mondialisation, et le fatalisme des politiques trop crédules ?

Aujourd'hui, une telle protection n'aurait généralement pas de sens ni d'utilité pour un pays isolé, mais devrait plutôt s'envisager pour un ensemble régional aux conditions de productivité comparables, où les échanges peuvent se faire sans que la concurrence devienne un jeu de massacre. De tels ensembles existent déjà, de manière accomplie ou à l'état embryonnaire : l'Union Européenne bien sûr, mais aussi l'ALENA entre les États-Unis, le Canada et le Mexique (la place du Mexique dans cet ensemble est d'ailleurs très problématique, sa productivité agricole n'ayant rien à voir avec celle de ses grands voisins du nord), le Mercosur en Amérique du Sud, l'UEMOA en Afrique de l'Ouest.

Dans le Tiers-monde, à l'intérieur de tels ensembles, les prix agricoles pourraient être protégés, par l'instauration de préférences communautaires, de taxes aux importations, introduites de manière évidemment graduelle pour que les consommateurs pauvres puissent s'adapter à la remontée des cours et continuer à se nourrir.

Et en cas de déficit alimentaire dans un coin du Burkina Faso, la région ne sera plus inondée de blé du Minnesota ou de la Beauce. On se fournira dans la région voisine, ou en Côte d'Ivoire ou au Bénin, avec le sorgho qui s'y trouve en excédent, et reste plus adapté aux habitudes locales. Loin de participer comme les exportations occidentales à la misère des campagnes et à l'exode rural, ces échanges locaux de nourriture, à des prix corrects, assurent aux paysans un débouché et un revenu décent ; ils sont bénéfiques à toute la région et permettent d'aller vers l'indépendance alimentaire. Au cercle vicieux actuel, il s'agit de substituer progressivement un cercle vertueux entre la hausse des prix agricoles, celle des salaires, l'amélioration des conditions de vie et de travail, l'épargne, l'augmentation des rendements...

En Occident, le problème est plutôt celui de la surproductivité. Pour faire disparaître les aides, ou en tous cas les limiter à certains cas particuliers (agriculture de montagne, par exemple), il convient donc de faire remonter les cours en maîtrisant la production. Les systèmes des droits à produire (quotas, droits de plantations, limitation du nombre d'animaux, gel des terres,...) ont une efficacité certaine, à défaut d'être faciles à répartir de manière juste, et d'être toujours très cohérents. Edgar Pisani, ancien ministre de l'agriculture du Général de Gaulle, propose d'une part de supprimer en Europe et aux USA les primes et autres subventions à l'exportation qui écrasent les agricultures du Sud, et d'autre part de déterminer un prix seuil permettant aux agriculteurs européens de vivre décemment de leur travail. Cela sous-entend de revenir à la préférence communautaire, c'est-à-dire d'empêcher les importations à prix bradés venant de pays qui n'ont pas les mêmes contraintes que les nôtres, l'Argentine par exemple où, sur des exploitations de 30 000 hectares, les ouvriers agricoles reçoivent un salaire journalier inférieur à une heure de notre Smic.

Évidemment, l'idée d'une protection du marché du riz, du blé ou du mil est une hérésie face à la pensée unique, pour laquelle seule la dérégulation totale du commerce peut apporter la prospérité. Le protectionnisme a mauvaise presse : il évoque les tendances nationalistes du passé, quand chacun se barricadait derrière ses frontières, avec l'idée que les autres allaient de leur côté laisser leur marché ouvert et se laisser envahir. Il ne s'agit pas de cela ici : il s'agit de mettre en concurrence des partenaires comparables dans un match loyal. Jean-Michel Lemétayer, président de la FNSEA, le puissant syndicat agricole, déclarait : « *l'OMC est un arbitre, et je ne suis pas de ceux qui crient : à mort l'arbitre !* » On ne pourrait que souscrire à ces propos, à condition toutefois que l'arbitre soit intègre et compétent, et que la partie soit honnête. Ce n'est pas le cas si on place sur le même terrain des équipes d'athlètes surentraînés, gonflés aux anabolisants, et d'autres, rassemblées de force au hasard des rues, des maigrichons, des vielles dames, des enfants, des éclopés. L'OMC a beau être présente pour vérifier que chacun est muni du même gourdin, lorsque tout le monde commence à se cogner dessus, c'est le massacre, comme le remarque Jean-Luc Duval, et il faut y mettre fin. Les mesures proposées par Pisani, Duval ou Pochon sont très proches les unes des autres et visent le même but : mettre un terme à cette logique stupide et inhumaine du jeu de massacre. Pour l'ancien ministre, l'OMC est une institution obsolète qui doit être transformée en profondeur, car les institutions n'ont pas plus de valeur que ce qui est naturel, humain et socialement juste.

L'adoration mystique des lois sacrées de l'OMC est légitime : à chacun son dieu ou sa non-religion. Mais la critique doit également être autorisée : le dumping généralisé massacre l'agriculture du Sud pour instaurer le monopole de fait du Nord sur la production alimentaire mondiale. Et cela remet gravement en cause la possibilité du monde à se nourrir, car l'autosuffisance alimentaire ne pourra un jour être atteinte, hors d'une intensification délirante mettant en péril l'équilibre de la planète, que par la participation équilibrée de toutes les agricultures du monde. Alors, si la situation actuelle est involontaire, c'est une ineptie totale ; sinon, ce système est une monumentale escroquerie, qui vise délibérément à confier aux États-Unis et à l'Europe l'arme de la faim, pour leur permettre de mieux dominer le monde. Chacun se souvient des chocs pétroliers des années soixante-dix, sans toujours en avoir saisi une de ses conséquences : en faisant grimper le prix du pétrole, l'OPEP a permis à beaucoup d'investissements de devenir rentables, par exemple les forages en mer ; de ce fait, les ressources de pétrole se sont diversifiées, et l'OPEP a perdu le monopole qu'elle détenait ; elle doit désormais compter avec de nouveaux pays producteurs. C'est un tel scénario que les lobbies céréaliers américains veulent éviter ; en veillant à ce que les cours demeurent très bas, et soient compensés chez eux par des aides, ils empêchent le progrès au Sud, et conservent ainsi le pouvoir de faire la pluie et le beau temps.

Dans son discours au Congrès 2001 des Jeunes Agriculteurs, Jean-Luc Duval s'inscrivait en faux par rapport à ce cynisme bien camouflé, et se déclarait « *résolument favorable à un droit universel : le droit des peuples à se nourrir eux-mêmes* ». Et il condamnait « *cette course débilitante aux gains de productivité par économie d'échelle, qui consiste à produire la même chose que son concurrent, mais moins cher* ».

La demande de nourriture est immense dans le monde, mais reste en partie insolvable. On peut chercher à satisfaire cette demande insolvable en généralisant le système des aides, en transformant une partie de la Terre en un immense resto du cœur. On a vu tout ce qu'il peut y avoir d'humiliation d'un côté, d'hypocrisie de l'autre, d'effets pervers des deux côtés, derrière cette vision a priori généreuse. L'autre option consiste à rendre cette demande solvable. Pour atteindre ce but, peut-on faire baisser les prix jusqu'à ce que ceux qui en ont besoin puissent enfin s'acheter ce qui leur manque ? Cette baisse des cours est évidemment un leurre, puisqu'elle entraîne, on l'a vu, la baisse des salaires et la ruine des paysans, prélude à un appauvrissement général : les prix peuvent tomber très bas, ils seront toujours trop forts pour ceux qui n'ont rien. Il s'agit plutôt de laisser à ces derniers les moyens de sortir de la misère pour pouvoir se procurer le nécessaire.

Au début des années 80, Haïti taxait à 100 % les importations de céréales. Un représentant de la Banque Mondiale expliqua au gouvernement haïtien pourquoi il devait renoncer à cette taxe. À l'époque, le cours mondial du blé étant d'environ 100 F le quintal, la taxe en vigueur le mettait à 200 F sur le marché haïtien. À ce prix, l'ouvrier haïtien ne pouvait survivre qu'avec un salaire « exagérément élevé » selon la Banque Mondiale, ce qui rebutait les investisseurs étrangers ; la suppression de cette taxe permettrait d'abaisser le coût de la main-d'œuvre et d'attirer ces investisseurs ; on pouvait attendre 100 000 emplois de cette mesure. Un expert indépendant essaya de contrer ce raisonnement imparable, en mettant le doigt sur un effet non pris en compte, et fort préoccupant : la suppression de la taxe allait déstabiliser le marché, et provoquer ainsi la ruine et la disparition de plus de 500 000 paysans. 100 000 contre 500 000... Résultat ? La Banque Mondiale eut le dernier mot, et la taxe fut supprimée, au grand dam des paysans haïtiens.

Révolution verte et droit à la terre

La protection de l'agriculture du Sud étant assurée, l'Occident peut fournir une certaine aide technologique pour favoriser et accompagner ses progrès, à condition que ce soit avec beaucoup d'humilité, avec beaucoup de prudence quant aux effets pervers. Ayant commencé à découvrir douloureusement chez nous les limites des techniques dures de l'agriculture, on peut douter que la solution au Sud consiste à transposer purement et simplement les méthodes culturales qui détruiront encore plus sûrement la structure fragile des sols tropicaux, à grand renfort d'engrais et de pesticides, de labours profonds, d'irrigation incontrôlée, d'élevage industriel, ou à introduire les semences hybrides ou génétiquement modifiées qu'il faudra renouveler chaque année à grands frais, pour un bénéfice douteux, sauf pour les firmes productrices.

L'histoire de la révolution verte est éclairante à ce sujet. Rappelons-en les grands traits.

Dans l'après-guerre, les partis communistes étaient puissants non seulement en Chine et en Indochine mais un peu partout en Asie, où ils prospéraient sur le terreau favorable de la misère et de la faim. Pour couper court au danger de subversion communiste au Japon, le général MacArthur, qui administrait le pays vaincu, a procédé à une réforme agraire très ambitieuse, distribuant aux paysans la terre des grands propriétaires. En Inde se succédaient régulièrement de grandes famines, et le même danger inquiétait aussi bien le gouvernement indien que le gouvernement américain ; ensemble, ils ont lancé la révolution verte dans le but d'éviter une révolution « rouge », communiste. De même que le plan Marshall avait permis le redressement de l'Europe, il s'agissait dans les années soixante de transférer les technologies et les finances américaines pour lutter contre la subversion en combattant la famine. De nouvelles variétés de riz et de blé à haut rendement ont été introduites, accompagnées d'engrais et de produits de traitements. Des prêts intéressants et des subventions massives ont favorisé les investissements en matériel ou en attelages ; la formation technique des paysans a été organisée... Et le résultat a été spectaculaire : en très peu d'années, après avoir vu reculer les famines auxquelles elle semblait condamnée, l'Inde est devenue autosuffisant en nourriture.

Les mêmes transformations ont été tentées ailleurs, avec des résultats très divers. Car c'est une chose d'implanter de nouvelles variétés de riz dans la vallée fertile du Gange et de les arroser d'engrais et d'insecticides, ou encore d'irriguer des parcelles de blé à haut rendement quand on peut trouver l'eau à proximité : l'endettement est vite remboursé grâce aux surcroîts de productivité. Mais lorsqu'on veut faire la même chose au Sahel, sur des terres plus ingrates, sous un climat aride et capricieux, il suffit que la pluie ne soit pas au rendez-vous, ce qui arrive fréquemment, pour que l'endettement qui conditionne les nouvelles techniques conduise à la ruine. Et même quand les conditions sont favorables, les augmentations de rendement restent insuffisantes pour assurer à tout coup le remboursement de ces dettes : c'est chaque année la corde raide. Au Pérou, pays d'origine de la pomme de terre, des variétés plus productives ont été implantées. Les rendements ont effectivement augmenté, surtout au début, mais le miracle annoncé, prospérité pour les paysans et pour le pays tout entier, n'a pas eu lieu : ces variétés si prometteuses se révèlent trop gourmandes, trop exigeantes, trop fragiles. L'augmentation de rendement ne compense pas l'accroissement des coûts de production, quand cette augmentation n'est pas tout simplement absente, pour des tas de raisons. Ces nouvelles pommes de terre demandent beaucoup d'engrais et d'eau ; elles sont facilement envahies par les vers qui les rendant immangeables et par les doryphores qui les dévastent ; elles sont sensibles au mildiou qui les fait pourrir, et au gel, redoutable en altitude. Certes, ces variétés sont superbes pour des techniciens capables de sortir leur pulvérisateur plus vite que leur ombre, mais elles sont totalement inadaptées aux rudes conditions des Andes. Finalement, au lieu de la prospérité annoncée, la majorité des paysans a connu un accroissement de la misère. Aussi, après tant de déconvenues ruineuses, les paysans péruviens tentent aujourd'hui de retrouver celles qui n'ont pas disparu, parmi les quelque 500 variétés locales qui avaient prouvé leurs mérites avant la fameuse révolution verte.

Et même dans les régions où pendant quelques années, la révolution verte tient ses promesses, vient un jour où elle s'essouffle. Depuis les années soixante, certaines régions indiennes ont vu la nappe phréatique baisser de soixante mètres, suite à l'irrigation intensive ! Qui plus est, cette eau souterraine n'est jamais aussi pure que l'eau de surface ; elle est légèrement salée, ou contient des petites quantités de produits polluants comme l'arsenic ; en s'évaporant après irrigation, elle laisse le sel et les autres produits, qui s'accumulent dans le sol, et, s'ajoutant aux résidus d'engrais et de pesticides, finissent par le stériliser. Tant et si bien que depuis le milieu des années quatre-vingt-dix, les rendements ne progressent plus en Asie et ont même tendance à fléchir : le coup de fouet de la révolution verte a laissé la terre épuisée. À cette cause agronomique s'ajoute il est vrai une cause politique : depuis la chute du Mur, le péril rouge ne fait plus peur et la politique de type MacArthur-Marshall a été abandonnée. L'heure est au libéralisme triomphant, qui s'incarne dans les « plans d'ajustement structurels » du FMI : les pays du Sud ont été sommés de revoir à la baisse les aides qu'ils pouvaient apporter à leur agriculture, et les paysans ont dû aborder leur sac d'engrais d'une main plus légère.

La faim est parfois due à une insuffisance de la production, comme dans le cas de l'Inde d'avant la révolution verte. Mais c'est loin d'être toujours le cas, et même alors, les causes n'en sont pas toujours ni avant tout techniques. Elles sont plus fréquemment sociales (répartition de la terre par exemple). C'est ce que feint d'ignorer le discours qui, s'appuyant sur le même préalable du « tout technique », affirme aujourd'hui que les OGM vont permettre au Tiers-monde de mieux se nourrir. Des promesses qui risquent d'être aussi fallacieuse que celles de la révolution verte. Car même en supposant que les OGM n'auront aucun effet négatif sur l'environnement et sur le consommateur, ce qui est loin d'être prouvé, qui peut affirmer sérieusement que le paysan sera gagnant, que le bénéfice compensera le fait de devoir acheter, fort cher, les semences qu'il avait l'habitude de prélever sur la récolte précédente ?

Le soja transgénique a fait son apparition en Argentine en 1996. Aujourd'hui, ce pays devenu le premier exportateur de soja retire de cette culture dix milliards de dollars par an. Mais en dix ans, cent mille fermes familiales ont disparu, au profit de parcelles de milliers ou de dizaines de milliers d'hectares regroupées par de grosses sociétés. Celles-ci font semer le soja ; quelques semaines après la levée, l'avion passe pour épandre le Roundup, ce désherbant miracle créé par Monsanto, qui détruit tout, sauf justement le soja génétiquement modifié (… par Monsanto) afin de lui résister. Et l'on attend la récolte. Au passage, il arrive que l'avion arrose de désherbant une école qui a la malencontreuse idée de se trouver au milieu de la parcelle. Maux de tête, diarrhée, vomissements… ce ne peut être qu'un virus, pensez donc… Il arrive aussi que le vent tourne et que l'herbicide détruise les patates et les haricots des petits paysans voisins. Ruine et gros problèmes de santé, mais la justice fait la sourde oreille à toutes les plaintes… En attendant, la demande de soja reste forte. L'Europe et la Chine en veulent davantage pour leurs élevages. On déboise. Il faut une autorisation pour cela, mais l'argent du soja ouvre bien des portes… En six ans, 800 000 hectares de forêt millénaires disparaissent afin de faire place au soja, pour quatre à cinq ans. Après quoi le sol fragile mis à nu, durci par les pluies, emporté par le ruissellement, se transforme définitivement en désert. Bien sûr, tout ce processus n'est pas spécifique aux OGM ; c'est général pour les monocultures de rente qui chassent les petits paysans et les cultures vivrières, mettant à mal la souveraineté alimentaire et préparant souvent le désert ; c'est la question de la collusion entre quelques grosses firmes de l'agrobusiness et les autorités politiques ou judiciaires. Les OGM viennent consolider un peu plus un mécanisme qui désapproprie l'humanité de son droit à se nourrir.

Un agronome américain, spécialiste de la pomme de terre, juge que « *notre génération est la première de l'Histoire à avoir perdu plus de savoirs qu'elle n'en a acquis* ». Opinion contestable a priori, face à la somme des nouvelles connaissances scientifiques acquises. Mais si l'on considère non pas celles qui sont accessibles à quelques spécialistes pointus, mais celles qui sont essentielles dans la vie du commun des mortels, cette phrase montre sa pertinence. Il n'est pas inintéressant de découvrir la forme des quarks à l'intérieur du proton, c'est la grandeur de l'homme de chercher de telles réponses ; et il est paraît-il important d'arriver à multiplier par cent la vitesse d'un microprocesseur ; mais si dans le même temps, les indiens quechuas perdent les connaissances pratiques sur les pommes de terre qui leur permettaient de se nourrir au mieux, c'est un drame quotidien.

À vouloir sauter les étapes, à vouloir ignorer le savoir acquis par des générations, on déstabilise gravement les équilibres humains et environnementaux. Pour les trois-quarts des paysans du monde qui ne disposent que d'outils manuels, le passage à la traction animale, lorsqu'elle est possible, est plus profitable que le saut brutal au tracteur climatisé. Si l'objectif est de transformer 5 % des paysans en conducteurs d'ensileuses ou en techniciens de porcheries industrielles, alors, les autres doivent se préparer à fuir vers les bidonvilles. Il est fondamental au contraire de laisser les paysans locaux maîtriser leur destin, en favorisant la formation de techniciens issus de leurs rangs, attentifs aux conditions locales, respectueux de l'expérience acquise, capables de guider l'évolution raisonnée des pratiques. Et pour cela, il est inutile de mobiliser les milliards de dollars de la Banque Mondiale.

L'amélioration de la condition paysanne et de la productivité nécessite aussi dans de nombreux pays une véritable réforme agraire, notamment en Amérique latine. Au Brésil, les propriétaires d'immenses superficies se considèrent comme au-dessus des lois, et refoulent impunément les paysans sans terre. Ceux-ci n'en peuvent plus d'attendre cette réforme agraire toujours annoncée, toujours détournée de son sens, toujours remise à plus tard, même après l'élection de Lula. Au Venezuela, l'opposition souvent violente des possédants se conjugue avec l'inertie d'une administration corrompue, pour faire obstacle à la redistribution décidée et entamée par le régime démocratiquement élu du président Hugo Chavez. Dans les années 1950, au Guatemala, les grosses compagnies bananières américaines, comme la United Fruit, ont vu leurs intérêts menacés par une tentative de réforme agraire ; la CIA est venue à leur aide en favorisant la mise en place d'un régime militaire féroce qui a aussitôt enterré la réforme, et dont les exactions ont culminé sous le général Rios Montt, protégé de Reagan. Ces exemples ne sont pas les seuls : les besoins de réforme agraire se font sentir bien ailleurs, comme dans certains états de l'Inde. Face au problème de la faim, la réforme agraire est pourtant moins coûteuse et beaucoup plus efficace que les réponses techniques, OGM et autres pesticides. Car permettre l'accès des petits paysans à la terre, c'est non seulement leur donner la possibilité de se nourrir, mais c'est aussi augmenter considérablement la production, au profit de la population tout entière ; certaines études ont montré que les terres cultivées par des paysans sont treize fois plus productives que celles des grandes exploitations mécanisées.

Les médecins de Molière avaient pour tout remède la saignée, qui épuisait à coup sûr le malade. Bardés d'aveuglement dogmatique, quand ce n'est pas d'incompétence, les Diafoirus de l'économie n'ont aujourd'hui que la mondialisation libérale à proposer. Pourtant, la faim n'est pas une fatalité. Les moyens existent pour la faire reculer. Pour les mettre en œuvre, il faut mettre un terme au règne de ces beaux parleurs. Il faut mettre un terme au cynisme de ceux qui font fortune sur la misère, ainsi qu'au défaitisme des gouvernants qui se contentent de faire le beau devant les maîtres du Marché. C'est le rôle des peuples, de la société civile, pour les années à venir.

LE NOMBRIL DU MONDE

L'homme une fois disparu, y aura-t-il un espoir pour le gorille ?

Daniel Quinn, Ishmael

On peut se demander pourquoi et comment l'Occident a pu en arriver à une telle suprématie à la fois économique, technologique et culturelle. Il semble animé du génie de la réussite. Le génie du progrès.

La certitude des bienfaits de la croissance, voire de son caractère sacré, est inscrite depuis longtemps dans notre mémoire collective d'occidentaux, depuis le siècle des lumières et le positivisme du siècle suivant, depuis la Renaissance même. Depuis beaucoup plus longtemps encore. On la trouve déjà dans les textes fondateurs de la civilisation judéo-chrétienne, aux tout premiers chapitres de la Genèse, le premier livre de la Bible. Ces textes proviennent de diverses traditions orales, et auraient été rassemblés probablement vers le cinquième siècle avant notre ère, après le retour d'exil du peuple d'Israël à Babylone.

« *Au commencement, Dieu créa le ciel et la terre...* » Selon sa culture religieuse, on connaît plus ou moins la suite : Dieu crée les astres, les océans et les continents, les plantes et les animaux. Puis, le sixième jour, Dieu crée l'Homme. « *Mâle et femelle, Il les créa* ». Notons au passage l'absence totale de sexisme dans ce texte. Puis Dieu dit : « *Soyez féconds, multipliez, remplissez la terre et soumettez-la...* » Et voilà, le décor est planté définitivement, dans ce premier chapitre de la Genèse. Et depuis, tous les gens du Livre, juifs, chrétiens ou musulmans, savent que l'Homme est au sommet de l'univers, et qu'il peut, non, qu'il doit croître, multiplier et soumettre la terre, avant de soumettre la galaxie demain. Et les agnostiques, et les athées les plus farouches, partagent peu ou prou, plutôt prou d'ailleurs, cette vision.

Le fruit défendu

À côté de ce texte, de tradition relativement récente, qui constitue le premier chapitre de la Bible, il existe un autre récit des origines, tout aussi connu mais plus archaïque, placé dans les trois chapitres suivants. Rappelons les grandes lignes de ce mythe : Dieu plante un jardin en Eden, y crée Adam, « le Terreux », qu'il entoure d'animaux, puis lui donne une compagne, Ève, « la Vie ». Ils disposent de tout le Jardin, sauf des fruits de l'Arbre de la Connaissance du Bien et du Mal, qui leur sont interdits. Ayant enfreint l'interdit, ils sont chassés de l'Eden. « *À cause de toi, le sol sera maudit. C'est dans la peine que tu t'en nourriras. À la sueur de ton visage tu mangeras du pain...* » Chassés du paradis, Adam et Ève ont deux fils, Caïn et Abel. Le berger Abel est tué par Caïn, le laboureur jaloux de son frère.

Quels commentaires, quelles spéculations ce mythe n'a-t-il pas alimentés... Si l'histoire de Caïn, premier meurtre d'une longue série, semble facile à décoder, si on a pu en tirer une morale simple, il n'en est pas de même de l'histoire de la Chute, et de cette « pomme » qui n'en est pas une. Quel est donc ce fameux et mystérieux Arbre de la Connaissance du Bien et du Mal ? Pourquoi est-il si grave d'en manger le fruit ? Qu'est-ce qui justifie une si lourde condamnation ? Tout ce qui en a été dit n'est pas toujours très convaincant, loin de là. Si on exclut la notion de gourmandise, qui ne tient pas vraiment la route, les commentaires les plus fréquents historiquement tournent autour de deux thèmes. En premier, la désobéissance, l'interdit étant une simple épreuve arbitraire pour tester la docilité de l'homme vis-à-vis de Dieu. En second, la concupiscence et la sexualité, ce qui n'apparaît pourtant pas probant au premier coup d'œil, même si c'était commode pour certains sermons du passé. Et dans les deux cas affleure l'idée, présente ailleurs et notamment dans le mythe de la boîte de Pandore, que décidément, la curiosité est un vilain défaut… Reste la question de la nature du fameux Arbre.

Dans *Ishmaël*, sorte de conte philosophique moderne, Daniel Quinn donne une explication pertinente. Selon lui, cette histoire reste absurde si on pense qu'elle est née parmi la population israélite bien installée sur son territoire, dans les villes d'Hébron ou Jérusalem, ou dans les villages alentours. Mais elle prend tout son sens si on la considère comme beaucoup plus ancienne, née et transmise au sein des peuplades pré-sémites nomades au début du néolithique, c'est-à-dire à l'époque où sont apparues l'agriculture et la sédentarisation dans cette région nommée depuis le *croissant fertile*. Ces pasteurs nomades se sont affrontés aux premiers agriculteurs, et ont fini par avoir le dessous. Refoulés progressivement avec leurs troupeaux vers les contrées les plus arides, les moins fertiles, ils en ont conçu une amertume bien compréhensible, et ont essayé de trouver une explication mythique à leurs déboires. Ils se sont vus, eux, comme le paisible Abel ; leurs adversaires étant à l'image du méchant et puissant Caïn. Et pour être aussi puissant, Caïn avait dû manigancer afin d'acquérir ses pouvoirs de manière pas très nette. Un pacte avec le diable, en quelque sorte. Il avait mangé le fruit de l'Arbre de la Connaissance du Bien et du Mal. Mais d'ailleurs, il avait été bien puni de ce forfait. Il suffisait pour s'en convaincre de voir ces paysans gratter la terre comme des damnés, des damnés qu'ils étaient, pour en tirer de quoi manger. Les dieux les avaient chassés du paradis où il suffisait de suivre ses troupeaux, où l'on pouvait sans travailler se nourrir de dattes, de figues et autres fruits sauvages disponibles gratis. Les dieux avaient condamné les sédentaires à cette vie de bagnards réduits à se battre contre les cailloux et les épines.

Mais alors, cette fameuse Connaissance du Bien et du Mal, si bénéfique et si maléfique à la fois, en quoi consiste-t-elle ? Eh bien, elle est réellement ce que son nom indique : le fait de pouvoir, comme des dieux, décider de ce qui est bon et qu'on doit conserver et cultiver, et de ce qui est mauvais et qu'il faut combattre et exterminer ; le fait de savoir s'affranchir des lois de la nature.

Depuis ses origines, voici trois millions d'années peut-être avec Lucy, à moins que ce ne soit cinq, sept millions d'années, avec Toumaï ou Orrorin, l'homme était resté un animal, un mammifère parmi d'autres. Haches de pierres, vêtements de peau, parures d'os, peintures sur les parois de grottes, domestication du feu même, tout cela ne le distinguait que fort peu de la nature environnante : chasseur-cueilleur, il ne modifiait pas de manière très sensible son environnement ; il était soumis aux lois de la nature. Encore qu'on se demande aujourd'hui si on ne doit pas lui attribuer un impact plus grand que celui qui lui était reconnu récemment encore. Et si pratiquement tous les animaux peints à Lascaux ou Chauvet ont disparu, les bouleversements climatiques ne sont peut-être pas seuls en cause. Nos ancêtres ont probablement manqué de discernement dans leurs techniques de chasse, trop efficaces finalement. La méthode de brûlis en particulier, qui consistait à incendier une zone pour repousser le gibier dans un piège, a pu provoquer des hécatombes inutiles et compromettre la reproduction de certaines espèces, les rendant plus sensibles aux transformations climatiques. Comme quoi l'homme moderne n'aurait rien inventé…

Quoi qu'il en soit, au néolithique, voici une dizaine de milliers d'années, tout a changé. L'homme a domestiqué quelques animaux, moutons, chèvres, puis bovins, ânes… De chasseur, il est devenu pasteur. Une partie de la population humaine a commencé progressivement à se sédentariser. Un changement fondamental s'est alors produit. Afin de pouvoir se fixer durablement quelque part, l'homme se devait de modifier profondément son environnement, de manière à accroître la production locale de nourriture, grâce à l'agriculture et à l'élevage. L'accroissement de nourriture a permis en retour l'augmentation de la population – soyez féconds et multipliez – jusqu'à ce que la pression démographique sur un territoire donné devienne intolérable et provoque des poussées périodiques de migrations, à la source de la colonisation progressive de la planète entière.

Par le bouleversement du mode de vie, le processus de sédentarisation a permis, dans un mouvement lent au début, puis s'accélérant jusqu'à nos jours, l'évolution des techniques, des savoirs, des arts, des réflexions : dans une maison, même fort rustique, on peut se permettre des activités auparavant impensables lorsqu'on devait se déplacer chaque jour à la suite du gibier ou des troupeaux. Et non seulement cette évolution a été rendue possible, mais elle est devenue nécessaire : il a fallu construire des villes et des machines, et réfléchir pour cela aux problèmes d'architecture, organiser le commerce et mesurer les champs, inventer ainsi l'écriture et les mathématiques ; certains ont pu s'offrir le luxe de se poser des questions que nous qualifions maintenant de métaphysiques ou de philosophiques : D'où venons-nous ? Qu'est-ce que l'homme ? Comment fonctionne le monde ?...

À force de réfléchir au sens de la vie, à ses origines, l'homme a peu à peu forgé le mythe selon lequel il était le nombril du monde, un être à part, élu des dieux, ou de Dieu. Doué d'intelligence, il était l'aboutissement de la création, il lui donnait son sens. Il était chargé de dominer le monde et d'y mettre de l'ordre. La conquête de monde tenait à sa mission de chef, de roi. La communauté vivante était entièrement à son service. À lui d'imposer sa loi, lui qui était au-dessus des lois de la nature.

Quelles étaient ces lois de la nature que l'homme voyait appliquer autour de lui, mais dont il n'avait plus à tenir compte, en raison de son intelligence et de sa supériorité, de sa mission et de son statut spécial ? En voici quelques-unes :

Le prédateur tue pour se nourrir, et aussi pour se défendre s'il se sent menacé. Il ne tue pas pour son plaisir, ni pour se débarrasser d'un ennemi. Le lion ne tue pas la gazelle parce qu'il lui en veut, mais parce qu'il a faim. S'il n'a pas faim, il la laisse tranquille.

Le prédateur ne s'attaque pas non plus aux herbivores qui ne constituent pas son menu habituel, même s'ils font concurrence à ses proies dans les pâturages. Pourtant, en se débrouillant bien, les lions pourraient exterminer les éléphanteaux et supprimer ainsi en quelques générations les troupeaux d'éléphants qui concurrencent inutilement pour eux les populations de gazelles, de gnous et de zèbres constituant leur nourriture.

Carnivores et herbivores ne se chargent pas de favoriser telle plante immangeable au profit de l'herbe qui engraisse les herbivores, qui eux-mêmes nourrissent les carnivores. Et de même, ils se soucient fort peu des sauterelles qui ravagent parfois les pâturages, et risquent ainsi de les conduire à la famine.

Une espèce ne peut pas proliférer indéfiniment. Elle peut le faire pendant quelque temps, puis la raréfaction des ressources alimentaires, ou les maladies favorisées par une trop forte concentration, se chargent de réguler le niveau de la population.

Tout cela, l'homme sédentaire s'autorise à le faire. Ou plutôt il s'oblige à le faire assidûment, car cela fait partie de son devoir de civilisateur de la nature. Il peut et doit exterminer les loups et les ours qui s'attaquent à ses troupeaux. Il peut et il doit déterminer ce qui est une mauvaise herbe et ce qui est une plante à conserver et à cultiver. Il peut et il doit chercher les molécules qui lui permettront de venir à bout des pucerons, des doryphores et du mildiou. Il sait ce qu'il est bon de faire : il a mangé le fruit.

Les lois de la nature étaient liées aux nécessités de survie de populations nomades de chasseurs-cueilleurs puis de pasteurs. La stabilité permettait de ne pas épuiser les ressources – gibier, pâturages, plantes comestibles – dont la nature seule avait la maîtrise. Les lois de la croissance et de la domination les ont remplacées à partir du moment où de nouvelles perspectives fabuleuses se sont offertes à l'humanité : les moyens de subsistance se partageaient désormais entre la nature et l'homme, et de façon de plus en plus favorable à ce dernier. Tout semblait possible désormais.

Ce point de vue a pris son plein développement dans les sociétés issues des pensées grecque et judéo-chrétienne, fortement marquées par la rationalité, et par la notion d'individu. Dans les sociétés héritières du chamanisme et de l'animisme, les agriculteurs savaient trop bien qu'ils devaient compter avec les forces obscures de la Terre-Mère, et avec les esprits et les génies de la nature. Dans les sociétés orientales, marquées par l'hindouisme ou le bouddhisme, la notion de fusion dans un grand tout prend le pas sur celle d'individu ; l'anthropocentrisme n'y a guère de prise. C'est donc l'occidental qui a été le porteur de très loin le plus convaincu de cet état d'esprit, rejoint maintenant par le plus gros des élites occidentalisées des autres sociétés.

Ayant parfaitement intégré cet anthropocentrisme, l'occidental a considéré qu'il était lui-même au sommet de la hiérarchie humaine. Puisque le critère de domination de l'homme sur l'univers était celui de l'intelligence, plus particulièrement l'intelligence technique, ce critère devait jouer également pour classer les hommes entre eux. Ayant marqué sa supériorité technique à partir de la Renaissance, l'Européen pouvait se targuer de supériorité tout court sur les autres peuples, considérés dès lors comme des sauvages, qu'on pouvait sans état d'âme réduire en esclavage, dont on pouvait détruire sans regret les réalisations et les modes de vie, et qu'il convenait au mieux de conduire à la civilisation, la seule qui vaille, l'universelle, l'européenne. Dans le fameux livre de lecture *Le tour de la France par deux enfants*, les écoliers de la fin du dix-neuvième siècle pouvaient lire, à propos des « quatre races d'hommes » que « *La race blanche est la plus parfaite des races humaines* ». Peut-être pouvait-on encore trouver ce genre de phrase définitive dans les manuels scolaires datant d'un demi-siècle... Aujourd'hui, cette conviction s'exprime avec quelques précautions oratoires, politiquement correctes, mais nous en sommes apparemment bien convaincus : demain, le monde sera occidental, car l'Occident détient la voie et la vérité. Car, de même que l'homme est l'accomplissement de la création, la civilisation occidentale est l'accomplissement de l'humain. Et c'est par la croissance que passe le chemin de cette œuvre de civilisation ultime, ce chemin que depuis une cinquantaine d'années on nomme développement. Nous en avons parlé.

Malgré tout, malgré le positivisme qui a présidé à son érection, ce bel édifice se lézarde. La phase de croissance où tout semblait possible est désormais révolue. Le défi de conquête et de domination du monde a été gagné au-delà de l'imaginable, au-delà du raisonnable. Il faut maintenant redécouvrir l'humilité. Le mythe de l'homme nombril du monde, s'il n'est pas maintenant tempéré par une dose de sagesse, conduit à l'absurde et à la catastrophe. Ce n'est pas tant que l'homme ait changé, soit devenu plus mauvais ou plus cupide. Avant la civilisation occidentale, bien d'autres ont rêvé de croissance infinie et s'y sont cassé les dents. Paul Ariès rappelle que « *l'Histoire n'est qu'une longue suite de croissances avortées. La disparition des grandes civilisations s'explique par le pillage excessif des ressources nécessaires à leur croissance. Les civilisations de Sumer, Babylone, Maya, etc., ont brutalement disparu suite à un effondrement global. La chute de la fantastique société de croissance que fut la Mésopotamie s'explique par l'effondrement de son agriculture intensive en raison d'une irrigation destructrice et par un excès de déboisement responsable d'un changement climatique.* »[34] Ce qui a changé, c'est le nombre des hommes, et le fabuleux pouvoir technique sur lequel peut s'appuyer l'humanité pour dominer la nature et, en l'exploitant à outrance, la détruire ; c'est aussi l'extension sans précédent de la sphère de domination de cette civilisation prédatrice. La Mésopotamie d'aujourd'hui, c'est le monde.

L'homme, et particulièrement l'occidental, doit achever la révolution copernicienne commencée à la Renaissance. Le modèle d'univers proposé par Copernic a fait scandale à l'époque : la simple idée que la Terre puisse ne pas être au centre du monde était un blasphème contre la dignité de l'Homme créé à l'image de Dieu. Giordano Bruno a été brûlé pour avoir défendu trop tôt, contre les préjugés absurdes selon lui, cette vision qui lui semblait plus juste, celle de la Terre tournant autour du soleil. Pour la même raison, Galilée a dû ensuite manger son chapeau, on le sait. Aujourd'hui, il nous faut admettre que ce n'est pas un blasphème contre l'Homme que d'affirmer que celui-ci ne peut se comporter comme s'il était le centre de l'univers et le but de la création, comme si tout lui était ordonné.

Pour Mark Twain, la durée de l'humanité est à la durée de la vie sur Terre ce que l'épaisseur de la peinture au sommet de la Tour Eiffel est à la Tour elle-même. Pas plus que la Tour Eiffel n'a été construite pour permettre cette couche de peinture, pas plus la Terre n'a été créée pour l'homme. L'homme est un élément de la vie. Il y a sa place. Et s'il se doit de respecter la planète sur laquelle il vit, ce n'est pas tellement pour elle, car elle a tout le temps devant

34 *Paul Ariès,* Décroissance ou Barbarie *(Golias).*

elle. Elle a connu des milliards d'années avant l'homme ; tout porte à croire qu'elle en connaîtra autant après lui (à moins qu'un emballement de l'effet de serre n'en fasse une planète brûlée semblable à Vénus). Non, si l'homme doit respecter la Terre, c'est d'abord pour lui, car c'est lui qui payera les pots cassés. S'il s'obstine à vouloir toute la place, il pourrait bien tout perdre de ce qui lui revient. Si la Tour Eiffel décide de n'être plus que peinture, elle s'écroule.

« *Savoir que je sais ce que je sais, et que je ne sais pas ce que je ne sais pas, voilà le vrai savoir* », disait Thoreau. Plus l'homme avance dans la civilisation, plus il sait ce qu'il sait. Le problème est qu'alors il connaît rarement l'étendue de son ignorance. En raison de cette ignorance, il lui manque alors un doigt d'humilité et de sagesse. Et c'est en toute bonne foi que l'occidental impose ses points de vue et ses manières de faire, en toute inconscience qu'il met en place les conditions de sa perte. Ce n'est qu'en retrouvant le chemin de l'humilité qu'il redeviendra accessible à une certaine sagesse, susceptible d'épargner au monde, et donc de s'épargner à lui-même, beaucoup de désagréments.

EN QUÊTE DE SENS

Le XXIe siècle sera spirituel ou ne sera pas.
Déclaration attribuée à André Malraux

À cette fameuse phrase, prêtée à Malraux, et objet de tant de commentaires, l'Abbé Pierre renchérissait en disant que le vingt-et-unième siècle sera fraternel ou ne sera pas, en précisant bien que pour lui, c'était la même chose, car toute religion qui ne serait pas fraternelle ne serait que mensonge. Sans vouloir annexer Malraux ni l'Abbé Pierre, on pourrait dire de ces phrases qu'elles résument une bonne partie de ce qui vient d'être dit ici.

En effet, l'essentiel des pages précédentes consiste en ceci : il est urgent de trouver d'autres moteurs pour la marche du monde que celui de la croissance quantitative, qui mène à une impasse dramatique. Or, pour trouver d'autres moteurs, il faut faire le deuil de certaines habitudes, aussi rassurantes, aussi confortables soient-elles. Et pour ce faire, la prise de conscience d'un problème ne suffit pas : les risques du tabagisme ont beau être connus, cela n'entraîne pas une désaffection massive pour la cigarette. Et encore s'agit-il là de risques personnels et bien identifiés ; que dire alors de dangers que notre comportement global fait courir à l'humanité des décennies à venir, une réalité ressentie bizarrement comme lointaine, irréelle ? Il s'agit pourtant de nos enfants, pour les plus âgés d'entre nous ; il s'agit d'eux-mêmes pour les jeunes. De plus, marcher à contre-courant, penser à contre-courant, cela finit par être usant ; il est tentant de baisser les bras, de laisser courir, en profitant sans se poser de question des indéniables avantages que procure la situation. Seulement, cette attitude laisse dans la bouche un goût amer, le goût de la lâcheté et de la trahison. Pour ne pas s'engourdir dans le confort de l'air du temps, pour ne pas dériver de colère en résignation, il est nécessaire de trouver une motivation forte, positive et personnelle, sans laquelle le renoncement à certains aspects confortables de notre style de vie est vécu comme une amputation... Et cette motivation ne peut venir que de la conviction que les changements nécessaires peuvent aussi et surtout apporter dans notre vie personnelle et collective des satisfactions égales ou supérieures, en un mot une plus grande plénitude.

« *Un vide étrange s'est creusé au milieu de nous,* écrit Jean-Claude Guillebaud, *un manque qu'il faudra un jour regarder en face. Et rassasier, d'une manière ou d'une autre... Personne ne pourra nous convaincre de substituer une frénésie aussi haletante à la simple et douce raison humaine. À une quête spirituelle minimale. Au partage. À tout le reste. Oui, nous sommes dans l'attente...* »

Oui, nous sommes dans l'attente... Est-ce étonnant ? « *Nous sentons confusément,* reprend Guillebaud, *que la vie des sociétés humaines ne pourra pas éternellement se ramener à cette vacuité arithmétique : taux de croissance, bourse en folie, consommation boulimique, course angoissante au résultat, compétitivité, bataille, égoïsme ravageur et obsessionnel (combien ? quel chiffre ? quel résultat).* » Est-il étonnant que ce vide, censé nous tenir lieu d'essentiel, n'arrive pas à nous remplir ?

Est-ce un hasard si les sages de tous temps et de tous lieux insistent autant sur le détachement par rapport aux valeurs matérielles, aux valeurs de prestige et de pouvoir, et mettent en avant d'autres raisons de vivre ? C'est vrai du Bouddha et de Jésus, mais aussi des philosophes grecs. Épicure souligne le lien très fort entre les progrès de la frugalité et les progrès de la sagesse. Et dans la quête du bonheur qui est son souci, il distingue nettement les désirs naturels et nécessaires, comme le boire, le manger, l'amitié, dont la satisfaction est en mesure d'apporter le bonheur, de ceux qui ne sont pas nécessaires, et souvent pas naturels, comme la recherche de l'argent et du pouvoir, dont la satisfaction est surtout source de déception : « *l'homme qui n'est pas content de peu n'est content de rien* ». Aujourd'hui, le Dalaï-Lama rappelle cette même vérité : « *Si le désir de posséder des biens plus coûteux ne repose que sur une seule posture mentale, « en vouloir toujours plus », alors on finit par atteindre la limite de ce qu'on peut obtenir. On se heurte à la réalité. C'est là le danger inhérent à ce type de désir : il mène tout droit à la convoitise, fondée sur une attente démesurée. À son tour, la convoitise conduit à la frustration. Car l'ironie veut qu'une fois obtenu l'objet de son désir on ne soit toujours pas satisfait. Le seul antidote, c'est le contentement. Comment atteindre le contentement intérieur ? Il y a deux méthodes. La première consiste à obtenir tout ce que l'on veut. On a déjà mis en évidence les inconvénients de cette manière d'aborder l'existence. La seconde, la plus sûre, ce n'est pas d'avoir ce que l'on veut, mais plutôt de vouloir et d'apprécier ce que l'on a.* »[35]

De telles réflexions sur les moyens d'accéder au bonheur ne sont pas vraiment en phase avec les critères de l'économisme, c'est le moins que l'on puisse dire. Si elles sont parfaitement décalées face à la mentalité start-up, sont-elles pour autant dépassées ou trop exotiques en elles-mêmes ? Tout cet ouvrage tend au contraire à montrer qu'elles sont plus que jamais d'actualité, que leur importance devient cruciale, et ceci pour des raisons techniques, largement développées, de limites des ressources physiques de la Terre. Quant aux implications philosophiques, psychologiques ou religieuses, elles ne peuvent être que très brièvement évoquées ici. Le simple bon sens peut tout de même indiquer que la recherche sans cesse accrue de satisfactions matérielles (thésaurisation, consommation), mais aussi plus relationnelles (prestige, pouvoir, considération), masque le désarroi, le vide évoqué par Guillebaud, et une panique devant ce vide, une recherche pathétique à la fois de sens et de sécurité. Tant que ce vide ne reçoit pas un début de réponse, nous nous tromperons en courant après des solutions techniques ou matérielles inadaptées. Le moine bouddhiste français Matthieu Ricard faisait remarquer dans une émission de radio que, tant que nous n'avons pas trouvé en nous-mêmes une certaine acceptation de notre corps et de la fuite du temps, les crèmes antirides res-

35 L'art du bonheur, *op. cit.*

teront de peu d'utilité. Si notre vie nous laisse l'impression d'être vide de sens, nous continuerons à nous tromper d'objet, voulant toujours manger plus sans grossir pour combler ce vide, voulant être riche pour pouvoir paraître, paraître pour faire envie, à défaut de susciter l'estime, l'amitié ou l'amour, susciter l'envie et acquérir le pouvoir pour gagner l'illusion d'être important, être important pour ne pas sombrer dans le néant. La tendance est peut-être de tout temps ; notre époque offre simplement plus d'occasions de se focaliser sur de fausses réponses à ces vraies questions.

La surconsommation rassure. En s'entourant d'objets, en se bardant d'assurances et de garanties à toute épreuve, on cherche à se protéger. Mais tout cela coûte fort cher. Il faut s'épuiser dans le travail et les transports, y investir tout son temps et toute son énergie, accepter les conditions folles de certaines mutations et promotions, au détriment des autres dimensions de la vie, équilibre personnel, vie familiale, santé parfois...

Tout cet ouvrage a tenté de montrer l'impasse que représente notre mode de vie pour le monde : trois à six planètes pour satisfaire les besoins de l'humanité si ceux-ci étaient calqués sur les nôtres ! Il importe que les occidentaux se tournent vers ce qu'on appelle maintenant la simplicité volontaire, c'est-à-dire le renoncement à certains aspects de la surconsommation, dès lors qu'ils nous apparaissent inutiles, voire nuisibles, pour notre équilibre personnel, et en contradiction grave avec nos convictions éthiques.

La recherche de la simplicité volontaire, d'une certaine sobriété, n'a rien à voir avec un parti pris de frustration masochiste. Ivan Illich disait : « *Ce n'est pas d'abord pour éviter les effets secondaires d'une chose qui serait bonne en soi qu'il nous faut renoncer à notre mode de vie, comme si nous avions à arbitrer entre le plaisir d'un mets exquis et les risques afférents. Non, c'est que le met est intrinsèquement mauvais, et que nous serions plus heureux à nous en détourner. Vivre autrement pour vivre mieux.* » Ce choix de vivre autrement, de vivre mieux en fait, c'est celui d'une vie plus en harmonie avec ses convictions, où la course aux biens matériels cède la place à la recherche de valeurs plus satisfaisantes. Les rares occidentaux qui choisissent de vivre sans télévision ne sont pas des malheureux qu'il faudrait plaindre. Aux satisfactions proposées par la lucarne magique, ils en préfèrent d'autres : vie familiale ou sociale, lecture, jeux, activités artistiques, temps libre pour rêver et simplement goûter la vie...

Ce chemin est évidemment en général progressif, et ne va pas de soi tant sont forts les réflexes acquis et les pressions contraires de la société. C'est un chemin qui demande de dominer ses peurs, peur du vide, peur de manquer, peur de l'avenir, peur aussi de ne pas être conforme aux moules préfabriqués, peur de se démarquer par rapport aux normes en vigueur. C'est le choix de vivre aujourd'hui plutôt que de sacrifier la vie présente à la consommation ou à l'accumulation de valeurs sans valeur, à la construction d'un plan de carrière censé rendre demain enfin satisfaisant, ou au remplissage d'un plan d'épargne-retraite chargé de contrer la peur ne pas avoir assez. Assurer l'avenir. Mais l'avenir est-il un jour assuré ?

La religion vécue sans liberté a pu être l'opium du peuple ; la religion de la consommation et du paraître est sa cocaïne ; elle euphorise, mais embrume lucidité et bon sens, engourdit la générosité, et sa recherche quotidienne mange énormément de temps et d'énergie. Si le siècle nouveau ne nous fait pas trouver une spiritualité authentique, c'est-à-dire la conscience qu'un sens profond transcende le matérialisme et donne à la vie sa valeur, le monde restera crispé sur cette quête éperdue et désespérée de consommation et de pouvoir, d'éphémère et de superficiel qui l'enfoncera de plus en plus dans l'absurde et le néant, vers l'affrontement et l'explosion.

S'il est spirituel, sous des formes peut-être à redécouvrir ou à inventer, le siècle nouveau pourra nous offrir la liberté de calmer cette course sans fin et sans espoir. Il nous faut pour cela renouveler les idées de solidarité et de fraternité mises à mal par les crispations individualistes. Il nous faut pour cela dépasser la soumission aux prétendues fatalités de l'économie et de la technologie, et reprendre la réflexion sur les conditions d'un épanouissement humain durable et fraternel. Découvrant que quelque chose nous dépasse, nous pourrons alors participer plus sereinement à l'avancée de l'aventure humaine.

L'utopie communiste et la contre-utopie nazie ont amené les désastres que l'on sait. Il est désormais facile d'ironiser a priori sur toute utopie. Pourtant, la non-utopie absolue qui règne actuellement, consumériste et matérialiste, entraîne la société humaine vers la dépression nerveuse et vers un désastre général.

À nous d'inventer l'utopie nouvelle capable de redonner au siècle nouveau la possibilité d'être. Oui, nous sommes dans l'attente…

DÉFRICHER L'AVENIR

– Docteur Seldon, l'histoire de la race humaine peut-elle être modifiée dans son ensemble ?
– Oui.
– Facilement ?
– Non. Au prix de grands efforts.
Isaac Azimov, Fondation

L'histoire humaine est marquée de périodes de rupture venant séparer de longues périodes plus stables. La période du néolithique correspond au passage de la chasse-cueillette à l'agriculture-élevage ; le dix-neuvième siècle a vu en occident la mutation entre la société à dominante agricole et l'âge industriel et urbain. Il n'est pas déraisonnable de penser que nous sommes aujourd'hui à un tel moment charnière. Nous sortons de l'ère industrielle où tout semblait permis grâce aux avancées techniques. Nous entrons dans une autre ère, où il faut inventer une manière de vivre sur une planète qui se révèle limitée. Les transformations précédentes ont été initiées par l'homme, à son rythme, mais celle que nous avons devant nous est rendue obligatoire et urgente par les contraintes physiques de la planète qui nous fait vivre.

Si nous sommes vraiment dans cette période d'entre-deux, il nous faut porter sur l'avenir un regard nouveau, créatif. C'est un regard privé de certitudes, mais qui justement est adapté à une situation incertaine. Pour produire une œuvre d'art, on peut se montrer créatif tout seul. Pour inventer une nouvelle civilisation, c'est évidemment autre chose. Voilà pourquoi cet ouvrage ne peut fournir un avenir clés en mains. Il dresse d'abord un constat. Quelques pistes ont été avancées, parfois explicitement, parfois en filigrane, sans être assez fouillées pour constituer un programme. On peut en faire le reproche. Mais je n'ai aucun mandat, aucune autorité pour proposer ces solutions. Et d'ailleurs, on peut penser avec Saint-Exupéry : « *Il n'y a pas de solution, il n'y a que des forces en marche. Créons ces forces, et les solutions viendront* ». Les solutions seront à n'en pas douter complexes, multiples, d'une très grande ampleur. Certaines d'entre elles seront très probablement jugées difficiles à accepter, douloureuses, et représenteront un bouleversement majeur de notre façon d'appréhender la vie. Voilà pourquoi ces solutions ne peuvent être imposées, sauf peut-être, un jour prochain, par la nécessité. Pour éviter d'en arriver là, de se laisser mener de manière chaotique par les événements, on ne peut faire l'économie d'un regard lucide sur la situation, d'une réflexion sérieuse. Alors, en tranchant entre des désirs contradictoires, les hommes pourront élaborer et appliquer collectivement des solutions ; après la prise de conscience pourront venir les prises de décisions.

Regroupons ici, en les précisant et en les complétant, quelques pistes proposées, non pas pour cet avenir à long terme qui, supposant un véritable retournement de civilisation, nous échappe totalement, mais pour déjà aborder cet entre-deux du court et du moyen terme qui est juste devant nous. Les mesures à prendre peuvent être classées en trois domaines d'action, appelés à interagir : l'innovation scientifique et technique, les changements personnels, l'action collective.

Sauvés par la technologie ?

L'innovation technologique est bien sûr attendue comme le messie, pour apporter le salut. Il est vrai qu'une véritable révolution de l'efficacité est possible. Les auteurs de Facteur 4, ouvrage évoqué plus haut, ont montré que nous avons d'ores et déjà les moyens de multiplier au moins par quatre, parfois même par dix, l'efficacité des ressources naturelles. Nous savons produire des isolants très performants, des appareils moins gourmands et plus durables, recycler les matières premières… Reste à mettre en œuvre ces capacités.

Il faut pour cela une motivation, et, sauf chez quelques militants et visionnaires, celle-ci reste le plus souvent financière. Imaginez un architecte auquel on demande de construire, au même prix qu'un bâtiment ordinaire, un édifice consommant cinq fois moins de chauffage, et ne nécessitant aucune climatisation lors des canicules annoncées. À moins d'être un disciple de François d'Assise, comment peut-il être motivé pour ce travail qui lui demande de sortir des sentiers battus, alors qu'il est rémunéré en pourcentage du montant des travaux ?

Facteur 4 préconise un système, déjà expérimenté dans certains pays, de rémunération non pas selon le montant des travaux, mais selon l'efficacité, selon les économies permises à l'usage. Pour un bâtiment ou un système de production, une rémunération de base serait prévue en fonction de normes conformes à de bons résultats techniques. Si le créateur obtient à l'usage une meilleure performance, en termes d'économies de ressources, et donc aussi en termes d'économies financières pour l'usager, il reçoit un bonus important. Dans le cas contraire, évidemment, un malus lui est imposé. Voilà un puissant stimulant à l'innovation. Évidemment, pour qu'il se généralise, les pouvoirs publics doivent tenir leur rôle, et on arrive à un autre volet. Mais auparavant, il faut répéter que cette révolution de l'efficacité ne pourra en aucun cas résoudre à elle seule le problème sous-jacent, si dans le même temps, nous nous laissons encore et encore entraîner par la dérive de nos besoins.

Car il existe deux manières d'économiser les ressources : celle dont on vient de parler, l'efficacité, recherche le même résultat avec moins de ressources, grâce aux progrès techniques et à une meilleure organisation ; la seconde, la sobriété, consiste à se contenter de moins. Ainsi, l'efficacité énergétique met en jeu une voiture moins gourmande, alors que la sobriété énergétique repose sur la limitation des kilomètres parcourus. Quand 20 % de l'humanité s'octroient 80 % des ressources, contribuant ainsi de manière décisive au large dépassement des possibilités planétaires, que peut apporter la multiplication par quatre de l'efficacité dès lors que se maintient l'exigence de consommer cinq fois plus dans cinquante ans ? Peut-on tout miser sur l'efficacité en refusant de se poser la question de la sobriété ?

Et moi ?

Pour peu qu'on s'y attarde, la nécessité des changements personnels devient évidente, même si elle est plus difficile à avaler : il n'est plus question de se débarrasser du bébé entre les bras des professionnels et des « responsables » de la société. Trier ses déchets, éteindre ses lampes en sortant, fermer le robinet en se brossant les dents, tous ces « petits gestes » sont fort utiles, mais ils ne produisent que de « petits effets ». L'ampleur des changements nécessaires est d'un autre ordre.

Et là, l'angoisse commence à pointer son nez crochu. On se voit peut-être déjà en haillons, cheminant parmi les broussailles vers une cabane de charbonnier perdue au fond de la forêt, à vingt lieues du supéru le plus proche. Enfin arrivé, épuisé, grelottant sous la pluie glaciale qui goutte du toit en genêt, on s'épuisera à frapper deux silex pour tenter en vain de recharger la batterie du téléphone mobile, tandis que le micro-ondes, miraculeusement sauvé du désastre général, refusera obstinément de réchauffer le cuissot de chevreuil âprement disputé aux loups. Ah ! Misère !...

À défaut de renchérir sur ces visions de cauchemar, rappelons brièvement quelques points évoqués précédemment :

Il est nécessaire de raisonner son alimentation, remettre en cause l'excès de consommation de produits animaux (viande, poisson, produits laitiers), de produits exotiques acheminés par avion à grand renfort de pétrole, ainsi que de légumes hors saison, tomates en hiver, melons en mai, cultivés en serre chauffée, pour redécouvrir la possibilité de se nourrir en suivant les saisons et en tenant compte de la géographie.

La réflexion sur les déplacements, pour le travail, les courses ou les vacances, est un vaste chantier, pas évident, mais combien nécessaire. Tout en prenant les premières décisions afin de diminuer le nombre de kilomètres parcourus, on peut déjà lever le pied. Se limiter à 100 alors qu'on n'imaginait pas rouler à moins de 120, c'est faire un premier pas concret vers l'avenir, et amorcer un changement de regard sur le temps et sur la vie, une réorientation des priorités. S'il faut traverser la France, le choix entre le train et l'avion met dans la balance, face à quelques heures gagnées ou perdues, la santé de la planète de nos enfants. Certaines contraintes sont tenaces, beaucoup sont obligés de se déplacer plus qu'ils ne le souhaitent pour aller au travail, mais personne n'est obligé de partir en vacances à Bali plutôt qu'à Biarritz, au Népal plutôt que dans le Cantal. À moins évidemment que ne soit trop pesant le regard des collègues de travail, au moment de leur raconter les vacances.

En plus des moyens techniques (isolation...) susceptibles d'améliorer les performances de nos logements, nos exigences de confort en matière de chauffage et maintenant de climatisation peuvent être réévaluées, et l'alternance des saisons, qui nous amène à avoir un peu moins chaud en hiver qu'en été, redécouverte. Plus généralement, chaque geste quotidien peut être progressivement revu.

Et ce besoin d'être entouré d'objets nouveaux ? Achat rêvé, achat coup de tête, ce canapé en cuir, cet écran plat, cet appareil photo, ce pantalon qui me va si bien (je n'avais plus rien à me mettre...), que m'apportent-ils comme satisfaction, quelle « déception post-achat », selon l'expression des publicitaires, vont-ils m'imposer, une déception que je n'oserai même pas m'avouer ? Serge Mongeau propose quelques questions à se poser avant tout achat :

– Ai-je réellement besoin de ce qui m'est proposé et me paraît si séduisant ?

– Qu'est-ce que cet objet me permettra de faire que je ne peux actuellement ?

– Est-ce que l'avantage que représente cet achat ne sera pas annulé par un effet négatif ?[36]

Et l'achat une fois décidé, bien d'autres questions s'imposent sur l'impact écologique et social de sa fabrication, de sa commercialisation, de son usage et de sa destruction.

Il est possible d'aller vers le recyclage maximum, en privilégiant l'achat de seconde main. L'idée de la bourse aux vêtements peut

36 *Serge Mongeau,* La simplicité volontaire *(Ecosociété).*

faire frémir de dégoût les adolescents, mais sinon ? Les braderies et vide-grenier regorgent de poussettes en excellent état. Le bébé ne vous en voudra pas ; au contraire, il vous remerciera plus tard. Et, pour être vraiment novateur, pourquoi ne pas oser une solution d'avenir, l'achat en commun, avec amis ou voisins, de ces appareils dont on se sert si peu ? Au risque évidemment de remettre en cause les relations sociales...

Nos désirs sont pleins de contradictions : nous voulons tout et le contraire de tout. Le temps est venu de choisir. Bien sûr que nous avons quelque chose à perdre, un confort sans question, une dose d'insouciance, la jouissance du gaspillage et de l'éphémère. Mais nous avons tellement à gagner. À gagner pour demain, certainement : la préservation d'une civilisation capable de nous offrir le meilleur, mais aujourd'hui mortellement menacée. À gagner pour aujourd'hui déjà : vivre autrement non pas pour vivre moins bien, mais pour vivre mieux, dans une vie plus équilibrée. Si je choisis la demi-journée de grimpette plutôt que le téléphérique, c'est avec la certitude que la durée de la montée et l'effort fourni donneront au panorama une ampleur incomparable. Si je décide de me détourner du macdo quotidien, ce n'est pas seulement parce que les délices du régime frites-hamburger sont dangereux pour le cholestérol et l'obésité, mais aussi parce que je crois qu'il existe des plaisirs culinaires bien supérieurs. Réinventer le goût de se cuisiner une vie à sa convenance, plutôt qu'une vie industrielle à décongeler au micro-ondes. Poser sur la vie un regard nouveau.

Un jour prochain, les circonstances nous imposeront un grand chambardement de notre manière de vivre, de produire et de consommer. À moins que nous ne décidions nous-mêmes de nous diriger vers la simplicité. Si nous laissons les circonstances nous dicter les changements, nous risquons de les subir de manière fort traumatisante. Si nous choisissons de nous diriger progressivement vers la simplicité volontaire, nous pouvons vivre celle-ci comme source d'un épanouissement nouveau.[37]

---

37 *En plus de l'ouvrage de Serge Moreau, cité plus haut, on pourra lire avec profit : Mark Burch,* La voie de la simplicité *(Ecosociété).*

Un changement de société

Les changements dans notre vie personnelle sont nécessaires parce qu'ils nous engagent et testent notre détermination et notre cohérence, parce qu'en retour ils nous transforment également, en nous confrontant à la réalité, en nous rendant inventifs. Mais ils ne suffisent pas, si la société entière continue à tirer dans l'autre sens. On ne peut espérer une réduction générale de l'usage de sa voiture si aucun système performant de transport en commun n'est en place, et si l'ensemble de la société reste organisé autour de l'automobile.

D'un autre côté, l'ampleur des changements à réaliser conduit à remettre en cause plus d'habitudes et d'avantages qu'il n'en faut pour décourager le responsable politique le mieux intentionné, le plus éclairé et le plus charismatique. Seul un profond mouvement d'opinion, un renversement des mentalités, est en mesure d'entraîner les décideurs. C'est en cela que les débuts de changements individuels de comportements, nés d'une prise de conscience personnelle, sont fondamentaux : en plus de l'intérêt en soi de tels changements, ils permettent de faire entrer la conscience collective dans ce mouvement de fond qui engage les prises de décisions en démocratie. Si dans le climat des années cinquante aux États-Unis, quelques noirs avaient décidé de boycotter isolément les bus en signe de protestation intérieure contre l'infamie du système de ségrégation raciale, cela n'aurait guère eu d'effet sur la situation. C'est l'organisation du boycott massif à Montgomery qui, en jetant le problème à la face de l'Amérique et du monde, a amorcé le changement. Dans le problème qui nous préoccupe, la recherche de simplicité volontaire ne prendra tout son sens et toute son efficacité que coordonnée dans un mouvement collectif susceptible d'entraîner la société dans un changement global et d'obliger les pouvoirs publics à prendre au niveau national et au niveau international les décisions qui s'imposent pour l'équilibre planétaire.

Décisions politiques et changements personnels sont ainsi profondément imbriqués. Les personnes activement concernées, capables d'accepter les mutations autrement que du bout des lèvres, capables de faire les premiers pas vers une vie différente, doivent former une masse critique. Alors, cette force pourra entraîner l'ensemble de la société et amener les dirigeants à jouer leur rôle : tout mettre en œuvre pour que l'humanité se tourne au plus vite vers une gestion des ressources terrestres compatible avec l'avenir et la justice sociale, au plan intérieur comme au niveau international. Rappelons quelques pistes avancées pour ce vaste programme.

Une étape essentielle consiste à approcher la vérité du coût des pollutions et de l'utilisation des ressources naturelles. Beaucoup de prix sont artificiellement bas car les coûts des nuisances qui devraient être payées par les utilisateurs sont « externalisés », c'est-à-dire supportés par la société. Prenons l'exemple du tabac. Les fumeurs trouvent leur paquet trop cher. Pourtant, une étude réalisée en 2004 aux USA a montré que le coût pour la société d'un paquet de cigarettes, en termes de soins de maladies et d'absentéisme au travail, est de 7,80 dollars : le fumeur est encore loin de payer le prix « normal ». Dans le domaine des transports et plus généralement de l'énergie, l'externalisation est d'une tout autre ampleur. Imaginons que les automobilistes, les transporteurs routiers et les compagnies aériennes soient contraints de supporter tous les coûts d'infrastructures (autoroutes, parkings, aéroports), de santé publique (pollutions de l'air, accidents), tous les coûts actuels et à venir des atteintes à l'environnement et des bouleversements climatiques. On obtiendrait un beau total. C'est pourquoi la gratuité des transports en commun, loin d'être insupportable, représenterait en fait une économie pour la société, par les gains sur les infrastructures et les nuisances de la voiture individuelle. C'est ce qu'ont compris les villes comme Châteauroux qui ont décidé la gratuité des bus pour l'usager.

L'augmentation massive des taxes sur l'énergie, sur les autres ressources non renouvelables et sur les matières polluantes s'impose également pour au moins deux autres raisons, en dehors de cette approche de la vérité des coûts : encourager les économies de ces ressources et les recherches sur des alternatives moins nocives ; dégager des ressources pour soutenir massivement ce qui va dans le bon sens (économies d'énergie et de ressources, développement des énergies renouvelables et des transports en commun…) et pour mettre en place les mesures de justice sociale d'accompagnement (pour être socialement soutenable, cette augmentation de taxes doit être compensée pour les plus modestes, par des aides directes ou par exemple par une baisse des cotisations salariales sur la fraction inférieure des salaires).

Une remontée de grande ampleur du prix des carburants, résultant aussi bien de ces taxes que de la raréfaction du pétrole, aboutira tôt ou tard à une relocalisation de l'économie mondiale, c'est-à-dire à la fin des transports aberrants de marchandises. Mais en attendant, toutes les règles du commerce mondial sont à revoir, de manière à mettre un terme au bradage social qui découle de la globalisation, et de manière à protéger les économies les plus fragiles, victimes d'un libre-échange dogmatique : la concurrence ne peut être imposée à des économies trop différentes, elle doit être réservée à des ensembles régionaux présentant une certaine homogénéité de conditions. Homogénéité dans les règles sociales comme dans les règles environnementales. La taxe carbone décidée à l'automne 2009 était si rachitique et injuste que le conseil constitutionnel l'a censurée. Espérons que la nouvelle version promise sera plus vigoureuse, plus large et plus juste. Il faudrait la transformer en taxe énergie et l'intégrer à une refonte générale de la fiscalité. Il faudrait aussi la compléter par une taxe de même nature à l'importation, visant les produits n'ayant pas acquitté de contribution analogue dans le pays de production. Ce genre de protectionnisme environnemental (n'ayons pas peur des mots !) auquel doit s'ajouter un protectionnisme social, est indispensable pour contrer le double bradage de la planète et des conditions sociales.

Ce qui est vrai pour l'industrie l'est plus encore en agriculture, où la disparité considérable des conditions géographiques, climatiques, sociales, techniques, culturelles, économiques, fait du libre-échange intégral une catastrophe. L'agriculture productiviste gaspille les ressources du fait de l'intensification, de la concentration, des transports massifs, de la spécialisation à outrance ; elle génère des pollutions insupportables pour la santé humaine, la santé de la Terre et le simple bon sens économique ; elle ruine les agricultures fragiles du Sud et donc les possibilités de souveraineté alimentaire. Elle est de toute manière condamnée elle aussi par le renchérissement à venir du pétrole et la raréfaction de l'eau. Il faut sans attendre organiser sa mutation vers une agriculture plus économe, plus propre, plus digne pour les agriculteurs eux-mêmes, plus juste internationalement.

En fait, toute la vie sociale doit être repensée : l'urbanisme et l'aménagement du territoire, aujourd'hui inféodés à l'automobile ; le travail, sa fonction, sa répartition, sa durée... Mais on commence là à entrer dans le long terme, dans l'inconnu.

La valeur du travail

Le premier argument en faveur de la croissance est celui de l'emploi. Que faire alors, quand malgré tous les efforts, la croissance reste anémique, ou s'effondre même comme en 2008 et 2009 ? Que faire si la croissance mène à l'impasse ?... Il faut regarder le problème par un autre bout, et se dire que si l'on a besoin de moins d'heures de travail, chacun pourrait travailler moins. C'était l'idée des 35 heures, idée honnie par les libéraux, et dont les effets sont restés limités en terme d'emploi. Ce n'est guère étonnant tant l'application des 35 heures a été l'occasion d'une pression accrue sur le personnel, avec le plus souvent comme objectif de faire en 35 heures ce qui l'était précédemment en 39. C'est-à-dire plus de stress, mais très peu d'embauches : un rendez-vous largement manqué.

L'économiste Jean Vassileff[38] invitait pourtant à ne pas jeter le bébé du partage du travail avec l'eau du bain d'une réforme largement vidée de son sens. Il proposait de réfléchir à une baisse réelle du temps de travail sans diminution de salaire. L'objection est immédiate : cela coûterait trop cher aux entreprises, qui seraient obligées de mettre davantage encore la pression pour rentabiliser leur personnel. Et cela ne suffirait pas : elles augmenteraient leurs prix, et l'inflation grignoterait le pouvoir d'achat, faisant bel et bien baisser les salaires réels. Sans compter la perte de compétitivité

38 *Jean Vassileff,* La croissance contre le partage *(Siloë).*

à l'exportation : avec moins de vente, on assisterait en fait à une remontée du chômage. Face à ces arguments, qui ne peuvent être balayés d'un revers de mains, Vassileff propose alors de compenser intégralement l'augmentation de la masse salariale des entreprises par une baisse de leurs impôts, taxes et cotisations. Deuxième objection : c'est à l'état que cela coûterait horriblement cher. Il fait alors un calcul : si tous les chômeurs retrouvaient ainsi un emploi et donc un salaire, les rémunérations versées par les entreprises augmenteraient de 60 milliards d'euros, à compenser par l'état grâce à d'autres impôts.

Quels impôts ? La tranche des 10 % de français les plus favorisés gagne en moyenne presque deux fois plus (87 % de plus) que celle qui est juste en dessous, la tranche des 10 % « *un peu moins riches* ». Si on faisait reposer sur la seule tranche sociale supérieure le financement du plein emploi par l'augmentation de ses impôts, elle gagnerait encore une fois et demi plus (52 % précisément) que la suivante : la hiérarchie de la richesse ne serait même pas bousculée.

Évidemment, ce n'est qu'une hypothèse d'école, une occasion de réflexion sur la question de l'emploi qui est fort complexe. Il ne suffit pas de diminuer de 10 % le temps de travail de ceux qui ont un emploi pour que les 10 % de la population qui n'en ont pas prennent aussitôt les places disponibles : il faut compter avec les problèmes de formation, de qualification, de mobilité... Mais tout de même, penser que le coût du plein emploi serait finalement si peu élevé !

Une telle réflexion peut être menée dans le cadre actuel de la société de croissance, même s'il s'agit d'une société de croissance en panne. (Encore qu'on est là fort loin de l'idéologie qui conduit à laminer les impôts redistributifs et à instituer le bouclier fiscal.) Mais si on réfléchit à ce que pourrait être une société de décroissance, on doit aller beaucoup plus loin, et remettre en cause la fonction du travail dans la société (produire ? se réaliser ?). On peut s'interroger notamment sur la pertinence d'un nombre incalculable d'emplois, dont l'utilité sociale se limite souvent à fournir un revenu. On risque alors de se rendre compte que l'on pourrait descendre très largement en dessous des 30 heures de travail hebdomadaires, pour le plus grand bien de la société. Ce ne sont pas seulement les publicitaires qui sont visés, ni les commerciaux chargés de nous vendre ce dont nous n'avons pas besoin, ni les designers d'emballages de yaourts, ni les constructeurs de parkings et d'aéroports, de yachts et de voitures de course, de mines antipersonnel et d'avions de combat, ni les ingénieurs chargés de sortir des innovations gadgets, ni les enseignants chargés de former ces ingénieurs, ces designers, ces constructeurs, ces commerciaux...

Pourtant, le scénario selon lequel la remise en cause des besoins devrait conduire à une diminution massive du temps de travail n'est pas aussi évident qu'il y parait. Certes, la réduction du temps de travail s'inscrit dans l'histoire occidentale depuis deux siècles. Et cela continue, avec ou sans loi : en Allemagne, le temps de travail effectif tournerait en réalité autour de 27 heures hebdomadaires. Mais le passé n'est pas un indicateur sûr de l'avenir, surtout dans cette période de rupture. S'il est vrai que les besoins doivent être revus pour les adapter aux capacités productives de la planète, les moyens à notre disposition vont également connaître une forte réduction. L'énergie abondante et bon marché, celle du pétrole notamment, permet aujourd'hui le fonctionnement de véhicules, de grues, de tracteurs, de bulldozers, de foreuses, de marteaux-pilons... En comparant le travail mécanique ainsi réalisé à ce que pourraient accomplir des hommes, on découvre que chaque occidental profite en moyenne du travail d'une centaine d'esclaves. Dans les années qui viennent, nous disposerons de quatre fois moins, de dix fois moins d'énergie par personne. Au lieu d'une centaine d'esclaves mécaniques, chacun ne profitera plus que d'une dizaine ou d'une vingtaine. Ce n'est pas vraiment le retour à l'âge de pierre, mais c'est tout de même une révolution. Ce qui est aujourd'hui réalisé par des machines devra être demain accompli dans une plus large proportion par les hommes. Ou pas accompli du tout. Le temps de travail dans quelques décennies sera donc la résultante de deux tendances contradictoires. D'un côté, la modération des besoins, et le renoncement à toute une gamme de production inutile, futile ou nuisible. De l'autre, la réduction de moyens liée à la raréfaction de l'énergie.

Optimisme ou pessimisme

Dans les pages précédentes ont été évoquées quelques remises en cause parmi les habitudes, les manières de vivre et de penser, parmi les valeurs communément admises. On peut être sûr que bien d'autres nous attendent. On peut prévoir des résistances, tant sont forts les intérêts contraires, les pesanteurs à secouer, l'inertie organisée, les confusions entre le souhaitable, ou ce qui est aujourd'hui considéré comme tel, et le possible. J'ai absolument besoin de… Il est hors de question que je puisse vivre sans… C'est tout de même bénéfique… Et comment ! Viande à tous les repas, avec fromage et dessert, melon à Pâques, mangues et papayes à Noël, raisin en mars et tomates toute l'année. Bouquet de fleurs du Kenya et crevettes de Malaisie. La voiture pour passer acheter les croissants et pour le week-end à la plage. Les vacances, bronzette ou découverte, aux antipodes. L'ordinateur changé tous les quatre ans, et le téléphone tous les deux ans. La maison chauffée pour y vivre en débardeur à Noël, et climatisée en août. La pelouse arrosée et la piscine. La cuisine aménagée et équipée de la nouvelle batterie téfal, le salon flambant neuf, et la domotique qui fait son entrée. Les soldes pour renouveler la garde-robe (tu comprends, c'était donné !). Toutes les télés à faire passer au numérique… Vas-y ! Trouve-moi quelque chose qui pourrait ne pas être indispensable !

Quelles sont les chances de succès d'une telle remise en cause ? Faut-il être optimisme ou pessimisme ? Cette question est secondaire. Ce qui compte avant tout, c'est la détermination face à de tels enjeux. Un chantier aussi vaste n'est pas gagné d'avance ; il n'est pas non plus perdu d'avance.

En 1942, la victoire totale du nazisme pouvait sembler indiscutable. Mais l'Angleterre a su rester ferme. Mais les USA, après la mise à mal de leur flotte à Pearl Harbour, ont pris la mesure de l'enjeu, concentrant toutes leurs forces contre la menace japonaise et nazie ; leurs usines d'automobiles ont toutes été reconverties dans la production de chars et d'avions, et aucune automobile privée n'est sortie des chaînes de montage en 1943. L'heure n'était pas à proclamer, comme un demi-siècle plus tard, que « *le mode de vie américain n'était pas négociable* ».

Depuis les années soixante, Cuba vivait sous perfusion soviétique : l'URSS achetait le sucre de Castro cinq fois le prix mondial, et livrait du pétrole à prix bradé. Mais en 1989, l'Union Soviétique, qui craque de toute part, abandonne son allié. Cuba n'a plus de pétrole pour faire tourner ses gros tracteurs russes, plus d'engrais ni de pesticides, et son sucre lui reste sur les bras. Une situation annonciatrice de tragédie et de famine. Cependant, malgré un système politique et économique sclérosé, Cuba parvient à redonner vie à son agriculture. Se passant de tracteurs, d'engrais et de pesticides, le pays se tourne vers une agriculture semi-biologique ; en quelques années, l'agriculture cubaine nourrit sa population de manière satisfaisante, et ses rendements battent des records.

Un sursaut du même ordre est aujourd'hui possible, à condition de prendre conscience du caractère décisif du désastre qui nous menace. C'est une question de changement d'état d'esprit et de détermination. Un seuil décisif se présente. Reste à le franchir, dans les têtes et dans la réalité.

LE TEMPS DES DÉCISIONS

Et chacun est rentré chez son automobile.
Claude Nougaro

Dans les premières pages de ce livre, j'écrivais que les idées développées ici ne sont pas inédites. Au moment de le clore, j'en ai la confirmation en feuilletant un ouvrage publié en 1975 par Michel Albert et Jean Ferniot, *Les Vaches Maigres*, dont les premiers chapitres contiennent déjà une bonne partie de ce qui est dit ici. Après le rapport du Club de Rome en 1972, après le premier choc pétrolier l'année suivante, une page semblait tournée définitivement. La prise de conscience était bien en marche, un revirement complet de la pensée dominante avait commencé, comme l'attestent les déclarations de penseurs et de décideurs de l'époque. Quelques phrases de Jacques Attali ont été placées plus haut. Pour le ministre français de l'Économie, Valéry Giscard d'Estaing, « *la montée culturelle de notre société prendra le relais de la croissance économique* ». Sicco Mansholt, président de la Commission Européenne, entreprend dans ces années 72-73 une conversion totale et courageuse : « *Pour nous, dans le monde industrialisé, diminuer le niveau matériel de notre vie devient une nécessité. Ce qui ne signifie pas une croissance zéro, mais une croissance négative. La croissance n'est qu'un objectif politique immédiat servant les intérêts des minorités dominantes.* » On pourrait multiplier les citations montrant que le monde désormais ne tournerait plus comme avant : on avait bien compris, il était vital et urgent de redresser la barre, de faire cesser le pillage et le gaspillage des ressources, de jeter au panier les illusions du tout-PIB et du tout-croissance.

Las ! Près de quarante ans sont passés. Pour l'essentiel, rien n'a changé. Cependant, l'état d'esprit n'est plus le même. Le cœur n'y est plus vraiment. Un semblant de mauvaise conscience mine désormais le moral des troupes, avant même l'inquiétude plus marquée par la crise économique de 2008. Les discours ont tous été repeints en vert, et, la main sur le cœur, c'est à qui se proclamera le plus sensible à l'environnement. Les bonnes intentions sont nettes : sur le long terme, on fera désormais dans le « durable ». Quant au court terme et aux pratiques, c'est autre chose : qu'elle soit au rendez-vous ou qu'elle se laisse désirer, la croissance règne toujours au sommet de l'Olympe. Bref, la schizophrénie domine. Confusément, beaucoup admettent que l'évolution actuelle confine à l'absurde et que son prolongement est inquiétant. Dans le même temps, ceux-là même qui en conviennent se sentent souvent impuissants devant une évolution apparemment aussi inéluctable que l'avancée d'un rouleau compresseur. Les plus combatifs se mobilisent pour sauver les baleines et les bonobos ; d'autres, parfois les mêmes, se disent que le combat si nécessaire sur les symptômes reste très insuffisant et ne remplacera jamais le changement tellement plus nécessaire encore de notre style de vie, plus nécessaire car touchant aux racines même des problèmes. Cependant, même ceux qui peuvent accepter l'idée de ce changement sont souvent déroutés et se demandent que faire, au-delà de décisions symboliques. Le temps des hippies est fini, les éleveurs de chèvres ont pour la plupart vendu leur troupeau. D'autres pourtant essaient de tracer leur chemin vers la simplicité volontaire et vers une décroissance soutenable, recherchant ces solutions nouvelles qui ne demandent qu'à être inventées. Malmenée dans ce mélange de certitudes et de bonnes intentions, de doute et de désarroi, la société semble se laisser dériver. Pourquoi a-t-on si peu avancé en une quarantaine d'années ?

En 73, la crise du pétrole a fait trembler le monde, et spécialement le monde riche. Quant au reste du monde, qui s'est soucié de l'aggravation de ses problèmes ?... Et le monde riche s'est habitué à sa peur. Il l'a oubliée. Il l'a détournée. L'avertissement était trop désagréable à entendre, on s'est bouché les oreilles. L'avertissement a été baptisé crise. Une vraie crise, bien présente. Pas la pauvreté générale, loin de là, mais tout de même, une croissance moins rapide de la richesse, et l'exclusion qui peu à peu se faisait accepter comme normale. Le chômage. Face au chômage, tout le monde s'est tétanisé. C'est bien compréhensible. Quand chacun voit autour de soi les entreprises délocaliser ou « dégraisser » à tour de bras, quand chacun est touché ou craint de l'être, en lui-même ou dans ses proches, comment se préoccuper de ce qui peut arriver au monde dans vingt ou cinquante ans ? On essaie de parer au plus pressé, on essaie fébrilement des cautères sur des jambes de bois. On ne fait plus que regarder en arrière, on recherche cette bonne recette qui marchait si bien dans le passé. Ô temps, suspends ton vol... Retrouver la croissance des années bénies... Hors de la croissance, point de salut. Courage ! Fuyons ! En avant ! Foncer tête baissée, c'est tout ce qu'on sait faire depuis quarante ans. L'imagination au pouvoir, criaient les murs de Mai 68. L'imagination n'a jamais pris le pouvoir depuis. Le pouvoir a été conquis par ce qu'on n'appelait pas encore la pensée unique, l'économisme, le libéralisme, la mondialisation, bref, la non-utopie absolue, le renoncement à inventer l'avenir, l'avenir laissé entre les mains du Marché. On découvre le résultat : en 2008-2009, la crise s'écrit en majuscules. Mais rassurez-moi : ce n'est qu'un mauvais moment, n'est-ce pas ? Demain, ça ira mieux, et le Marché une fois de plus sortira triomphant, la bourse retrouvera ses niveaux record, les voitures se vendront à nouveau. La croissance repartira, le chômage baissera. On aura tremblé pour rien...

En 73, une chance s'ouvrait de réinventer l'avenir. L'Occident a préféré reprendre les rails confortables du passé pour simplement les prolonger à l'infini, rester dans cette mortelle tranquillité du déjà vu. À force d'être tétanisés par le chômage, à force de ne plus oser penser autrement, de ne plus savoir que colmater les brèches, nous avons choisi le plus sûr moyen d'avoir et le chômage aujourd'hui, et un avenir bouché.

Les sismologues nous apprennent que dans certaines régions, les tremblements de terre surviennent périodiquement, libérant ainsi les tensions accumulées au fil du temps par les mouvements de l'écorce terrestre. Et plus la secousse tarde, plus elle se révèle violente et meurtrière. La secousse de 73 n'était pas si forte ; elle a finalement fait plus de peur que de mal. Nous sommes vite retournés à nos occupations, un vague malaise au fond des tripes, mais incapables de croire au prochain séisme. Puis, ces dernières années, les choses ont recommencé à bouger, la prise de conscience a progressé : des idées hérétiques comme celles qui sont exprimées ici se sont fait à nouveau entendre, discrètement encore, mais d'une façon impensable voici seulement dix ans. Seulement, les décisions n'ont guère suivi ce début de prise de conscience. La crise écologique et la crise sociale n'ont fait que prendre de l'ampleur, et nous nous retrouvons en 2010 face en plus à la crise économique, surpris, démunis, sonnés, hésitant entre angoisse, résignation et espoir.

Répétons-le, nous avons de la chance de vivre en occident en ce début de millénaire : nous profitons de siècles de progrès fantastiques pour l'humanité, et il convient de mesurer cette chance. Ces progrès sont précieux mais fragiles. Non maîtrisés, ils finissent par constituer une menace. L'humanité doit reprendre en main sa destinée, inventer l'avenir, afin que celui-ci ne tourne pas à la folie, afin que ces progrès si précieux soient au contraire préservés et étendus.

Oui, une prise de conscience nouvelle est en marche, mais cette fois, les prises de décisions devront suivre, car l'avenir ne nous laissera pas à nouveau quarante ans à perdre. Il attend ce sursaut de lucidité, notre prise de conscience, il attend cette fois nos vraies décisions. C'est urgent.

Janvier 2010

Contact avec l'auteur : jean.aubin@gmail.com

Fils de paysans bretons, Jean Aubin est au milieu de ses études universitaire lorsqu'est publié, en 1972, le Rapport du Club de Rome, Halte à la croissance. *La question ainsi soulevée du devenir du monde l'atteint profondément et ne le quittera plus.*

À l'issue de ses études, il enseigne les mathématiques. Recherchant une orientation de vie plus en accord avec ses convictions, il devient ouvrier agricole, puis maraîcher bio. Il retourne ensuite à l'enseignement (il enseigne aujourd'hui les mathématiques en classes préparatoires).

Restant en prise avec les grands problèmes écologiques et sociaux qui conditionnent l'avenir, il publie en 2003 Croissance : l'impossible nécessaire, *dont le présent ouvrage constitue une réédition largement remaniée et entièrement réactualisée. Ceci l'amène à donner de nombreuses conférences au cours desquelles il partage ses interrogations et convictions, et enrichit sa réflexion.*

À paraître en octobre 2010, du même auteur,

La tentation de l'Île de Pâques

Piller la planète, jusqu'à l'effondrement

Les habitants de l'Île de Pâques ont ravagé leur milieu. L'épuisement des ressources a débouché sur les famines, les rivalités suicidaires, l'effondrement de la population. De leur civilisation ne restent plus que de gigantesques statues de pierres renversées.

Aujourd'hui, notre île, c'est notre planète. Un monde riche et magnifique, mais limité, fragile, malmené. La tentation de l'exploiter sans retenue ruinerait l'avenir humain.

Ce livre parie au contraire sur la préparation d'un avenir vivable. Il établit de manière abordable le compte des ressources disponibles sur ce siècle, énergie, eau, nourriture... Celles-ci ne pourront satisfaire tous les excès et toutes les folies. Mais, pour peu que soit fait le choix de la mesure et de la solidarité, elles seront suffisantes pour assurer les besoins et l'harmonie de l'humanité.

Chez le même éditeur

Collection **Connaissance de causes**

À paraître : **La tentation de l'Île de Pâques** *(octobre 2010)*

Collection **Paroles d'images**

- **Territoires occupés**, *par Jérémie Lenoir.*
- **Light Painter**, *par Christopher Hibbert.*

Collection **Un monde fou fou fou !**

- **Les jeux olympiques**, *par Floyd Conner.*

À paraître : **Science** *(mai 2010),* **Espionnage** *(juin 2010),* **Musique classique** *(juin 2010),* **Célébrités** *(septembre 2010)*

Découvrez ces livres et toutes les nouveautés sur www.lamaisondeditions.fr

Vous souhaitez proposer un manuscrit, un projet de livre ? Contactez-nous : g.garidel@lamaisondeditions.fr

Imprimé en France. - JOUVE, 1, rue du Docteur Sauvé, 53100 MAYENNE
N° 505344D - Dépôt légal : Mars 2010